Bärbel Mechler

Mein (Ex-)Partner ist ein Psychopath

Wege aus der Opferfalle

Haben Sie Fragen an Bärbel Mechler?
Anregungen zum Buch?
Erfahrungen, die Sie mit anderen teilen möchten?

Nutzen Sie unser Internetforum:
www.mankau-verlag.de

Bibliografische Information der Deutschen Nationalbibliothek
Die Deutsche Nationalbibliothek verzeichnet diese Publikation in der
Deutschen Nationalbibliografie; detaillierte bibliografische Daten sind im
Internet über http://dnb.d-nb.de abrufbar.

Bärbel Mechler
Mein (Ex-)Partner ist ein Psychopath
Wege aus der Opferfalle
ISBN 978-3-86374-374-1
1. Auflage März 2017

Mankau Verlag GmbH
Postfach 13 22, D-82413 Murnau a. Staffelsee
Im Netz: www.mankau-verlag.de
Internetforum: www.mankau-verlag.de/forum

Lektorat: Martin Stiefenhofer, Nürnberg
Endkorrektorat: Susanne Langer M. A., Germering
Umschlag: Andrea Barth, Guter Punkt GmbH & Co. KG, München
Gestaltung Innenteil: Sebastian Herzig, Mankau Verlag GmbH

Bilder: Can Stock Photo / astrozombie (8); Colourbox.de (12/13, 206/207,
322/323); Can Stock Photo / Netfalls (48/49); Can Stock Photo /
ruslangrumble (122/123); Can Stock Photo / nathings (158/159); Can Stock
Photo / JanPietruszka (234/235); Can Stock Photo / ruslangrumble (374/375)

Energ. Beratung: Gerhard Albustin, Raum & Form, Winhöring

Druck: Druckerei C. H. Beck, Nördlingen

Wichtiger Hinweis des Verlags:
Die Autorin hat bei der Erstellung dieses Buches Informationen und Ratschläge mit Sorgfalt recherchiert und geprüft, dennoch erfolgen alle Angaben
ohne Gewähr; Verlag und Autorin können keinerlei Haftung für etwaige
Schäden oder Nachteile übernehmen, die sich aus der praktischen Umsetzung der in diesem Buch dargestellten Inhalte ergeben.

Dieses Buch ist für alle Frauen und Männer,
die den Glauben in ihre Kraft und
ihre Möglichkeiten verloren haben.

Ihnen allen wünsche ich aus tiefstem Herzen,
dass Sie Ihren eigenen, wunderbaren Wert erkennen
und die Entschlossenheit entwickeln,
stark und stolz Ihre Herausforderung zu meistern.

Psychopathische Partner sind gnadenlos.
Aber sie sind keine Götter!

Inhalt

Vorwort

Liebe Leserin, lieber Leser!

Dieser Ratgeber ist ein Arbeitsbuch aus der Praxis für die Praxis. Es soll Sie durch die schwere Zeit mit Ihrem Partner/ Ex-Partner begleiten: einem Menschen mit einer psychopathischen Struktur, der keine Wertschätzung oder Empathie aufbringt, dem jedwedes Werteverständnis fehlt und der von Rachegedanken und Vernichtungswillen getrieben ist.

Die Empfehlungen, die Sie in diesem Buch finden, basieren auf jahrelangen erfolgreichen Beratungen und der Begleitung von Opfern dieser besonderen Spezies. Die vielen Erfahrungen und Fallbeispiele der Betroffenen und die daraus gewonnenen Erkenntnisse und Strategien sollen als Arbeitshypothese dienen und Orientierung schenken. Es geht also nicht darum, diese Menschen herabzusetzen, sondern vielmehr um das Erkennen psychopathischer Merkmale und letztendlich darum, die erforderlichen Handlungskompetenzen zu erhalten. Nehmen Sie sich beim Lesen einen Marker zur Hand und markieren Sie die für Sie relevanten Stellen. Was die empfohlenen Reflexionen betrifft, so empfehle ich, zunächst das ganze Buch zu lesen und sich danach gezielt und intensiv mit ihnen zu beschäftigen.

Bedenken Sie beim Lesen, dass psychopathisches Verhalten in vielen Abstufungen auftritt. Ebenso sind auch die Opfer unterschiedlich stark, unterschiedlich mutig und sehr verschieden in ihrer Herangehensweise. Meine Anregungen sind deshalb als Möglichkeiten zu verstehen, von denen in Abhängigkeit der persönlichen Umstände abgewichen werden kann. Meine Klienten sind überwiegend Frauen, was sich im Inhalt dieses Buchs widerspiegelt. Das mag daran liegen, dass psychopathisches Verhalten vorwiegend bei Männern auftritt. Möglicherweise sind aber auch Frauen viel eher bereit, in Konfliktsituationen Hilfe zu suchen und sich beraten zu lassen. Ich möchte ganz bewusst auch die männlichen Leser ansprechen und einladen, sich ohne Vorbehalte auf diese Thematik einzulassen. Denn vor Psychopathen zu kapitulieren, hat nichts mit Schwäche zu tun.

Beziehung mit einem Psychopathen

Eine Beziehung mit einem psychopathischen Menschen könnte man treffend mit einer Analogie beschreiben: Sie erinnert mich an eine fleischfressende Pflanze, die einen verlockenden Duft verströmt und vorgibt, eine köstliche Nahrungsquelle zu sein. Doch jede Berührung zieht ihre Beute unweigerlich in eine schreckliche Falle.

Sie glaubten anfangs sicher, dass er fühle und denke wie Sie, und es schien, als würden Sie sich schon seit Ewigkeiten kennen, als hätten zwei füreinander bestimmte Seelen zusammengefunden.

Doch die Realität zeichnet ein anderes Bild. Die Wirklichkeit dieser Menschen ist, dass sie immer und zu jedem Zeitpunkt ihr eigenes Leben leben. Sie teilen es nicht mit ihren jeweiligen Beziehungspartnern, sie binden diese lediglich in ihren bestehenden Alltag und in ihr erbarmungsloses Konzept ein. Sie sollen sie bereichern und begleiten, gehören aber nie wirklich zu ihnen dazu und sind damit verurteilt, zum Zuschauer ihres eigenen Schicksals zu werden. Der Psychopath fühlt sich dabei ganz zufrieden, hat er doch alles, wessen er bedarf.

Die Opfer – anfangs wissen sie noch nichts von ihrem bevorstehenden Leidensweg – bringen gern und im Übermaß Liebe, Vertrauen und all ihre herrlichen Eigenschaften, die sie ausmachen, in die Beziehung ein. Auf diese Weise können sich die Psychopathen ganz nebenbei ihre schweren Defizite schönreden und sich selbst als liebesfähig und bereichernd empfinden.

Doch dauert es meistens nicht sehr lange, bis sie ihre vermeintlich liebevolle und selbstlose Haltung wieder ablegen. Die Funktion ihrer Partner wird dann unverhohlen auf die eigenen Bedürfnisse reduziert. Und damit beginnt für die Opfer ihr Martyrium. Selbstverständlich verstehen sich die Psychopathen darauf, ihren Missbrauch so geschickt zu dosieren, dass die Partner sich schleichend daran gewöhnen, und dass die sorgfältig erzeugten Abhängigkeiten dabei nicht gefährdet werden. Sie kennen vielleicht die Redewendung, dass wer langsam in die Hölle absteigt, sich unmerklich an die zunehmende Hitze gewöhnt. So schleichen sich mehr und mehr Indoktrinationen, verbale Misshandlungen, permanente Abwertung, emotionale Erpressungen, der Anspruch nach Unterwerfung und vieles mehr ein. Die Negativspirale beginnt sich zu drehen und die Betroffenen leiden bald unter Dauerstress bis hin zu sehr schweren körperlichen Erkrankungen. Daran kann weder ein defensives Verhalten noch Überanpassung langfristig etwas ändern. Trotz dieser Not finden die allerwenigsten an diesem Punkt den Absprung, da sie noch nicht bereit sind, ihre anfänglichen Träume aufzugeben. Ihnen wird erst am Ende eines langen und schmerzhaften Leidenswegs bewusst, dass ihr Partner im Grunde von Anfang an ihre Erniedrigung und Ausbeutung angestrebt hat.

In guten Beziehungen lebt man innig miteinander, in weniger guten nebeneinander und in psychopathischen gegeneinander. Und dabei gibt es kein Entrinnen. Für die Gewalt, die Psychopathen in ihrer frühen Kindheit erlitten haben, müssen stellvertretend ihre jetzigen Opfer büßen. Diese unbewussten Bestrafungsrituale lösen in dem Täter ein Gefühl lang ersehnter Gerechtigkeit aus. In solch einer Beziehung kann es für den Partner nie ein Happy End geben.

Aber es gibt viele Ansätze, sich der Aussichtslosigkeit der Situation bewusst zu werden und entsprechende maßgeschneiderte Prozesse zu generieren, um sich daraus zu retten. Spätestens jetzt, beim Lesen dieses Buchs, sollte Ihnen klar werden, dass Sie die Situation schaffen sollten, bevor sie Sie schaffen wird. Lassen Sie sich auf die wesentlichsten Merkmale und Absichten dieser Spezies ein und haben Sie teil an den vielen Erfahrungen und Bewältigungsstrategien meiner Klientinnen, die sich wie Sie Ihrer Wirklichkeit stellen mussten oder es immer noch tun. Sie sind mit Ihrem Schicksal nicht allein. Ich möchte Sie dazu einladen, Mut zu schöpfen, Ihren Sehnsüchten zu folgen und Ihr Leben vor dem Zugriff Ihres destruktiven Partners zu befreien oder zumindest angemessen zu schützen.

Dieses Buch ist keine wissenschaftliche Aufarbeitung und soll es auch nicht sein. Ich verzichte bewusst auf die Präsentation von Statistiken und empirischen Untersuchungen. Es gibt bereits zahlreiche wissenschaftliche Literatur, die sich jedoch vorwiegend auf die Beschreibung dieses Phänomens beschränkt.

Was Sie aber benötigen, sind auf Ihren Alltag zugeschnittene Handlungsstrategien, wie Sie sich konkret Ihrem Partner stellen, wie Sie Ihre Ohnmacht bekämpfen können und wie Sie sich bei Auseinandersetzungen mit Gerichten, Gutachtern usw. verhalten müssen, um nicht ein weiteres Mal zum Opfer zu werden.

Und dafür benötigen Sie klare Vorstellungen und Vorbilder, die genauso wie Sie selbst einmal in der Opferfalle gefangen waren. Sie sind ein Teil dieses Systems, und als solcher müssen Sie Ihre eigene Funktion ebenso begreifen und nutzen wie Ihr Gegenüber es tut.

Fazit:

Der Mensch, auf den ich warte, dass er mich erlöst, bin ich selbst.

Wir werden auf den folgenden Seiten viele verschiedene Ebenen beleuchten, die eine Rolle in dieser verhängnisvollen Dynamik spielen. Beginnen wir mit dem Thema Abhängigkeiten.

Ich halte an dem Menschen fest, der mich zerstört

Es gibt nur wenige Menschen, die dem Charme eines Psychopathen widerstehen können oder die von ihm ausgehende Gefahr ahnen und unverzüglich das Weite suchen. Wer jedoch mit ihm eine Liaison eingegangen ist, wird bald nicht mehr Herr seiner Gefühle sein. Das Bild der Fliege am Fliegenfänger kommt der Sache sehr nahe. Die Betroffenen können nur noch benommen feststellen, wie ihr Verstand an dieser Herausforderung kläglich scheitert und geben sich nicht selten selbst die Schuld an ihrer Verzweiflung. Viele Klientinnen berichten mir weinend, dass sie wissen, dass sie nur benutzt und gedemütigt werden, aber dennoch glauben, ohne ihren Psychopathen nicht leben zu können. Es gibt für sie einfach kein Entrinnen. Und für diese vermeintliche Schwäche schämen sie sich vor sich selbst und vor anderen. Sollte es Ihnen ebenso ergehen, so möchte ich Sie zu einhundert Prozent entlasten und Ihnen sagen, dass Sie keine Schuld an dieser Dynamik tragen.

Wir müssen uns die Frage stellen, warum diese Menschen trotz aller sichtbaren Regelverletzungen, Unverschämtheiten und Selbstverliebtheit immer noch in der Lage sind, ihre Opfer an sich zu binden. Für mich liegt die Antwort darin:

Psychopathische Charaktere haben die Begabung, in anderen Menschen wie in einem aufgeschlagenen Buch zu lesen. Sie können die tiefsten Sehnsüchte und Bedürfnisse ihres Partners mühelos erfassen und zu ihrem Vorteil nutzen. Und jeder von uns trägt genügend dieser unbefriedigten Sehnsüchte und Bedürfnisse in sich, die ausgenutzt werden können. Wenn eine Beziehung beginnt, dann schleichen sich diese Individuen tief in die Seelen ihrer Opfer und festigen die Illusion, dass sie endlich aus tiefstem Herzen geliebt, erstmals ganzheitlich wahrgenommen werden und ihnen nun die Wertschätzung zukommt, die sie verdienen.

Da wir in einer Gesellschaft leben, in der die meisten darauf ausgerichtet sind, selbst gesehen zu werden anstatt andere zu sehen, selbst zu reden anstatt zuzuhören und lieber selbst im Mittelpunkt zu stehen anstatt andere bitten hervorzutreten, ist es nicht verwunderlich, dass Defizite auch im Erwachsenenalter in uns allen ungestillt bleiben.

Verstärkt wird die Problematik dadurch, dass sich nicht jeder seines emotionalen Mangels bewusst ist. Ich erlebe immer wieder, dass mir Frauen berichten, dass sie gar keine unerfüllten Sehnsüchte in sich trügen, die ausgenutzt werden könnten. Wenn wir uns dann aber mit ihrer Kindheit beschäftigen und ansehen, welchen Stellenwert sie in ihrer Familie eingenommen hatten, spätestens dann kommt die Erkenntnis, dass doch sehr viel Unerfülltes in ihnen schlummert. Schnell fällt es ihnen wie Schuppen von den Augen, dass das, was ihnen als Kind versagt geblieben ist, heute immer noch fehlt und dass ihr Partner zu Beginn der Beziehung für kurze Zeit diesen Mangel aufgehoben hatte.

Dieser Menschenschlag weiß sehr genau um seine Begabung. Und da Psychopathen von keinen hinderlichen Gewissensbissen eingeschränkt werden, spielen sie ihre Fertigkeiten mit grausamer Berechnung aus. Sie können ihre Partnerinnen bis zur absoluten Verzweiflung erniedrigen und schaffen es dennoch in wenigen Minuten, mit Blicken, einfühlsamer Stimme und anderen Schmeicheleien ihre Sehnsüchte erneut aufzurufen und sie so wieder auf sich zu fixieren.

Ich möchte auch hierzu zwei Betroffenen die Gelegenheit geben, von ihren eigenen Erfahrungen zu berichten.

Im ersten Bericht wird deutlich, wie wir uns zuweilen selbst im Weg stehen – gerade dann, wenn es um das Spannungsfeld zwischen Vernunft und Gefühlen geht. Andrea war gerne bereit, ihre Erfahrung mit Ihnen zu teilen, um Ihnen in ähnlichen Situationen Mut zu machen, sodass Sie nicht an sich selbst verzweifeln, so wie sie es lange Zeit getan hat.

„Ich bin alleinerziehende Mutter, 38 Jahre alt, und lebe mit meiner Tochter (17 Jahre) und meinem Sohn (14 Jahre) in einem kleinen Häuschen am Stadtrand. Beruflich bin ich in leitender Position in einem großen Unternehmen tätig.

Wenn Sie meine Geschichte lesen, dann denken Sie vielleicht, dass ich nicht ganz zurechnungsfähig bin. Leider haben Sie damit in gewisser Weise recht.

Es fing damit an, dass mich der Chef einer anderen Abteilung in seinen Bereich holte. Anfangs klappte alles wunderbar, ich hatte Erfolg und war bei meinen Kollegen beliebt. Nach einiger Zeit merkte ich allerdings, dass irgendetwas schieflief: Er kritisierte meine Arbeit, unterstellte mir Fehler und nahm mir Aufgabengebiete weg. Hinter vorgehaltener Hand erfuhr ich, dass er mich auch bei der Geschäftsführung in Misskredit brachte.

Eines Tages, bei unserer morgendlichen Besprechung, machte er mich endgültig fertig. Er warf mir vor, durch meine schlampige Arbeit die Abteilung heruntergewirtschaftet zu haben. Dann rief er zwei Kollegen aus seinem engsten Umfeld, die ihm blinden Gehorsam leisteten,

hinzu und eröffnete mit ihnen eine regelrechte Treibjagd auf mich. Zeitweise schrien sie alle
gleichzeitig auf mich ein und warfen mir die
schlimmsten Beleidigungen und Lügen an den
Kopf. Ich selbst konnte plötzlich nicht mehr
sprechen. Mein Mund war vollkommen ausge-
trocknet und mein ganzer Körper erstarrt. Irgendwann gelang es mir, weinend und zitternd
den Raum zu verlassen.

Und jetzt kommt es: Eine Minute später
kam mein Chef in mein Zimmer, legte seinen
Arm um mich und sagte mit wohlwollender
und einfühlsamer Stimme, dass er immer für
mich da sei. Ich solle die Sache nicht persönlich
nehmen, schließlich müsse er als Chef Zeichen
setzen, wenn es nicht optimal liefe, damit die
anderen wüssten, wo es langgehe.

In diesem Augenblick setzte etwas bei mir
aus. Und ich wusste, dass er es wusste. Ich ver-
liebte mich in dieses ekelhafte Scheusal. Ich
wusste damals nicht, was die Chemie in meinem
Kopf anstellte, dass ich in diesen irrationalen Zustand kam und auch lange darin verharrte. Wahrscheinlich konnte es deshalb geschehen, weil ich
emotional so ungeschützt und verletzlich war
und mich deshalb gegen diese ‚Herzlichkeit‘ und
diese innigen Blicke nicht wehren konnte.

Ich hatte den Eindruck, ohne ihn nicht mehr
leben zu können. Dabei gingen die Demütigungen und die Versuche, mich und meine Karriere
zu ruinieren, weiter. Gott sei Dank war wenigstens noch ein kleiner Zipfel meines Verstandes

intakt. So schaffte ich mit Hilfe des Betriebsrates, dass ich in einen andern Bereich versetzt wurde. Doch das war noch lange keine Befreiung. Ich hasste diesen Menschen einerseits und andererseits schrie unablässig mein Herz nach ihm. Und dieser ambivalenten Gefühle konnte ich nicht mehr Herr werden.

Wenn Frau Mechler sich in dieser Thematik nicht so gut ausgekannt und mich hindurch geführt hätte, weiß ich nicht, ob oder wann ich den inneren Absprung geschafft hätte. Durch ihre Hilfe konnte ich wieder mit kleinen Schritten beginnen, meine beschädigte Persönlichkeit zu stabilisieren."

Ähnlich ging es auch einer weiteren Klientin:

„Mein Name ist Luisa, ich bin 42 Jahre alt und von Beruf Krankenschwester. Ich war zwei Jahre mit Till, einem durch und durch psychopathischen Mann, liiert. Begonnen hatte das Trauerspiel auf einem Fest meiner Freundin. Es sah so aus, als hätte ich ihm von Anfang an gefallen, denn er war unglaublich charmant und ungeheuer aufmerksam. Kaum hatte ich an meinem Glas genippt, hatte er nachgegossen. Habe ich gesprochen, war er augenblicklich still und hing an meinen Lippen. Nun muss ich vielleicht noch sagen, dass ich geschieden bin und in meiner Ehe nicht wertschätzend behandelt wurde. Deshalb war ich auch besonders anfällig für solche Schmeicheleien.

Gleich am Tag nach unserer ersten Begegnung kam eine SMS, dass er mich unbedingt wiedersehen wolle. Am Tag darauf gestand er mir, dass er an nichts anderes mehr denken konnte als an mich. Am dritten Tag sagte er, dass er mich liebe. Und schon nach einer Woche wollte er bei mir einziehen. Er sagte, dass jeder Tag, den wir beide nicht gemeinsam verbringen könnten, ein verschenkter Tag sei. Heute weiß ich im Rückblick, dass er mich nur deshalb ausgesucht hatte, weil er wieder einen neuen Unterschlupf brauchte, wo er sich aushalten lassen konnte.

Doch damals war ich nur selig, dass ich so begehrenswert war, von diesem tollen und attraktiven Mann geliebt zu werden. So zog er ein. Er hatte nur wenige eigene Möbelstücke, was mich im Nachhinein betrachtet hätte stutzig machen müssen. Die richtete er nach seinem Geschmack in meiner Wohnung ein und stellte dafür meine Sachen in das Gästezimmer, das von dem Moment an nur noch als Rumpelkammer zu gebrauchen war. Und so ging es weiter. Ich habe die Einkäufe erledigt, gekocht, ich habe die Miete gezahlt. Ich habe die Hausarbeit gemacht. Er selbst machte nichts, kam und ging aber dafür, wie es ihm beliebte. Ich hingegen sollte zu Hause sein, wann immer er kam.

Ich bin mir sicher, dass er mindestens eine Frau neben mir hatte, denn ständig bekam er auf dem Handy Nachrichten, die ich nicht lesen durfte. Genau genommen durfte ich mich seinem Handy nicht einmal nähern. Sprach ich ihn darauf an, dass er Geheimnisse habe und dass er mich nur ausnütze, wurde er laut und verletzend oder lachte mich aus, weil ich so armselig wäre und das Wenige, das ich geben könne, noch aufrechnen würde. Er könnte jede Frau haben, die er wollte. Deshalb sollte ich froh sein, dass er überhaupt bleiben würde. In solchen Momenten war ich total am Boden. Ich verlor jede Selbstachtung und lag stundenlang mit Heulkrämpfen im Bett. Ich wusste, dass ich ihn mit Sack und Pack hätte rauswerfen müssen, aber das konnte ich nicht. Bei dem bloßen Gedanken hatte ich schon das Gefühl, als würde ich den Boden unter den Füßen verlieren. Ich war in einem Teufelskreis gefangen. Und er wusste, dass er nichts zu befürchten hatte. Aber trotzdem gab er sich Mühe, mich nach einem Zusammenbruch wieder auf die Reihe zu bringen. Natürlich nicht wegen mir, sondern weil er keine Spannungen wollte und ich wieder funktionieren sollte. Das habe ich aber erst im Nachhinein erkannt. Er ließ sich dann irgendeine List einfallen, um mich wieder umzustimmen und zu verunsichern.

Ich wurde zunehmend verwirrter und letztendlich krank. Ich litt unter Panikattacken, Angstzuständen und hatte große Angst, mich selbst zu verlieren. Auch an meinem Arbeitsplatz fiel ich immer öfter aus, was meine Kolleginnen letztlich ausbaden mussten. Ich begann mich für meine Schwäche regelrecht zu hassen, was nicht weniger schmerzhaft war. Erst als ich professionelle Hilfe bekam, lernte ich mich schrittweise zu wehren und ihm seinen ‚Hotelaufenthalt‘ zu kündigen. Notfalls auch mit Polizeigewalt, wie ich ihm versicherte, falls er nicht freiwillig verschwinden würde. Seine Reaktion darauf war überraschend kurz: ‚Gib mir noch zwei Wochen Zeit. Bis dahin habe ich wieder eine andere gefunden, bei der ich unterkommen kann. Dann hast du wieder deine Ruhe.‘ Am besten kann man ihn wohl mit einem Schwarm Wanderheuschrecken vergleichen, der ein ganzes Gebiet verwüstet und ungerührt zum nächsten zieht. Es ist nun drei Monate her, dass ich wieder allein lebe. Und doch bin ich noch immer nicht annähernd gesund. Wer weiß, wie lange ich an den Folgen dieser Beziehung noch leiden werde. Machen Sie es besser, und warten Sie nicht wie ich so lange, bis alles über Ihnen zusammenbricht.“

Selbstverständlich ist jede Geschichte anders. Doch so, wie es diesen beiden Frauen ergangen ist, erleben unzählige andere Menschen die gleichen inneren Widersprüche und entwickeln eine starke Sehnsucht gerade nach jenen Menschen, die sie letztendlich zerstören. So ist das Menschsein eben auch. Deshalb ist es wichtig, zwischen unserer tiefsten Sehnsucht und dem Objekt, auf welches wir sie projizieren, differenzieren zu lernen.

Fazit:

Geben Sie sich keine Schuld an Ihrem Verhalten. Sie sind das Opfer, nicht der Täter. Sie haben dessen Abnormitäten nicht erschaffen. Sie bekommen sie lediglich zu spüren.

Früher hat er mich geliebt

Durch das perfekte Schauspiel dieser Individuen halten viele Opfer bis zum bitteren Ende an dem Glauben fest, dass ihr Partner sie zu Beginn der Beziehung geliebt hatte. Diese tiefen Eindrücke verblassen auch durch harte Realitätserfahrungen nur sehr schwer. Deshalb sage ich Ihnen ganz deutlich, dass Sie von Ihrem Partner nie geliebt wurden. Sicher hat es echt und überzeugend gewirkt. Aber diese Menschen lieben nicht. Sie kennen kein Sich-Verschenken, Sich-Hingeben in die Hände eines anderen. Sie planen, verführen und kontrollieren, um ihre perversen Bedürfnisse zu befriedigen. Ganz gleich, wie wundervoll und ergreifend die Erfahrung des vermeintlichen Glücks für Sie gewesen sein mag, es war nichts weiter als eine Inszenierung. Viele Opfer weigern sich selbst in bedrohlichen Lebenssituationen, dies anzuerkennen – auch dann, wenn sie schon einen oder mehrere Nervenzusammenbrüche erlitten haben, unter Angststörungen oder Panikattacken leiden und in vollkommener Isolation gefangen sind. Sie ignorieren die Realität, sie blenden die Wirklichkeit aus.

Wenn Sie zu diesen Menschen gehören, sollten Sie Ihre Überzeugung von Liebe in aller Ernsthaftigkeit auf den Prüfstand stellen. Liebe und Gewalt gehören nicht zusammen. Erst wenn es Ihnen gelingt, sich von dem haltlosen Gedanken, geliebt zu werden bzw. geliebt worden zu sein, zu verabschieden, finden Sie die Kraft und Disziplin zum Ausstieg.

> **Fazit:**
>
> Er hat zu keiner Zeit geliebt. Rechnen Sie vielmehr damit, dass die anfängliche „Liebe" jederzeit in sadistische Misshandlung übergehen kann.

Das psychopathische Beuteschema

Psychopathische Individuen haben festgelegte, erfolgreiche Eroberungsstrategien. Wichtiger Bestandteil davon ist, dass die Wahl des jeweiligen Partners nach kalkulierten Kriterien erfolgt. So ist ein wesentliches Kriterium, dass sie emotionale, zarte und verletzliche Menschen bevorzugen, die genau jene tiefe Gefühlsebene besitzen, die ihnen nicht zugänglich ist. Auf diese Weise können sie sich eine hohe emotionale Fülle in ihr Leben holen. Außerdem sind sensible Menschen viel eher bereit, ihnen Glauben zu schenken und sie zu verehren. Sie sind durch ihre natürliche Begabung zum Träumen für ihre grandiosen Erzählungen viel leichter zu gewinnen als rationale Charaktere. Darüber hinaus sind sie wesentlich leichter zu beeinflussen und hinzuhalten als bodenständige und starke Persönlichkeiten. Auch gelingt es leichter, sie zu manipulieren und zu beherrschen als jene, die mit beiden Beinen auf dem Boden stehen.

Als hervorragende Menschenkenner gleichen sie die Eigenschaften ihrer Eroberungen mit ihren Bedürfnissen, den zu erwartenden Erfolgen und Vorteilen ab. Dabei erkennen sie mit sicherem Blick, welche Sehnsüchte, Ängste, Schwachstellen und Mängel ihnen in die Hände spielen, um das gewünschte Abhängigkeitsverhältnis zu erzeugen. Hätten wir Menschen in unserem Leben nicht so viele schmerzhafte Erfahrungen durchlebt, dann hätten es diese dissozialen Persönlichkeiten jedenfalls nicht so einfach. Das ganze Beziehungsgeplänkel, das sich entwickelt, ist für die eine Seite ein Geschäft – und für die andere eine Illusion.

Treffen allerdings zwei psychopathische Persönlichkeiten aufeinander und gehen unbeabsichtigt, aufgrund ihrer perfekten

Inszenierungen, eine Beziehung ein, dann öffnet sich ein Abgrund der besonderen Art: Der Stärkere von beiden wird zwar die Oberhand gewinnen und seinen Partner zumindest mit einer guten Portion Gewalt unter Kontrolle halten, aber der Unterlegene wird keine Gelegenheit auslassen, sich an ihm zu rächen, wo er nur kann. Sie machen sich das Leben zur Hölle, dessen kann man sich sicher sein.

Von einem mir bekannten psychopathischen Ehepaar weiß ich, dass die Frau ihren eigenen Aussagen zufolge zu Maria betet, dass ihr Mann sterben oder – vollkommen von ihr abhängig – im Rollstuhl sitzen soll. Es ist mehr als beeindruckend zu hören, dass für sie die göttliche Welt wohl existiert, aber letztendlich auch nur die Verlängerung ihres eigenen niederträchtigen Willens sein kann.

Diese These wird dadurch unterstützt, dass sie bei jeder sich bietenden Gelegenheit in prahlerischem Gehabe verkündet, dass all ihre Gebete bisher Wirkung zeigten: Ein Mann habe auf ihr Bitten hin einen Herzinfarkt erlitten, eine Frau ihre Existenz verloren usw. Außerdem glaubt sie dadurch sicherzustellen, dass niemand es mehr wagen würde, sie zu verärgern. Wenn es nicht so ernst wäre, müsste man darüber lachen.

Immerhin kann man erleichtert sein, wenn diese Menschen auf ihresgleichen stoßen und sich wenigstens gegenseitig zerfleischen. Dann bleiben ihre Gemeinheiten und Angriffe wenigstens in der Familie und treffen nicht Unschuldige.

Reflexion:

Was machte Sie für Ihren Psychopathen zum attraktiven Opfer? Zeigen Sie diese Seiten in seiner Gegenwart immer noch?

Die Eroberungsphase

Psychopathische Menschen umwerben ihren künftigen Partner durch das gesamte Aufgebot ihres riesigen Verhaltensre-
pertoires übertriebener, abnormer Handlungsweisen.

Mit großen Komplimenten, Geschenken, märchenhaften
Verheißungen, charismatischen Auftritten und äußerst acht-
samem Verhalten finden sie spielerisch Zugang in die Seelen
ihrer Opfer. Sie verstärken ihre imposanten Auftritte, indem
sie die gewohnte räumliche Distanz aufheben und dadurch
eine körperliche Nähe erzeugen, die ansonsten nur sehr ver-
trauten Menschen zusteht. Dabei senken sie gerne ihre Stimme bis hin zum Flüsterton und fixieren ihr Gegenüber mit di-
rektem Augenkontakt. Diese Technik kommt schon beinahe
einer Gehirnwäsche gleich und erzeugt schnell starke Abhängigkeitsverhältnisse.

Ein Psychopath geht nach festgelegten Ritualen vor. Ganz
gleich jedoch, auf welche Schiene er sich auch festlegt, er wird
daran festhalten und empfindet sich in seinen Inszenierungen abenteuerlich und anspruchsvoll. Tatsächlich wird er
auch noch im hohen Alter mit den gleichen abgestandenen
Sprüchen sein Glück versuchen. Ihm selbst wird nie bewusst
werden, dass er über sein starres und mit der Zeit mehr als
langweiliges Konzept nicht hinauskommt. Sein Tellerrand
bleibt für ihn die unüberwindbare Grenze.

Die Auserwählten wissen nichts von alledem und sind
hilflos dem Sturm ihrer Gefühle und der vermeintlichen Erfüllung ihrer Träume ausgeliefert.

Damit Sie sich ein Bild machen können, wie „kreativ" diese
Menschen tatsächlich sind, möchte ich Ihnen einige Auszüge
aus den Notizen eines Psychopathen zeigen. Sie waren nicht
einfach zu bekommen, aber letztendlich hat es doch geklappt.

Zu der Zeit der folgenden Eintragungen hatte er gerade zwei Damen erfolgreich bezirzt. Die Namen sind verändert. In seinen Notizen ist akribisch festgehalten, wem er zu welchem Zeitpunkt welche Geschenke mitgebracht und welche Garderobe und welche Uhr er bei den jeweiligen Treffen getragen hatte; genauso finden sich Stichworte über den Treffpunkt und die jeweiligen Gesprächsinhalte.

Datum	Name	Geschenk	Kleidung	Gesprächsinhalte/ Treffpunkt
5. Juli	Sandra	1 rote Rose	Helle Jeans, weißes Poloshirt, Rolex	Sie hatte Stress mit Kollegin. Spaziergang auf dem Philosophenweg
8. Juli	Sandra	Hand-schmeichler	Schwarze Hose, graues Hemd, Rolex	Noch Stress mit der Kollegin. Spaziergang am Neckar
10. Juli	Sandra	Ein Kuss	Dunkle Jeans, weißes Hemd mit rosa Krawatte, Uhr: Glashütte	Zukunftspläne – sie will Kinder. Kino
15. Juli	Tessa	1 rote Rose	Dunkle Jeans, weißes Hemd, Uhr: Rolex	Kürzlich getrennt, anlehnungsbedürftig. Kaffeehaus
18. Juli	Tessa	Drei Pralinen	Weiße Jeans, rosa Poloshirt, Uhr: Breitling	Sehr sportlich, geht ins Fitnessstudio, Einladung zum Tretbootfahren angekündigt
20. Juli	Sandra	Drei Pralinen	Weiße Jeans, gestreiftes Hemd, Uhr: Breitling	Möchte gerne Tanzen gehen. Eiscafé
23.Juli	Tessa	Isodrink	Blaue Trainingshosen, Adidas-Hemd	Walken im Wald

Reflexion:

Welche Ihrer Sehnsüchte sollte in Erfüllung gehen? Was hat Sie so verzaubert? Sein Blick, seine verführerische Stimme? Was haben Sie am meisten in ihm gesucht?

Der Partner als ewiger Sündenbock

Psychopathen lieben es anfangs, wenn ihre Partner attraktiv und erfolgreich sind und nach außen ein perfektes Bild abgeben. Was die Opfer nicht wissen, und die Psychopathen meistens auch nicht, ist der Umstand, dass sie zwar einerseits das Beste haben wollen, aber andererseits nichts Großes, Schönes oder sogar Besseres langfristig neben sich existieren lassen können. So kommt irgendwann unweigerlich der Zeitpunkt, an dem sie genau das angreifen und zu zerschlagen beginnen, was sie anfangs fasziniert und bereichert hat. Ist also der Partner stark oder besitzt etwas, was der Psychopath selbst nicht hat, wird er irgendwann bekämpft. Ist er schwach, wird er ebenso bekämpft, weil kein Psychopath sich mit Schwächen auseinandersetzen kann. Dies würde ihn an seine eigene Schwäche erinnern, die er unter allen Umständen zu leugnen versucht. Wie man es auch dreht und wendet, es gibt kein Entrinnen. Ebenso ist es für ihn längerfristig nicht tragbar, wenn seine Partnerin charismatischer als er auf andere Menschen wirkt und eine höhere Aufmerksamkeit auf sich zieht, als er erreichen kann. Nach entsprechenden Ereignissen wird er sie aufs Schärfste für ihr distanzloses, überhebliches (oder für ein anderes seiner Meinung nach unpassendes) Verhalten zurechtweisen.

Eine Klientin, eine sehr hübsche Frau und wesentlich jünger als ihr psychopathischer Partner, gestattete mir, hier von ihren Erlebnissen zu berichten. Ihr Mann zeigte sich sehr gerne mit ihr in der Öffentlichkeit – jedoch nur, solange er der Mittelpunkt des Geschehens blieb. Wurde sie jedoch hofiert und bewundert, wurde sie dafür bestraft und auf ein wehrloses Verhalten konditioniert.

An ihrem Gesicht und an ihrer Figur konnte er nicht glaubhaft herummäkeln, deshalb verlegte er seine Strategie auf ein anderes Terrain: Bei seiner letzten Attacke wirkte er ganz empathisch und besorgt auf sie ein, dass sie sich in Gesellschaft besser etwas zurücknehmen solle, da sich jedes Wort aus ihrem Munde, sobald sie unter Leuten sei, wie ein hilfloses Plappern anhöre, und dass alles, was sie sagen würde, deshalb peinlich und unüberlegt wirke. Außerdem fehlten ihr die erforderlichen gesellschaftlichen Manieren und Umgangsformen.

Was er aber nicht wusste, war, dass sie zu diesem Zeitpunkt schon mit ihrer inneren Arbeit begonnen und sich mit seiner Charakterstruktur intensiv auseinandergesetzt hatte. So antwortete sie ruhig und gefasst, dass er keine Befürchtungen mehr haben müsse, dass sie ihm noch einmal Unannehmlichkeiten in der Öffentlichkeit bereite, da sie ihn nicht mehr begleiten werde. Sie berichtete, dass sie sich bereits therapeutisch beraten lasse. Die Therapeutin, so erklärte sie weiter, sehe keine Zukunft in dieser Beziehung, und dann sei da noch dieser Altersunterschied ...

Das hat ihn erschreckt und er stand wie vom Donner gerührt hilflos vor ihr. Nun war er in der Zwickmühle. Einerseits konnte er es sich in seiner gesellschaftlichen Stellung nicht leisten, dass seine Frau ihn nicht weiterhin begleiten würde; außerdem wollte er sich weiterhin mit ihrer Attraktivität brüsten. Andererseits fürchtete er sich jedoch auch vor dem Einfluss der unbekannten Therapeutin, die seine Frau offensichtlich überzeugend erreicht hatte, weshalb er es nicht wagte, weiteren Druck aufzubauen. Sie sagte mir, dass er ihr in dem Moment beinahe leidgetan habe und sie sich zusammenreißen musste, um nicht vor lauter Mitgefühl wieder rückfällig zu werden.

Das Spiel mit Nähe und Distanz

Mit an Sicherheit grenzender Wahrscheinlichkeit sind sich psychopathische Menschen nicht über ihr inneres Chaos bewusst. Sie glauben, dass ihr unbeständiges und verwirrtes Gefühlsleben nur eine Reaktion auf eine äußere chaotische Welt zurückzuführen ist, mit der sie zwar in Resonanz stehen, die sie jedoch nicht verursacht haben. Diese Unschuldsvermutung schützt sie davor, über sich selbst nachzudenken und eigenes Handeln zu hinterfragen.

Ein signifikantes Merkmal dieses Chaos und das Nicht-über-sich-selbst-im-Klaren-Sein ist das Spiel mit Nähe und Distanz. In jeder erfüllenden Beziehung ist ein gesundes Verhältnis zwischen Nähe und Distanz von großer Bedeutung, denn ein Leben ohne Freiräume kann schnell zu Gefühlen von Einschränkung und Enge führen. Ebenso kann eine Beziehung ohne besondere Nähe schnell mit Vernachlässigung assoziiert werden. Somit ist eine gute Ausgewogenheit beider Elemente von großer Bedeutung.

Bei dem psychopathischen Charakter geht es jedoch um andere Dimensionen. Er beschränkt sich auf widersprüchliche Verhaltensmuster, die berechenbar abgerufen werden und sich auf einfachste Weise reduzieren lassen:

Stößt der Partner ihn weg, zieht er ihn zurück. Zieht der Partner an ihm, stößt er ihn weg.

Möchte also der Liebende mehr Nähe, weist er ihn zurück, weil er diese emotionale Enge nicht aushalten möchte, aber auch sein ausgeprägtes Freiheitsgefühl bedroht sieht. Doch wenn der andere sich zurückzieht oder ihn wegschickt, wird er aktiv, um die Trennung oder den Kontrollverlust zu verhindern. Dies sind festgelegte Handlungsmechanismen, um eine kontrollierte Stabilität zu gewährleisten. Das ist dem Psychopathen aber nicht in der gesamten Tragweite bewusst. Um das zu durchschauen, müsste er sein Verhalten reflektieren.

Doch für Sie bietet gerade das Nähe-Distanz-Spiel eine gute Möglichkeit, Ihre Beziehung ein Stück weit zu steuern. Verschenken Sie sich also nicht bereitwillig und geben Sie ihm das Gefühl, dass er etwas leisten muss, um für Sie attraktiv zu sein. Wie gesagt, auch er kann sich seiner Muster nicht entziehen und ist gezwungen, zu reagieren. Und das Gefühl, unzulänglich oder nicht gut genug zu sein, bzw. die Angst, etwas Wichtiges zu verlieren, wird ihn anspornen, ob er möchte oder nicht. Er kann mit Mittelmäßigkeit und Mangel nicht umgehen.

Verlieren Sie also nicht aus den Augen, dass Ihr Partner nicht über den Dingen steht. Er hat eine stabile Mauer und eine beeindruckende Maske entwickelt. Aber doch nur um seinen Seelenschmerz nicht zu fühlen und um neue Verletzungen zu minimieren.

Verwenden Sie bei Ihren Interventionen keine lautstarken Äußerungen. Es sind vielmehr die leisen und ernsten Töne, die seine Defizite aufrufen. Spielen Sie mit der Erfahrung. Es wird Sie erleichtern zu sehen, wie einfach diese Menschen in Wirklichkeit gestrickt sind und dass es keinen Grund gibt, ihren Behauptungen Glauben zu schenken.

Reflexion:

Wie können Sie sich das Nähe- und Distanzverhalten Ihres Partners zunutze machen?

Affären mit verheirateten Partnern

Sie wissen, dass psychopathische Charaktere das Abenteuer suchen und im Allgemeinen wechselnde Affären benötigen. Dabei erscheinen ihnen verheiratete Personen besonders attraktiv – schließlich sind die in einer Ehe oder Familie eingebunden und können ihnen nicht so leicht auf den Pelz rücken, um deren eigene Worte zu gebrauchen. Das macht die Sache um vieles leichter und reizvoller. Allein der Umstand, dass ihre Eroberungen nicht zu jeder Zeit erreichbar sind und die Treffen abgestimmt werden müssen, spielt ihnen eminent in die Hände. Überdies können sie ihre bekannte Unzuverlässigkeit als rücksichtsvolles Verhalten deklarieren. Ein zusätzlicher verlockender Aspekt ist, dass Psychopathen es besonders lieben, sich mit den Ehegatten ihrer Eroberungen zu messen. Sie sind berauscht von dem Gedanken, wie spielend sie ihre Rivalen in den Schatten stellen und vom Thron stoßen können. Einen Thron, den sie selbst nie einnehmen möchten. Aber zu einem guten Spiel gehört auch das dazu.

Die Auserwählten ihrerseits ahnen nicht, dass ihre neue Liaison von Anfang an nicht die geringste Chance auf eine Zukunft hat und sie nur zum Spielball einer dissozialen Persönlichkeit geworden sind. Gerade weil ihre Affären nur dem Abenteuer und der Selbstverherrlichung dienen, können sich die Verführer bei verheirateten Partnern mehr denn je emotional aus dem Fenster lehnen. Dass sie dabei ihre Eroberungen in noch größere Abhängigkeiten bringen, stört sie nicht im Geringsten. Ganz im Gegenteil: Sie gehen vielmehr davon aus, dass die Betroffenen sich glücklich schätzen dürfen, dass ihnen in ihrem Leben wenigstens einmal die Erfahrung gegönnt ist, einem so großartigen Menschen,

wie sie es sind, begegnen zu dürfen, und sie ihre eigene große Liebesfähigkeit entdeckt haben. Dass diese Sehnsucht
aber unerfüllt bleibt und ihnen eine lange und schmerzhafte
Leidenszeit bevorsteht, das kümmert sie nicht. Sie denken
nicht darüber nach, was sie Menschen antun, wenn sie sie
für eine kurze Zeit aus ihrer Ehe entführen und verzaubern,
um sie dann wieder wie eine heiße Kartoffel fallen zu lassen. Zurück bleiben gescheiterte Ehen, gebrochene Herzen und ungestillte Sehnsüchte. Die fehlende Würdigung
zwischenmenschlicher Beziehungen ist genauso real wie die
Abwesenheit von Mitgefühl gegenüber den unermesslichen
Schmerzen der Geschädigten.

Selbst wenn die Zurückgelassenen ihre neue Beziehung
in der Ehe noch nicht eingestanden haben und ihr Zuhause
behalten können, so ist das Alte für sie dennoch zerbrochen.
Zu stark war die Schere zwischen Traum und Wirklichkeit
aufgegangen.

Mir sind Fälle bekannt, wo Frauen nicht nur ihren Mann,
sondern in blindem Rausch die ganze Familie, also auch ihre
eigenen Kinder, für die vermeintlich große Liebe ihres Lebens
verlassen haben. Als sie dann mit dem Koffer in der Hand
freudestrahlend bei ihrem Märchenprinzen geläutet und auf
einen Sturm der Begeisterung gehofft haben, mussten sie
schockierend erfahren, dass sie alles nur falsch verstanden
und überbewertet hätten. Zwei Frauen berichteten mir, dass
sie nicht einmal seine Wohnung betreten durften, sondern
mit ihrem Gepäck weinend vor der Tür oder im Auto saßen
und nicht mehr ein noch aus wussten. Sie hatten nicht nur
ihren Traum, sie hatten einfach alles verloren.

Eine dieser Frauen ist Melanie. Und sie möchte ihre Geschichte für jene Frauen zum Trost erzählen, die ebenso wie
sie verschaukelt und zutiefst gedemütigt wurden:

„Ich bin 42 Jahre alt, Ärztin, verheiratet und habe eine achtjährige Tochter. Ich bin Ulf vor zwei Jahren zum ersten Mal begegnet. Er kam damals mit einer Grippe in meine Praxis. Als diese abgeklungen war, suchte er mich dennoch immer wieder auf und fragte mich, ob er nun jedes Mal eine Krankheit simulieren müsste, um mich sehen zu dürfen. Sein Lachen war ansteckend, seine Augen funkelten wie Sterne und überhaupt hatte mich seine charmante und lustige Art fasziniert.

Sie müssen wissen, dass ich in einer sehr strengen Familie aufgewachsen bin, in der es nur wenig Humor gibt. Bildung, Karriere und Wohlstand waren und sind auch heute noch in den Augen meiner Eltern und Geschwister die einzig erstrebenswerten Güter.

Ulf hatte schnell bemerkt, dass mich seine lässige Art ansprach. Aber ich bin nicht der Typ Frau, die einem Mann deshalb Avancen macht. Ich hatte einfach meine Freude an ihm. Mehr war das anfangs nicht. Dennoch, innerhalb weniger Wochen hatte er mich im Sturm erobert. Ich war in seine Welt eingetaucht, in eine Welt voller Leidenschaft, Liebe und Leichtigkeit, wie ich dachte.

Ihn zu sehen wurde bald zu meinem einzigen Lebensinhalt. Ich war süchtig und abhängig von diesem Mann. Meine bisherigen Freizeitaktivitäten beschränkten sich auf Konzerte, Theatervorstellungen oder Besuche in der Oper. Mit Ulf besuchte ich in weiter entfernten Ortschaften Tanzveranstaltungen, Bars und Clubs. Im Auto zog ich meine konservativen Kleider aus und schlüpfte in abgewaschene Jeans und enge T-Shirts. Zum ersten Mal hatte ich das Gefühl, lebendig zu sein. Und Ulf schien die Rolle des Retters und Abenteurers sehr zu genießen.

Mein altes Leben begann schnell zu verblassen, und auch die Aufmerksamkeit für meine Tochter, die ich von Herzen liebe, rückte mehr und mehr in den Hintergrund. Ulf schwärmte von einem gemeinsamen Leben voll Sonnenschein und nie enden wollender Liebe. Wir kannten uns sechs Monate, als bei mir alle Sicherungen durchbrannten und ich entschlossen war, mich scheiden zu lassen, meine Praxis aufzugeben und mit meiner Tochter zu ihm zu ziehen. Mit dieser Absicht traf ich voller Freude eines Freitagabends unangemeldet bei ihm ein. Was dann kam, das ahnen Sie vielleicht.

Ulf starrte mich an, als stünde ein Geist vor ihm. Aber nur einen ganz kurzen Moment, dann fasste er sich wieder und sagte, dass er mich nicht hereinbitten könne, da seine Schwester überraschend gekommen wäre. Sie sei verzweifelt und benötige seine Hilfe; die Angelegenheit sei sehr delikat. Das hatte ich ihm sogar noch geglaubt oder wollte nicht wahrhaben, was sich gerade vor meinen Augen abspielte. Ich weiß nicht wirklich, was geschah. Außerdem war ich auch zu gut erzogen, um indiskrete Fragen zu stellen. Also meinte ich: ,Kein Problem, ich werde dann morgen Vormittag wiederkommen. Aber den Grund meines Besuchs möchte ich dir gleich sagen: Ich werde meinen Mann verlassen und wir können zusammenziehen. So wie wir es uns immer erträumt haben.'

Ulf schloss langsam die Tür hinter sich, fasste mich an der Hand und zog mich behutsam in Richtung Auto. Dann nahm er mich in seine wundervollen Arme und sagte: ,Ich habe es nicht verdient, dass du zu mir kommst. Dieses Opfer kann ich nicht annehmen. Glaube mir, ich würde dich doch nur unglücklich machen. Wir sind nicht aus dem gleichen Holz geschnitzt. Und du gehörst zu deiner Familie. Ich habe dir einen Traum geschenkt. Aber Träume halten nicht ewig. Bald würden wir uns gegenseitig langweilen und unser beider Leben wäre zerstört. Vielleicht bist du heute noch nicht dazu in der Lage, aber irgendwann einmal wirst du es verstehen. Dann wirst du mir dankbar dafür sein. Wir hatten eine kostbare Zeit, und die sollten wir jetzt nicht zerstören.'

Ich war erstarrt und konnte nicht mehr sprechen. Ich fühlte, wie mir die Tränen über mein Gesicht liefen, war aber dennoch auch auf irgendeine Art wie in Trance. Ulf nahm mein Gesicht in seine Hände, küsste mich zärtlich auf den Mund und ließ mich allein zurück.

Ein ganzes Jahr fühlte ich mich von unbeschreiblichem Schmerz durchtränkt, gedemütigt, missbraucht, lächerlich gemacht. Das Leben mit meinem Mann war verständlicherweise nie mehr wie zuvor. Es schien mir leer und fad. Wenn meine Tochter nicht gewesen wäre, hätte ich möglicherweise endgültig aufgegeben.

Mein Glück im Unglück war, dass eine Freundin behauptete, Ulf sei ein Psychopath und ich müsse mich informieren. So begann ich, mich mit diesem Menschentypus zu befassen, und ließ mich daraufhin über ein paar Monate beraten und begleiten. Das half mir zu einem großen Teil, meinen Schmerz loszulassen. Und es hat mir die Augen geöffnet für die Machenschaften dieser Individuen, ihre Vorgehensweisen und ihre Bereitschaft, für eine Affäre Menschen und ganze Familien zu zerstören. Jetzt liegt es an mir, mein Leben wieder selbst in die Hand zu nehmen. Ich möchte jedenfalls nicht wieder in meine alten, rigiden Verhaltensweisen zurückfallen. Ich möchte lebendig sein und mich am Leben erfreuen. Wenigstens war diese Begegnung ein Ruf des Lebens an mich, wenn auch um einen sehr hohen Preis. Ich habe mich nun zu einem Tandem-Fallschirmsprung angemeldet. Ich war ins Bodenlose gestürzt und möchte mich noch einmal fallen lassen, aber dieses Mal auf ganz andere Art. Nun soll es ein Abenteuer werden, und im freien Fall möchte ich symbolisch meine Altlasten loslassen und in ein neues Leben springen. Das scheint mir eine wundervolle Umkehrung, die mir ganz bestimmt viel Lebendigkeit schenken wird."

Ein wesentliches Merkmal psychopathischer Charaktere ist also, dass sie sich nicht ansatzweise der Wirklichkeit verpflichtet fühlen. Sie bewegen sich grundsätzlich in einer moralfreien Zone, und allein der Gedanke an Moral ist für sie nichts anderes als blankes Spießertum. Wer keine Werte respektiert, für den gibt es auch keine Werteverstöße. Das ist die traurige Wahrheit. Doch können sie nicht immer verhindern, dass ihre Opfer die Gelegenheit nutzen, aus dem Schmerz zu lernen und Großes in sich reifen zu lassen.

Melanie hatte zum Glück beabsichtigt, ihre Tochter mitzunehmen. Somit blieb sie von den schlimmsten Schmerzen verschont. Es gibt, wie gesagt, genügend Fälle, bei denen Frauen den Entschluss fassen, ohne ihre Kinder die Familie zu verlassen, wenn sie wissen, dass ihr Partner keine Kinder mag. Sind sie aber wieder in der Realität angekommen, stellt sich das unerträgliche und unverzeihliche Gefühl ein, aus haltlosen, egoistischen Gründen die eigenen Kinder verraten und alleingelassen zu haben.

Für viele Frauen war das im Nachhinein der schmerzhafteste Prozess bei dieser grausamen Geschichte. Sich selbst dieses Verhalten zu vergeben ist ein schwieriger und langwieriger Weg, der mitunter ohne professionelle Hilfe gar nicht zu gehen ist.

Fazit:

Was immer Sie getan haben, Sie sind nicht schuld. Die Verantwortung trägt allein der Psychopath, der Ihnen Ihren Verstand und Ihre Selbstbestimmung geraubt und Sie Ihren tiefsten unerfüllten Sehnsüchten schutzlos ausgeliefert hatte. Was hat ein Verstand schon den machtvollen Rufen der Seele entgegenzusetzen?

Sexualität und Fremdgehen

Partner psychopathischer Menschen berichten von anfangs berauschendem Sex, der jedoch oft die Eroberungsphase nicht überdauert. Das lässt sich leicht erklären, erfüllt er ja einerseits die Anforderung, den Partner mit seiner Verführungsstrategie in ein Abhängigkeitsverhältnis zu stürzen, und beschert er andererseits anfangs den ersehnten Beweis vermeintlicher Grandiosität. Sexualität ist also nur ein geeigneter Raum, in dem der Psychopath seine Bindungen festigt. Echt ist an dieser Sache jedoch nichts, denn sich hinzugeben setzt eine große intime Offenheit voraus, die sehr verletzbar ist. Wir sprechen also sowohl von einem Risiko als auch von sich verschenkenden und liebenden Gefühlen, die nicht vorhanden sind. Das ist der eigentliche Kernkonflikt, der eine gesunde Intimität grundsätzlich unmöglich macht. Wäre der Psychopath offen für Kritik oder Einsichten, so müsste er sich eingestehen, dass seine Verführungskünste nichts anderes als eine Form der Ausbeutung und des sexuellen Missbrauchs sind.

Elena berichtet Folgendes:

> „Ich habe schon mehrere Freundschaften gehabt, doch habe ich bei keiner auch nur im Ansatz so viel sexuelle Befriedigung erfahren. Mir schien es, als würde mein Freund sich in meiner Leidenschaft verlieren und mit mir zu einer Seele und einem Körper verschmelzen. Doch plötzlich änderte sich alles, einfach so, und ich war wie vor den Kopf geschlagen. Er rührte mich kaum noch an. Er gab vor, müde zu sein, Kopfschmerzen zu haben usw. Bis heute dachte

ich immer, dies seien die klassischen Ausreden der Frauen, doch auch da überraschte er mich.

Ich hatte sofort die Schuld bei mir gesucht und wollte das nicht wahrhaben. Ich bot meine ganzen Verführungskünste auf: Ich ging zur Kosmetikerin, zum Frisör, kaufte mir neue Dessous, schmückte das Schlafzimmer romantisch und streute Rosen aufs Bett. Dennoch kam es nur noch selten zum Sex, und der war eine einzige Enttäuschung.

Er zeigte sich gefühllos, ja gelangweilt, und auf eine abstoßende Art animalisch. Aber trotzdem konnte ich nicht von ihm lassen. Ich versuchte ihn wieder und wieder zu verführen, um so wie früher Zärtlichkeiten zu erhalten. Doch jeder Kontakt war eine weitere Demütigung. Erst als ich begann, mich zurückzuziehen, zeigte er plötzlich Interesse und entdeckte erneut sein angeblich so leidenschaftliches Bedürfnis nach mir.

An dieser Stelle möchte ich gerne aufhören zu berichten, da für mich ein langes, schmerzhaftes Auf und Ab begann, das erst dann endete, als ich Hilfe suchte und annehmen konnte."

Der große Rausch psychopathischer Selbsttäuschung hält gewöhnlich nicht lange an. Irgendwann kommt der Einbruch, da psychopathische Menschen stets von Neuem die Bestätigung ihrer eingebildeten Größe benötigen, was derselbe Partner auf Dauer nicht leisten kann. Ähnlich einem Junkie, der an der Nadel hängt, sind auch sie hochgradig süchtig und benötigen einen Schuss nach dem anderen. Nur ist ihre Droge nicht Heroin oder Ähnliches, sondern die unersättliche Gier nach Bewunderung und Einmaligkeit. Also wechseln sie zwangsweise und relativ wahllos und unspezifisch ihre Sexualpartner und fühlen sich als Playboys, die alle Frauen erobern können. Und anstatt sich vor sich selbst ob dieses äußerst trivialen und unpersönlichen Sexuallebens zu ekeln, sind sie erfüllt von Stolz auf ihre Leistungen. Die Situation könnte nicht skurriler sein.

Ein beliebtes Modell ist auch „Sex mit dem Ex". Es verspricht den schnellen Kick, jedoch mit weniger Eroberungsarbeit, die anstrengend, zeitaufwendig und möglicherweise kostspielig ist.

Selbstverständlich trägt die Verantwortung für außerehelichen Sex nicht der Psychopath, sondern – seiner Ansicht nach – sein Partner. Allein dessen mangelnder Attraktivität ist es geschuldet, dass er sich durch wechselnde Abenteuer bei Laune halten muss. Ich erinnere mich an die Geschichte einer Frau, deren gestörter Partner von ihr Geld für den Eintritt und die Getränke in der Disco forderte, weil sie ja so langweilig sei, dass er sich woanders betätigen müsse.

Sex wird auch sehr gerne als Zahlungsmittel eingesetzt. Für Psychopathen eine logische Dimension, für die Betroffenen eine widerwärtige Demütigung. Immer wieder berichten mir Frauen, dass sie, ihren Partner einmal auf sein ausbeuterisches Verhalten angesprochen, von ihm zu hören bekamen, dass er dafür doch mit ihnen schlafe. Jeder weitere Kommentar erübrigt sich hier.

Um zusätzliche Bedeutung zu erhalten, erscheint es Psychopathen auch reizvoll, ihren Partnern von ihren „sexuellen Leistungen" aus vorherigen Beziehungen zu berichten. In ihren Erzählungen werden daraus richtige Abenteuer. Sie sehen: Diese Individuen sind sich für nichts zu schade.

Eine Genugtuung dürfen Sie jedoch haben: Ganz so glorreich, wie sie es darstellen, gestaltet sich deren Sexleben nicht. Es ist ein Powerplay, das sie unentwegt kontrollieren und beherrschen müssen. Ihr neuronales Belohnungssystem schüttet für ihre erfolgreichen Bemühungen zwar jede Menge Glücksgefühle aus, aber dennoch war es nur der Lohn für Arbeit und Konzentration. Der wirkliche Genuss sexueller Erfüllung, wie Sie ihn kennen, bleibt ihnen untersagt.

Man muss sich besorgt fragen, wie solche Menschen all diese tiefen Abgründe so gut verbergen können.

Fazit:

Sie sind nicht unattraktiv. Es ist die schwere Persönlichkeitsstörung Ihres Partners, die alles dominiert.

Wie gehen Angehörige mit extremen Situationen um?

In meinen Ausführungen möchte ich die Nöte der Angehörigen nicht vergessen, denn diese perversen Strukturen sind auch für sie – insbesondere für die Eltern der Opfer, die sich nicht vom Psychopathen vereinnahmen oder abschrecken lassen – eine nicht zu beschreibende Qual. Immer wieder wenden sich verzweifelt Mütter an mich und fragen, wie sie ihre Töchter aus den Fängen gewalttätiger Männer retten können. Sie berichten, dass sie alles Mögliche getan haben, um ihre Kinder zur Einsicht zu bringen bzw. sie zu unterstützen. Sie haben ihnen Geld geschenkt, die Enkelkinder aufgenommen, ihnen angeboten, nach Hause zurückzukommen oder eine eigene Wohnung anzumieten usw. Die finanziellen Annehmlichkeiten und Arbeitserleichterungen haben die Töchter in vielen Fällen angenommen. Offensichtlich kamen diese Zuwendungen den Psychopathen sehr entgegen und die abhängigen Frauen glaubten, diese Männer damit zu besänftigen und ihre Beziehung zu entlasten. Das bedeutete aber nicht, dass die Eltern ihre Wohnung betreten oder Persönliches mit ihnen besprechen durften. Doch ganz gleich, wie alle dabei ausbluteten, es gab niemals eine Entlastung; es wurde immer schlimmer. Die Spirale drehte sich unablässig weiter.

Die Bitten, einen Therapeuten, Ärzte und Beratungsstellen aufzusuchen oder die Polizei einzuschalten, verursachen bei diesen Frauen regelrechte Panik. Sie sind hilflos in Gewaltstrukturen gefangen, genauso wie in dem Glauben, dass der Partner das alles nur macht, weil er sie liebt. Solange die Überzeugung besteht, dass auch Gewalt ein Ausdruck von Liebe sei, solange kann man dem ganzen grauenhaften Prozess auch als Eltern nur ohnmächtig gegenüberstehen. Man kann keine Hilfe zwingen, solange das Opfer die Beziehung verteidigt. Es muss also leider noch mehr geschehen, bis es aus letzter Kraft nach dem letzten Strohhalm greift. So weit geht die Macht dieser niederträchtigen Menschen.

Bleiben Sie als Angehöriger dennoch in der Nähe und signalisieren Sie Hilfsbereitschaft. Jedoch nicht dergestalt, wie es dem Tyrannen zugutekommt, indem auch Sie auf seine Spielchen eingehen und in seine Ausbeutungs- und Gewaltstrukturen miteinbezogen werden. Halten Sie sich mit sinnvollen Angeboten bereit und stehen Sie als Anlaufstelle zur Verfügung. Mehr können Sie oftmals nicht leisten.

Was Eltern oder Familien jedoch unbedingt beherzigen sollten, ist, dass sie bewusst und achtsam miteinander umgehen. Denn sehr schnell kommt es aufgrund dieser emotionalen Überlastungen zu gegenseitigen Schuldzuweisungen, und auch ein bis dahin gesundes Familiengefüge wird stark angegriffen oder zerbricht sogar. Ich möchte immer wieder betonen, dass niemand Schuld an so einer Situation hat. Die Verantwortung trägt allein der Psychopath, der all das Böse in die Familie hineingetragen hat. Und sich am Ende gegenseitig mit Vorwürfen zu zerfleischen, hilft niemandem. Es beweist lediglich, dass das Gift des Psychopathen auch bei Ihnen seine Wirkung zeigt. Sollten Sie sich in solch einer Situation befinden, dann bedenken Sie das und lassen Sie die Funken dieser geistigen Brandstifter nicht auf Sie überspringen und zu einem Flächenbrand ausarten.

Sehen wir uns im Weiteren die charakterliche Struktur dieser Individuen genauer an.

Die psychopathische Wesensstruktur

Die bioenergetische Typenlehre kennt verschiedene Schutz- und Abwehrsysteme. Die psychopathische Charakterstruktur hebt sich im Vergleich zu allen anderen dadurch ab, dass die Betroffenen ihren Mangel vehement leugnen, alles Negative, das sie empfinden, auf ihre Partner und Mitmenschen projizieren und Bestrafungsfantasien entwickeln.

Entstehung psychopathischen Verhaltens

Psychopathie, wie man sie aus der medizinisch/psychiatrischen Diagnostik kennt, beschreibt eine starke Persönlichkeitsstörung, die für das gesamte Umfeld dieser kranken Menschen verheerende Folgen hat. Wissenschaftler gehen davon aus, dass diese Krankheit größtenteils genetische Ursachen hat oder dass organische Beeinträchtigungen des Gehirns oder des Nervensystems dafür verantwortlich sind.

Psychopathische Menschen weisen stark abweichende Gehirnaktivitäten auf, kennen keine Ängste, haben kein Unrechtsbewusstsein oder Gewissen, kennen keine soziale Verantwortung oder Mitgefühl. Eine moralische Instanz, die ihrem extrem rücksichtslosen und gefährlichen Verhalten Einhalt gebieten könnte, fehlt ihnen vollends.

Doch psychopathisches Verhalten hat viele Schattierungen. Der Psychoanalytiker Wilhelm Reich arbeitete in seiner Typenlehre u. a. die psychopathische Charakterstruktur heraus.

Dieses Verfahren wurde später von Alexander Lowen und anderen Therapeuten weiter spezifiziert. Sie erforschten, dass sich aus dem Zusammenspiel früher Kindheitserfahrungen, der Eltern-Kind-Beziehung und den ersten traumatischen, bzw. verletzenden Erfahrungen ein prägnantes Abwehrsystem entwickelt. Das Wesen eines Menschen ist demnach die Summe seiner vergangenen Erlebnisse.

Der Abwehrmechanismus der psychopathischen Charakterstruktur entstand aufgrund schwerer seelischer Defizite und Verletzungen. Diesen Menschen wurde als Kind der Wunsch nach stabiler Nähe, Geborgenheit und kindgerechter Aufmerksamkeit versagt. Sie erlebten ihre Welt als ein Ort voller

Gefahr und Verrat, vor dem es sich zu schützen galt. Diese Wahrnehmung besiegelte das schrittweise Zementieren eines stark antisozialen Verhaltens, nicht selten bis hin zu perfider Grausamkeit. Das erklärt, warum sich diese Menschen keiner Beziehung anvertrauen, sich niemals fallen lassen und ein übertriebenes Kontrollverlangen zeigen.

Der markante Unterschied, der meines Erachtens zwischen Psychopathen im psychiatrischen Sinne und jener der psychopathischen Charakterstruktur zu finden ist, liegt in ihrer jeweiligen Beziehung zur Angst. Wie ich bereits erwähnt habe, kennt die erstgenannte Spezies keine Angstgefühle und agiert unabhängig und sicher. Bei den psychopathischen Charakteren verhält es sich anders. Sie kennen Angstgefühle und sind darum sehr bemüht, Unschuldige vor ihren Karren zu spannen, damit sie selbst nie für Ihre Gemeinheiten, Intrigen und Straftaten zur Verantwortung gezogen werden. Und so selbstsicher und souverän sie auch wahrgenommen werden möchten, so verwenden sie doch den größten Teil ihrer Kraft dafür, ihre künstliche Maske aufrechtzuerhalten, von allen bewundert und gehuldigt zu werden, und wollen um keinen Preis als das erkannt werden, was sie in Wirklichkeit sind. Und das macht sie sehr verletzlich.

Während den vielen Jahren meiner Beratungstätigkeit habe ich ausschließlich mit Menschen gearbeitet, die Opfer psychopathischer Charaktere waren. Deshalb bleibe ich bei diesem Ratgeber auch in diesem Sektor. Der Begriff Psychopath oder psychopathische Struktur ist deshalb durchweg in diesem Kontext zu begreifen.

Wir lassen uns bei ihnen also auf Menschen ein, die sich als nachahmenswerte Vorbilder empfinden, auch wenn ihre Lebensgestaltung auf Selbstüberschätzung, Lügenkonstrukten und der Drangsalierung anderer fußt. Doch nur solange ihr Partner mitspielt, d. h. sanft und gutmütig oder hilflos bleibt, können sie ihre krankhafte Sucht nach Machtausübung ausleben. Gleichwohl haben Psychopathen auch Gefühle. Sogar sehr intensive und leidenschaftliche; es sind nur keine sich verschenkende oder gebende, sondern ausschließlich selbstbezogene. Kein Wunder, dass die Emotionen anderer geleugnet, kleingeredet oder lächerlich gemacht werden.

Auch auf die Gefahr hin, dass Sie es nicht gerne wahrhaben möchten, muss ich dennoch erwähnen, dass Psychopathen auf eine groteske Art unschuldig sind. Die Rücksichtslosigkeit ihren Partnern und Mitmenschen gegenüber ist ihrer tiefen Verzweiflung geschuldet, derer sie sich selbst nicht entziehen können. So sind sie selbst ihr erstes Opfer und es wird ihnen nicht gelingen, ihre innere Festung niederzureißen, um ein neuer Mensch zu werden. Ganz davon abgesehen möchten sie das auch nicht, denn sie glauben, mit ihrer Art ganz gut zu fahren und ihren Mitmenschen überlegen zu sein. Aber davon abgesehen könnten sie ihren Schutzwall auch nicht einreißen. Das soll sie nicht entschuldigen, aber Sie sollten es bei Ihren Handlungen berücksichtigen, um unnötiges Leid zu vermeiden.

In dem Maße, wie Ihr Partner Sie und vielleicht auch Ihre Kinder in sein perfides Spiel einbezieht, müssen Sie sich gegen ihn wehren – zu Ihrem eigenen Schutz und dem Ihrer Kinder. Doch verzichten Sie auf jede Form von Rache einem Menschen gegenüber, der selbst Gefangener seines Schicksals ist. Ich möchte Ihre bittere Realität keinesfalls damit schönreden, ich möchte sie nur objektiv betrachten und Sie dabei unterstützen, bei sich selbst zu bleiben.

Würden sein Hass und seine Wut auf Sie überspringen, wären Sie ein weiteres Mal von ihm geknechtet.

Das psychopathische Instrumentarium

Gehen Sie davon aus, dass Ihr Partner zu allem bereit ist und bei Bedarf seine Waffen gezielt einsetzen wird.

Demütigungen

Psychopathische Menschen sind wohl das Paradebeispiel für Menschen, die ein sprichwörtlich reines Gewissen haben – weil sie es nie benutzen. Sie verfügen auch gar nicht über die nötige Portion Feingefühl und Empathie, um sich über die Bedeutung ihrer Demütigungen, die sie so leichtfertig anderen Menschen angedeihen lassen, bewusst zu sein. Andere zu verspotten, auszulachen, zu beleidigen oder herabzusetzen erscheint ihnen durchaus gerechtfertigt und notwendig.

Eine Klientin, die – aus Angst, ihr Kind durch eine Scheidung zu verlieren – jahrelang die schlimmsten Herabsetzungen und Beschimpfungen über sich ergehen ließ, schrieb in ihr Tagebuch:

> „Ich bin von Scham zerfressen, weil ich mich so peinigen lasse. Ich fühle mich so schmutzig und wertlos und weiß nicht mehr, was schlimmer ist: Das Schämen, das Ertragen oder die Angst? Und wie soll mein Kind eine Mutter achten, die verachtet wird und sich verachten lässt?"

Konfrontierte sie ihren Partner mit seinem schändlichen Verhalten, verbarrikadierte er sich hinter Schutzbehauptungen:

> „Ich kann nichts dafür, dass du so peinlich bist, das hast du dir selbst zuzuschreiben" usw.

Sie kennen diese Sprüche sicherlich zur Genüge. Die bestürzende Bilanz ist, dass obendrein die Opfer die Verantwortung für die schmerzhaften Demütigungen übernehmen sollen.

Reflexion:

Was waren Ihre schlimmsten Demütigungen? Wie tief hat der Schmerz dabei Ihre Gefühle und Ihren Körper beeinträchtigt? In welcher Form hatte ihm sein Angriff Genugtuung verschafft? Haben Sie eventuell Ihre Bemühungen gesteigert, um zu beweisen, dass Sie es wert sind, geachtet zu werden? Sind Sie bereit zu lernen, für sich einzustehen?

Psychische Gewalt

Eine wirkliche Erfahrung sagt oft mehr als tausend Worte. Deshalb ist die haarsträubende Geschichte, die ich Ihnen nun wiedergeben möchte, ein signifikantes Beispiel für psychische Gewalt. Nicht jeder psychopathische Partner traut sich auf diese Weise, seine Allmachtsfantasien auszuleben und sich dermaßen kaltblütig und offensichtlich über Sitte und Anstand hinwegzusetzen. Aber davon träumen werden wohl die meisten von ihnen.

Helena ist seit sieben Jahren mit ihrem Mann verheiratet und glaubte bis vor Kurzem, alle psychopathischen Abgründe durchlaufen zu haben. Als ich sie kennenlernte, war sie zutiefst verzweifelt und sagte mir, dass sie, nach alledem, was sie mitgemacht habe, nicht nur innerlich zerbrochen sei, sondern auch jegliches Einschätzungsvermögen verloren habe.

Und dies mache sie vollkommen ohnmächtig und wehrlos. Helena ist von adeliger Abstammung und wohlhabend, was auch erklären lässt, warum ihr zehn Jahre jüngerer Mann sie unbedingt zur Frau nehmen wollte. Denn dass es ihm nicht um Liebe ging, stellte er bereits in der Hochzeitsnacht mit einer unverschämten und verletzenden Bemerkung unmissverständlich klar:

„Ein paar Kilo weniger würden es mir auch leichter machen."

Obwohl Helena nicht nur eine gebildete, sondern auch sehr kluge Frau ist, bemühte sie sich mit aller Kraft, das Offensichtliche zu leugnen. So entfaltete ihr Ehemann in seinem nunmehr standesbewussten und finanziell sehr attraktiven Lebensstil seine ganzen psychopathischen Kampftechniken und erzwang schrittweise ihre totale Unterwerfung. Dies gipfelte darin, dass er seine Liebschaften mit nach Hause ins eheliche Schlafzimmer brachte und seine Frau in Gegenwart seiner neuen Eroberungen herablassend aufforderte, im Gästezimmer zu übernachten.

Zerrüttet von Scham, Wut und dem Verlust ihres Selbstvertrauens wusste sie am Ende nicht mehr einzuschätzen, ob sie wirklich spießig und rigide und so abstoßend war, wie er ihr unablässig einzureden versuchte, oder ob sie vielmehr das Opfer eines schwer gestörten Menschen war. Dies war die erste Frage, die sie mir stellte.

Glücklicherweise konnte ich sie davon überzeugen, dass sie einem Menschen mit schwerer dissozialer Persönlichkeitsstörung in die Fänge geraten war und auf schnellstem Wege versuchen musste, von ihm loszukommen. Nach einem Jahr schonungsloser Arbeit an sich selbst fand sie den Mut, ihn vor die Tür zu setzen.

Selbstzweifel hervorrufen

Dass Helena überhaupt an sich zweifelte, ist keineswegs verwunderlich. Es ist immer nur eine Frage der Zeit, wann sich den Leidtragenden die Frage aufdrängt, ob sie nun wirklich in ihrer Wahrnehmung gestört sind oder doch ihr Partner, der ihnen dies so glaubhaft und überzeugend vermitteln möchte. Ständige Verunsicherungen und findige Manipulationen, die die Opfer quälen, sind ein heimtückisches und grausames Instrument der Machtsicherung.

Dieses wird so subtil eingesetzt, dass sich die Betroffenen irgendwann des gezielten emotionalen Missbrauchs möglicherweise nicht mehr erwehren können und keinen Ausweg aus der Falle finden. Sie spüren zwar intuitiv, dass etwas nicht stimmt, werden jedoch von Angriff zu Angriff irritierter und verunsicherter. Niemand kann es dauerhaft unbeschadet überstehen, wenn die eigene Wahrnehmung unentwegt in Frage gestellt und angegriffen bzw. lächerlich gemacht wird. Außenstehende haben fast keine Chance, dieses Prinzip auch nur ansatzweise zu erkennen, da die Quälereien oftmals unter dem Mantel der Besorgnis und des vermeintlichen Wohlwollens nach außen hin legitimiert werden.

Werden Sie also hellhörig, wenn Sie mit folgendem oder ähnlichem Verhalten von Ihrem Partner anhaltend konfrontiert werden:

→ Er verunsichert Sie in Bezug auf die eigenen Gefühle.

→ Er unterstellt Ihnen falsche Aussagen.

→ Er unterstellt Ihnen Handlungen, die Sie nicht getan haben, oder falsche Motive.

→ Er ändert seine Meinung, wie es ihm zupasskommt.

→ Er streitet Gesagtes ab, wenn es in sein Konzept passt usw.

Und dann entsinnen Sie sich, dass nicht Sie krank sind, sondern der Partner es ist. Im Gegenteil, Sie als Betroffener sind durch diese Leidensgeschichten sehr sensibilisiert, nur haben Sie das Vertrauen in Ihre Gefühle verloren und finden nur schwer wieder einen Zugang zu Ihrem gesunden Selbstvertrauen. Aber deshalb wird noch lange nicht die Lüge zur Wahrheit.

Reflexion:

Welche Unzulänglichkeiten/Versagen haben Sie sich letztendlich zugeschrieben?

Hinters Licht führen

Mit unaufrichtigem Verhalten müssen Sie leider zu jeder Zeit rechnen, denn die psychopathische Charakterstruktur steht im Gegensatz zu Ehrlichkeit, Zuverlässigkeit und Verantwortung. Und gerade diese Eigenschaften sind bei diesem Menschenschlag nicht vertreten, was sich in heuchlerischem und intrigantem Verhalten offenbart. So beschreibt Karina ihre Erfahrung:

„Ich bin seit fünf Jahren mit Ralf verheiratet und führte ein Leben in einem Auf und Ab von himmelhoch jauchzend bis zu Tode betrübt. Ralf ist charismatisch und charmant, leidenschaftlich, verführerisch, aber ebenso selbstverliebt, unzuverlässig, rechthaberisch, spielsüchtig und noch vieles mehr. Ich konnte nicht wirklich ohne ihn, aber auch nicht mit ihm. Ich denke, Sie wissen, wovon ich spreche.

Eine große Herausforderung kam vor drei Jahren. Da stand plötzlich der Gerichtsvollzieher vor der Tür. Ralf hatte heimlich durch seine Spielsucht große Schulden gemacht. Ich staune heute noch darüber, wie geschickt er dies vor mir verbergen konnte. Andererseits hatte er von Anfang an darauf bestanden, seine Post persönlich zu öffnen und Anrufe auf seinem Handy nur selbst entgegenzunehmen. So hatte er sich wohl schon im Vorfeld für ungünstige Momente abgesichert. Mir schien das nicht besonders auffällig, da er ohnehin sehr eigenwillig war und sich grundsätzlich nicht in die Karten blicken ließ.

Wir hatten durchweg Geldprobleme. Doch meine Eltern unterstützten mich regelmäßig, sodass ich die Einkäufe und alles, was unsere damals zweijährige Tochter benötigte, immer noch abdecken konnte. Doch dann kam eben das böse Erwachen.

Mit traurigem Herzen gab ich unser Kind in eine Kinderkrippe und ging wieder mit einer Halbtags-Stelle in meine alte Firma zurück. Nach drei Jahren sollten die Schulden durch mein Gehalt getilgt sein. Doch kurz vor der

Ablaufzeit stand plötzlich wieder der Gerichtsvollzieher vor der Tür und teilte mir mit, dass ein weiterer Vollstreckungstitel gegen meinen Mann vorliege.

Das war also sein Dank gewesen. Während ich für seine Spielschulden geschuftet habe und unser Kind aus dem Hause geben musste, hat er hinter meinem Rücken unverdrossen weitergemacht wie bisher, obwohl er mir tausend Mal geschworen hatte, dass er sich gebessert und dem Spiel abgeschworen hätte. Und dabei hatte er immer so einen gönnerhaften und selbstherrlichen Gesichtsausdruck.

Das war zu viel für mich. Ich habe mich, was ich schon lange hätte tun sollen, beraten lassen und mich mit seinem Charakter offensiv auseinandergesetzt. Dann bin ich mit der Kleinen zu meinen Eltern gezogen und habe die Scheidung eingereicht. Ich bin nicht mehr bereit, mich ein Leben lang ausnutzen und belügen zu lassen."

Fazit:

Rechnen Sie damit, dass Sie nur wenig über das Leben Ihres Partners wissen.

Vorteilsbeschaffung

Sehen Sie den Tatsachen ins Auge und misstrauen Sie grundsätzlich allen Versprechungen eines Psychopathen, denn er wird sie nie einhalten. Sollte das doch einmal der Fall sein, dann nur um seines eigenen Vorteils willen, aber ganz sicher nicht aus Liebe oder moralischer Verpflichtung. Wann immer Sie dazu tendieren, ihm erneut zu vertrauen oder abermals auf Versprochenes zu hoffen, möchte ich Ihnen sehr ans Herz legen, sich zu erinnern, dass Ihre ganze Misere dadurch entstanden ist, dass Sie schon einmal seinen vielversprechenden und haltlosen Worten vertraut haben. Bestimmt auch dann noch, als diese sich als unwahr herausgestellt und sich gegen Sie gerichtet haben. Sie haben es getan, weil Sie bereit waren zu lieben, zu vergeben und immer wieder einen Neuanfang zu wagen. Dies alles zeigt nur, dass Sie selbst eine großartige Persönlichkeit mit einem weiten Herzen sind. Nur ist es leider so, Sie wissen es, dass psychopathische Charaktere gerade wegen der liebenden Herzen ihrer Partner mit ihren verlockenden Versprechungen andocken können. Aber was sind schon schöne Worte? Sie kosten nichts, sind aber sehr nützlich. Was also zählen muss, sind Taten. Blicken Sie zurück auf Ihre Erfahrungen – sie sind immer höher einzuschätzen als jede Theorie. Sie sind ein ernst zu nehmender Ausdruck der Wirklichkeit und sollen Sie daran erinnern, dass Ihr Psychopath sich selbstgefällig in einer moralfreien Zone sonnt, während Sie die Konsequenzen seiner Verführungskünste und seines Handelns durchleiden müssen.

Ich möchte Ihnen zu diesem Thema von einem typischen Beispiel mit ernüchternden Folgen berichten. Dieses Mal von einer Frau mit psychopathischen Mustern, die ich Anne nennen werde. Wie Sie gleich erfahren werden, war sie Meisterin darin, sich ohne Mühe die größten Vorteile zu verschaffen. Sie hatte für ihre Verhältnisse perfekte Arbeit geleistet, das muss man ihr lassen.

Anne ist sehr erfolgreich in der Immobilienbranche tätig. Etwa ein Jahr vor ihrer Hochzeit erwarb sie ein Immobilien-Paket mit mehreren Häusern und Wohnungen in jeweils verschiedenen Städten. Das Angebot war so verlockend, dass sie die einzelnen Objekte nicht einmal in Augenschein nahm. Ein kleiner Wermutstropfen war allerdings, dass sich ein Teil des Immobilien-Pakets, eine Vier-Zimmer-Wohnung in einem sehr großen Objekt, in einer sozial schwachen Gegend befand und verhältnismäßig geringe Mieteinnahmen einbrachte.

Aber Anne war zu sehr Geschäftsfrau und schlau genug, um zu wissen, dass der Deal dennoch grandios war. Nach dem Erwerb stellte sich allerdings heraus, dass das Verwalten dieser besagten Wohnung auch noch lästig und zeitaufwendig war. Immer wieder kam es zu Streitigkeiten, Schäden, Mietausfall usw., womit sie ihre kostbare Zeit nicht verschwenden wollte. Anne besann sich also auf ihre eigentlichen Stärken und fasste eine für sie geniale Entscheidung.

Gleich nach ihrer Hochzeit bat sie ihren Mann, ihr diese Wohnung abzukaufen. Sie seien doch jetzt *eine* Familie, deshalb sei es ohnehin gleichgültig, wessen Name auf der notariellen Urkunde stehe. Auf diese Weise würden sie beide, wie ihr Steuerberater errechnet hätte, eine Menge Geld sparen. Er, verliebt wie er war, vertraute ihr und übernahm die Wohnung.

Eines Tages, als man die Ehe schon ohne Übertreibung einen einzigen Albtraum nennen konnte, stöberte er in ihren Verträgen und musste mit Schrecken feststellen, dass sie ihm die Wohnung zum doppelten Preis veräußert hatte.

Er rief daraufhin die Hausverwaltung des Objekts an, um sich nach dem aktuellen Verkaufswert zu erkundigen. Dann kam das nächste Erwachen. Viele Wohnungen standen leer und waren seit längerer Zeit erfolglos zum Verkauf ausgeschrieben, was die Preise folglich in den Keller stürzen ließ. Seine Verschuldung war durch den überzogenen Ankaufspreis trotz der jahrelangen Tilgungen somit immer noch mehr als doppelt so hoch wie der zu erwartende Erlös. Er konnte also nicht verkaufen und muss noch für lange Zeiten weiterzahlen.

Und ich möchte nicht vergessen zu erwähnen, dass der gemeinsame Ehevertrag von ihrem Notar entworfen wurde und selbstverständlich eine Gütertrennung vorsah. Auch hier hatte er ihren Worten von Familie und ewiger Liebe mehr vertraut als einem notariellen Vertrag, der klare Fakten schuf.

Nun ja, wer kennt das nicht: Wer liebt, stellt keine Fragen und zweifelt nicht. Liebe macht bekanntlich blind. Die Ehe wurde zur Katastrophe, der Mann war verschuldet, und der Ehevertrag sah keine noch so kleine Absicherung oder Entschädigung im Fall einer Trennung vor. Was für eine traurige Bilanz am Ende einer großen Liebe!

Fazit:

Unterzeichnen Sie nie etwas, ohne sich über den Sachverhalt zu informieren und Ihre Rechte vollumfänglich abzusichern.

Schuldzuweisungen

Ihre eigene Erfahrung wird es bestätigen: Ganz gleich, was geschieht, ein Psychopath ist nie schuld an irgendetwas. Deshalb werden Wahrheiten verdreht und sofort Gegenbeschuldigungen erhoben. Ist das nicht machbar, wird das Gesagte als Scherz, Missverständnis oder Ähnliches heruntergespielt. Jedenfalls wird er dafür sorgen, dass an ihm nichts hängen bleibt. Unterläuft dem Partner jedoch ein kleiner Fehler, ist das sofort Anlass für einen Vorwurf und wird geahndet – Fehler bei anderen dürfen nicht geduldet werden. Psychopathen fühlen sich in solchen Momenten überlegen und erhaben und nutzen die Gelegenheit, ihre „Unfehlbarkeit" unter Beweis zu stellen und sich selbst zum Vorbild zu erheben.

Jasmin berichtet von ihrem Ex-Partner, der gern und oft auf mehr als peinliche Weise Schuldzuweisungen traf:

> „Als mein Ex-Freund am Wochenende unseren vierjährigen Sohn abholte, weigerte er sich, ihn im Kindersitz anzuschnallen. Der eigentliche Grund dafür war, dass er sich von mir bevormundet fühlte, wenn er sich an eine Regel oder Absprache halten sollte. Als ich ihn darauf hingewiesen habe, dass ich ihm das Umgangsrecht verweigere, wenn ich noch einmal erlebe, dass das Kind nicht angeschnallt ist, schrie er mich an, es sei meine Schuld, dass er Paul nicht anschnallen könne: ‚Wenn man so blöd ist, einen Kindersitz zu kaufen, der einer Zwangsjacke gleichkommt, muss man sich nicht wundern, wenn das Kind Panikattacken bekommt.' Das ist natürlich vollkommener Blödsinn. Paul liebt seinen Kindersitz und möchte auch angeschnallt werden.

Ich habe mich verstellt, echte Sorge vorgetäuscht und ihn aufgefordert, einen neuen Sitz
zu kaufen, in welchem Paul sich angstfrei fühlen kann. Ich teilte ihm mit, dass ich keinen be-
sorgen könne, weil er ja keinen Unterhalt zahle
und ich dadurch an meiner finanziellen Grenze
sei. Aber da die Sache so gravierend sei, wäre
ich sicher, dass er unverzüglich Abhilfe schaffen
und alles tun würde, um Paul von seiner Angst
zu befreien. Schließlich sei er doch ein sehr verantwortungsvoller Vater. Doch wen wundert
es, seitdem habe ich von diesem Thema nichts
mehr gehört, und Paul wird stillschweigend an-
geschnallt.

Ach, und was ich auch auf keinen Fall vergessen möchte zu erwähnen, ist, dass ich außerdem schuld daran bin, dass er wieder mit
dem Rauchen begonnen hat. Es war nämlich
rücksichtslos von mir, Zigaretten auf dem Tisch
liegen zu lassen, als er Paul abholte. So hätte ihn
die Lust gepackt, und er habe deshalb wieder
mit dem Rauchen angefangen. Wenn Dummheit wehtun würde ..."

Jasmin hatte sehr klug auf die Aggressionen reagiert, denn
jede Diskussion hätte sie noch mehr zur Zielscheibe gemacht.
Sie hatte verstanden, dass mit Argumenten kein Krieg zu gewinnen ist, und hatte ihn auf bessere Weise herausgefordert,
indem sie ihm einen inneren Konflikt eröffnet hatte. Nämlich
den der Entscheidung, seinen Forderungen Taten folgen zu
lassen oder den Mund zu halten. Er hatte sich erwartungsgemäß für die kostenfreie Variante entschieden.

Fazit:

Führen Sie keine Auseinandersetzungen über Schuld oder Unschuld. Werden Sie zum Meister Ihres Lebens, beginnen Sie, seine Begrenztheit zu akzeptieren. Gehen Sie nicht auf Vorwürfe ein, sondern spielen Sie den Ball auf unterschiedliche Weise zurück. Dazwischen gibt es keinen Raum für Lösungen.

Zwanghaftes Lügen

Zu behaupten, dass psychopathische Charaktere der Lüge nicht abgeneigt sind, wäre sicherlich keine Übertreibung. Noch treffender wäre es allerdings anzunehmen, dass sie selbst eine einzige Lüge sind.

Die Unwahrheit zu sagen ist bei den meisten von ihnen keine Methode, die sie einsetzen; es ist ihnen vielmehr ein in Fleisch und Blut übergegangenes Verhalten. Nicht selten vergessen sie deshalb zu prüfen, ob ihnen die Märchen, die sie zum Besten geben, überhaupt zum Vorteil gereichen. Sie fabulieren aus reiner Gewohnheit.

Wer lügt, kann sich jederzeit ins beste Licht stellen, er kann sich, wann immer er möchte, aufwerten und er kann sich jedweder Verantwortung entziehen. So kann er sich wie ein Chamäleon jeder Situation perfekt anpassen und sich den höchsten Nutzen sichern.

Aber wie gesagt, das klappt nicht immer. Ihre Partner lernen von Lüge zu Lüge dazu und erlangen mit der Zeit ein feines Gespür und eine hohe Sensibilität dafür, wann etwas dubios wird. Eine regelrecht bizarre Geschichte möchte ich gerne vorstellen, damit Sie zwischendurch auch etwas zum Schmunzeln haben.

Grit ist eine taffe Frau, die nach zweieinhalb Jahren Lügengeschichten und Hinhaltetaktiken schon weitgehend desillusioniert war und begonnen hatte, sich nicht mehr gegen die Spielchen ihres Partners aufzulehnen. Sie hatte sich im Gegenteil entschieden, dass sie, bevor sie ihm die Freundschaft aufkündigt, noch mitspielen wird, um Erfahrungswerte zu sammeln. Da ihr Freund nichts von ihrer Entscheidung wusste, wähnte er sich mit seinen haarsträubenden Geschichten und seinem plumpen Charme nach wie vor in Sicherheit. Beide wohnten ein paar Kilometer voneinander getrennt. Übers Wochenende wollte er hin und wieder ihren Wagen ausleihen, da er, wie er sagte, zum Schutz der Umwelt auf ein eigenes Fahrzeug verzichtete. Sie hatte seit einiger Zeit den Verdacht, dass er ihn benötigte, um eine andere Frau zu besuchen. Angeblich arbeitete er an den Wochenenden zu Hause in seinem Homeoffice, weshalb sie sich nicht treffen oder telefonieren konnten. Da drängt sich doch die Frage auf, weshalb er gerade an jenen Tagen, an denen er so intensiv an den Schreibtisch gefesselt war, ein Fahrzeug vor der Tür haben möchte?

Grit fährt einen Oldtimer, mit dem man sich sehen lassen kann, dessen Benzinanzeige allerdings defekt ist. So teilte sie ihrem Freund eines Tages, als sie ihm das Auto überließ, beiläufig mit, dass sie den Wagen gerade vollgetankt hätte. Und siehe da: Wenige Stunden später blieb er mit leerem Tank auf der Autobahn stehen.

Dann rief er sie an, war hoch aggressiv und forderte ihre ADAC-Mitgliedsdaten, damit er Hilfe holen könne. Kaum hatte sie gehört, was sie vermutete, rief sie mehrere Male ins Handy: „Hallo, bist du noch da, ich höre dich nicht mehr. Hallo?", legte auf und schaltete das Gerät ab.

Dieses schmachvolle Abenteuer hatte ihn nicht nur viel Geld gekostet, sondern auch die Beziehung mit ihren vielen Vorteilen.

Fazit:

Schenken Sie Worten allein keine Bedeutung, und blicken Sie kritisch auf die Tatsachen.

Reflexion:

In welchen Situationen wurden Sie belogen? Welchen Vorteil konnte er sich dadurch sichern? Welche Nachteile hatten Sie dabei? Wie sind Sie damit umgegangen? Wie möchten Sie in Zukunft damit umgehen?

Leistungen herabsetzen

Es wird Sie nicht überraschen, aber niemand erbringt in den Augen der Psychopathen solche Leistungen, wie sie selbst es vermögen. An dieser Ansicht halten sie auch dann beharrlich fest, wenn das angeblich Erbrachte nachweislich nicht messbar ist. Es geht ihnen also nie um das Ergebnis, sondern um das Gefühl von Größe und Dominanz. Dabei gehen sie so weit, dass sie von ihren Geschädigten, die sie herabsetzen, gleichzeitig noch bewundert und anerkannt werden möchten. Am besten kann uns das Daniela aufgrund ihrer jahrelangen Erfahrung berichten:

> „Mein Mann zeigt weder an mir, noch an unseren beiden Töchtern (sieben und neun Jahre alt) aufrichtiges Interesse. Das hält ihn jedoch nicht davon ab, uns zu bevormunden, zu kontrollieren und uns mit Aufgaben zu schikanieren. Er ist eine Persönlichkeit, die von Zwangsgedanken und Zwangsverhalten beherrscht ist. Am schlimmsten ist es an den Wochenenden, wenn er daheim ist. Er legt überall im Haus Zettel mit Anweisungen aus, die wir abarbeiten müssen. Nach einer für ihn angemessenen Zeit sieht er nach, ob alles erledigt wurde, und fragt jeden von uns, ob er es auch selbst erledigt habe. Auf diese Weise vermeidet er, dass ich die Kinder entlaste und ihnen etwas abnehme. Bei seinem Kontrollgang lobt er jedoch die Kinder nicht für das, was sie getan haben, sondern sucht nach Kleinigkeiten, die nicht zu hundert Prozent ausgeführt sind. Daran beißt er sich dann fest und reagiert sich an ihnen ab. Manchmal sperrt er sie zur Strafe in ihrem Zimmer ein. Und er versäumt nicht, sich damit zu rühmen, was er alles in derselben Zeit erledigt hätte. Er, der Erwachsene, misst sich mit kleinen Kindern und rechnet ihnen seine Überlegenheit auf. Wie krank ist das denn? Die Kinder sind in seiner Gegenwart ängstlich und verstört und wagen nicht zu widersprechen. Wie sollten sie auch, wenn nicht einmal ich den Mut aufbringe, mich ihm in den Weg zu stellen. Wenn ich abends im

Bett liege und nicht einschlafen kann, dann stelle ich mir vor, dass ihm etwas zustößt und wir endlich aufatmen können.

Nun bin ich fest entschlossen, einen mutigen Weg einzuschlagen, um die Kinder und mich von diesem zwanghaften, egozentrischen, selbstverliebten und boshaften Menschen zu befreien. Ich weiß, dass es kein einfacher Weg sein wird. Aber ich habe erkannt, dass ich mich eigentlich vor nichts fürchten muss. Wir sind ja bereits in der Hölle.

Und den ersten Schritt habe ich gerade getan: Ich habe ihn angeschrien und ihm gedroht, dass ich zum Jugendamt gehen und ihn anzeigen werde, wenn er noch einmal so mit den Kindern umgeht. Das war ein erster großer Sieg, auf den ich ungeheuer stolz bin und aufbauen werde!"

Es ist gar nicht verwunderlich, dass Daniela sich so wehrlos fühlte. Man darf mit Fug und Recht behaupten, dass psychopathische Charaktere zu wahren Tretminen mutieren, wenn sie sich angegriffen oder erkannt fühlen. Ihre schlechte Impulskontrolle und ihr mangelndes Sozialverhalten lässt sie in vielerlei Richtungen gefährlich wirken oder auch wirklich werden, wenn ihnen keine Grenzen gesetzt werden.

Fazit:

Partner psychopathischer Charaktere können nie gut genug sein; ansonsten würden sie deren Anspruch auf Überlegenheit bedrohen.

Hinterlist

Solange Sie darauf hoffen, dass Ihr Tyrann eines Tages zur Besinnung kommt und sein Fehlverhalten einsieht, werden Sie sich keinen einzigen Schritt nach vorn bewegen. Seine Einschätzung von Recht und Unrecht bezieht sich, wie Sie wissen, ausschließlich auf seine eigenen Bedürfnisse und Überzeugungen. All das, was seine Interessen unterstützt, ist Recht, alles andere folglich Unrecht. Sein subjektives Empfinden ist somit das einzige, was er anerkennt und zu verteidigen bereit ist. So ist hinterlistigem Verhalten Tür und Tor geöffnet.

Mareike hat dies auf groteske Weise erfahren. Nach 14 Jahren Ehe hat ihr Mann Pit ohne Vorankündigung die Scheidung eingereicht. Finanziell ging es ihnen immer sehr gut, denn er ist Geschäftsführer einer eigenen Firma und sie im Management tätig. Pit hatte sich in der Vergangenheit vier Oldtimer, eine Yacht und diverse Kunstgegenstände angeschafft. Mareike hatte sich gewundert, dass er im vergangenen Jahr die Fahrzeuge, die Yacht und seine geliebten Kunstgegenstände veräußert hatte. Doch im Nachhinein wurde ihr klar, warum er dies tat: Beim Vermögensausgleich gab er keine Vermögenswerte an. Er sagte, er habe das Geld durch ungeschickte Transaktionen verloren. Doch Mareike wusste: „Pit ist ein absoluter Sicherheitsmensch. Er würde nie riskante Geschäfte tätigen. Er hat es versteckt und gedenkt erst einmal die Scheidung abzuwarten, bis sein Vermögen wieder unbemerkt von den Toten auferstehen kann. So glaubt er zumindest, es machen zu können. Das war schon immer sein Fehler, dass er auf die Dummheit seiner Mitmenschen spekulierte. Aber ich kenne ihn schon zu lange und zu gut. Er selbst hatte sich mit solchen Geschäftsgebaren vor mir ständig gebrüstet. Wie kann er nun bloß vergessen, dass ich seine Vorgehensweise kenne? Seine betrügerischen Vorsätze werden für ihn noch ein bitteres Nachspiel haben. Und ich muss gestehen, dass es mir eine große Genugtuung verschaffen würde, ihn auflaufen zu lassen. Hoffentlich gelingt es mir."

Ausnutzen von Notsituationen

Menschen, die sich in psychischer oder materieller Not befinden, benötigen Freunde, die ihnen beistehen und helfen, Krisen zu überstehen. Wessen sie am wenigsten bedürfen, sind Blutsauger, die ihre Lage und ihre Verzweiflung ausnutzen und nur das Beste für sich herausschlagen wollen. Psychopathen erkennen solche Gelegenheiten leider mit untrüglichem Instinkt und schrecken nicht davor zurück, auf ihre ganz eigene Art Hilfe anzubieten. Und je größer die Bedrängnis, desto unverschämter ihr Angebot. Auch eine emotionale Erpressung ist durchaus mit dabei:

> Rebekka war in großer emotionaler Not. Ihr Freund, den sie seit einigen Monaten kannte und über alles liebte, wollte sich von ihr trennen. Er wusste, dass sie ohne ihn nicht leben zu können glaubte. So begründete er seine Entscheidung damit, dass er ein Mensch sei, der

seine Freiheit brauche und nicht immer am selben Ort festsitzen könne.

Doch er hatte für Rebekka auch schon einen
Ausweg parat: Wenn sie ihm ein Wohnmobil
schenken würde, dann könnten sie seine Träume gemeinsam verwirklichen. Glücklicherweise war sie klug genug zu erkennen, dass sie gerade auf widerliche Weise mit ihrer Liebe erpresst
wurde und um ein kleines Vermögen gebracht
werden sollte. Sie ließ ihn gehen. Aber ihr Herz
konnte lange Zeit nicht heilen. Zu tief waren
der Verlust ihrer Liebe und die Enttäuschung
über seine abscheuliche Erpressung.

Von Geheimnissen umgeben

Psychopathische Charaktere lieben nicht nur Geheimnisse,
sie benötigen sie. Menschen, die Intrigen spinnen, mit Lügen
agieren und andere ausbeuten, können sich nicht in die Karten
blicken lassen. Sonst wären ihre ganzen Inszenierungen dahin
und sie stünden nackt und bloß da. Die meisten Psychopathen
sind deshalb so klug, von vornherein die nötigen Vorkehrungen zu treffen, um zu verhindern, dass es zum Ernstfall kommt.
Hier ein paar typische „Sicherheitseinstellungen":

→ Der Zugriff zum Handy wird verboten.
→ Die Namen in der Telefonliste werden vertauscht oder mit
  Synonymen belegt.
→ Ein zweites Handy für Seitensprünge wird angeschafft.
→ Der jeweilige Aufenthaltsort wird verschwiegen.
→ Von der Vergangenheit wird nur bruchstückhaft und un-
  wahr berichtet usw.

Wann immer Menschen so ein Verhalten an den Tag legen, sollten sich ihre Partner ernsthaft fragen, ob das etwas mit Freiheit zu tun hat, oder ob sie nicht gerade für dumm verkauft werden.

Reflexion:

Mit welchen Geheimnissen mussten Sie sich auseinandersetzen? Was hat das mit Ihnen gemacht? Was bedeutet das für Ihre Zukunft?

Angriff als Verteidigung

Dass Angriff eine effiziente Verteidigungstaktik sein kann, ist allseits bekannt. Allerdings verweigert sich jeder, der etwas auf sich hält, der armseligen Praxis, andere für die eigenen Fehler verantwortlich zu machen. Nicht so unsere Spezies, denn Psychopathen beherrschen diese Technik in Perfektion.

„Mein Name ist Emma, ich bin 33 Jahre alt und von Beruf Rechtsanwältin in einer Sozietät. Ich hatte acht Monate mit Marcel, der zehn Jahre älter ist als ich, eine Beziehung, die sehr vielversprechend schien. Doch genauso stürmisch, wie sie begonnen hatte, endete sie letztendlich auch wieder. Und das geschah so:

Vor Kurzem besuchten wir beide ein Konzert. Plötzlich kam eine junge Frau auf ihn zu und küsste und umarmte ihn sehr intim. Marcel war im ersten Moment völlig erstarrt, doch dann riss er sich von ihr los und brüllte sie an, sie solle ihn in Ruhe lassen. Dann lief er weg. Als ich die Frau fragte, was das zu bedeuten habe, antwortete sie, dass sie seit einem halben Jahr Marcels Freundin sei und nicht wisse, was in ihn gefahren sei. Alles Weitere ließ sich schnell aufklären. Wir waren beide am Boden zerstört. Der einzige Trost, den wir hatten, war, dass wir nicht alleine mit unserem Schmerz waren, sondern uns durch das gemeinsame Leid verbunden fühlten. Marcel meldete sich in der darauffolgenden Woche nicht. Dann erhielt ich die überraschende Nachricht von ihm, dass er eine Entschuldigung für mein indiskretes Verhalten erwarte; dafür, dass ich ihm hinterherspioniere und dieser Schlampe mehr glaube als ihm. Wenn ich ihn nicht verlieren möchte, wäre es das Mindeste, mich bei ihm zu entschuldigen, und zwar verbunden mit einer Einladung in ein gutes Restaurant. Ohne dass ich Reue zeige, werde er mir nicht verzeihen.

Wie schade, dass er nicht den Mumm hatte, bei mir zu Hause vorbeizuschauen. Dann wäre er nämlich im hohen Bogen hinausgeflogen. Ich hatte mir schon gedacht, dass er sich für mich entscheiden würde. Er hatte sich gern damit gebrüstet, dass ich Rechtsanwältin bin. Und er hatte sehr viel von meinen wohlhabenden Eltern profitiert. In der kurzen Zeit, in der wir uns kannten, hatte mein Vater ihn zu seinem jährlichen Segeltörn mit Freunden eingeladen und wir beide waren bereits in unserem Ferienhaus am Meer in Spanien. Diese Annehmlichkeiten werden bei seiner Wahl bestimmt besondere

Berücksichtigung gefunden haben. Es ist nur widerlich. Ich antwortete ihm, dass ich ihm untersage, sich ein weiteres Mal bei mir zu melden oder auf andere Art Kontakt mit mir aufzunehmen. Ansonsten werde ich eine einstweilige Verfügung erwirken. Daraufhin habe ich nichts mehr von ihm gehört."

Nicht viel anders plante Sven vorzugehen, was er mir in leicht angetrunkenem Zustand gestand. Er ist verheiratet und hat drei Kinder.

Sven, 59 Jahre alt, hatte sich in ein junges, blondes Mädchen verguckt. Mit allen Tricks wollte er sie dafür gewinnen, mit ihm die Silvesternacht auf seiner Yacht zu verbringen. Dieser Teil würde kein Problem für ihn sein. Doch wie sollte er es angehen, sich von zu Hause wegzustehlen? Schließlich war traditionell ein Fest mit der Familie geplant.

Doch Sven wäre nicht er selbst, wenn ihm solche Kleinigkeiten ernsthaft Kopfzerbrechen bereitet hätten. Er entschied sich kurzerhand für die Unschuldsvariante: Er plante, am Vortag alle Feuerwerkskörper zu verstecken und seine Frau dafür verantwortlich zu machen, dass sie nicht zu finden seien. Dabei beabsichtigte er einen Wutanfall vorzutäuschen und Hals über Kopf aus dem Haus zu stürmen. Am nächsten Tag müsste sich seine Frau dann bei ihm entschuldigen, was er großzügig annehmen würde.

Dass er damit nicht nur ihr, sondern auch dem Rest der Familie das Fest richtig vermasseln würde, interessierte ihn nicht im Geringsten.

Fazit:

Seien Sie sich für jedwede Angriffe zu schade. Die wahren Beweggründe liegen ohnehin außerhalb Ihres Vorstellungsvermögens.

Dies war ein kurzer Abriss über das psychopathische Instrumentarium, das noch wesentlich umfangreicher ist. Alles zu benennen, würde hier den Rahmen sprengen, doch beim Lesen des Buches werden Sie noch auf weitere Strategien und Vorgehensweisen dieser dissozialen Persönlichkeiten stoßen.

Nach alledem, was Sie erlebt und aus den Geschichten der Menschen, denen es ganz ähnlich erging, erfahren haben, sollten Sie zu dem Schluss gelangen, dass dieser Menschenschlag in erschütternder Weise einen durch und durch parasitären Lebensstil pflegt. Das ist die wohl noch sozialverträglichste Formulierung, die ich für Ihren Peiniger benutzen kann. Er wird sich jedenfalls nicht ändern. Das Privileg zu lernen, damit umzugehen, bleibt also leider wieder einmal Ihnen vorbehalten.

Psychopathische Besonderheiten

Ich habe nachfolgend ein paar der markantesten Persönlichkeitsmerkmale aufgelistet. Alle wiederzugeben wäre auch hier aufgrund der Dimension dieser Thematik zu umfangreich. Deshalb setzen wir uns mit jenen auseinander, die den Partnern psychopathischer Charaktere am meisten zu schaffen machen.

Doppelmoral

Zu Beginn möchte ich einen kleinen Auszug psychopathischer Doppelmoral präsentieren. Es ist eine kleine Veranschaulichung dessen, woran diese Menschen glauben, was sie sich herausnehmen oder zutrauen und was sie im Gegenzug von ihren Partnern einfordern bzw. ihnen unterstellen.

Er (Sie) ...	Sein(e) Partner(in) ...
kann kommen und gehen, wann immer er (sie) möchte.	soll immer zur Verfügung stehen und stets erreichbar sein.
hält sich an keine Absprachen.	wird auf seine (ihre) Aussagen festgenagelt.
flirtet ungeniert.	darf nur ihn (sie) bewundern.
stellt eigene Bedürfnisse über alles andere.	hat kein Recht auf eigene, „egoistische" Bedürfnisse.
verdreht jede Wahrheit.	muss sich streng an dessen (deren) Wahrheit halten.
kann sich immer an alles erinnern.	leidet unter Gedächtnislücken.

Er (Sie) ...	Sein(e) Partner(in) ...
weiß, was gut für andere ist.	soll blind gehorchen: „Tu einfach, was ich dir sage."
dreht anderen das Wort im Mund herum.	kann nicht richtig zuhören.
stellt seine (ihre) eigenen Regeln auf.	hat sie einzuhalten.
hält sich für einen geistigen Überflieger.	verhält sich psychisch auffällig.
macht aus jedem Wehwehchen ein Drama.	soll sich im Krankheitsfall zusammenreißen.
hält Liebe für ein Geschäft.	hat überzogene Vorstellungen von Liebe.
spielt Entgleisungen als Scherz herunter.	reagiert humorlos und versteht keinen Spaß.

Reflexion:

Erkennen Sie an, dass Ihr Partner blind ist für die Wahrheit. Verzichten Sie auf den Wunsch, ihn zu belehren; nutzen Sie Ihre Energie sinnvoller, nehmen Sie seine Behauptungen nicht mehr ernst.

Widersprüchlichkeit

Menschen, die ihrem inneren Chaos zum Opfer fallen, sind zu stringentem Handeln unfähig. Dass sie sich dabei innerhalb einer kurzen Zeit oder sogar noch im gleichen Satz selbst widersprechen, fällt ihnen möglicherweise nicht auf, oder sie messen dem keine Bedeutung bei. Ihr Motto lautet, auch wenn sie selbst es am wenigsten bemerken:

„Wie kann ich wissen, was ich denke, bevor ich höre, was ich sage?"

Wenn dann wenigstens das Gesagte eine gewisse Relevanz hätte. Zur Verdeutlichung möchte ich Ihnen zwei Beispiele nicht vorenthalten.

> Thomas bearbeitete Irene viele Monate, ihren ersten gemeinsamen Urlaub in Portugal an der Algarve zu verbringen. Er sei der absolute Strandtyp, der Sonne und Meer zum Leben brauche. Sie ließ also von ihrem Traum, Schweden zu bereisen, ab und willigte ein. Das Ergebnis war, dass er zwei Wochen im All-inclusive-Hotel betrunken an der Bar herumlungerte oder auf dem Zimmer vor dem Fernseher lag und sich über die ‚Idioten, die sich wie Brathähnchen in der Sonne grillen', lustig machte. Mit Sonne, Strand und Meer war es nicht weit her. Und das alles selbstverständlich auf Irenes Kosten.

Auch Justine möchte ihr Beispiel weitergeben:

> „Mein Freund hatte nur wenig sexuelles Interesse an mir. Er sagte, dass ihn das noch nie interessiert hätte. Doch kaum hatte er etwas getrunken, verlor er sich regelmäßig in Ausschweifungen, wie grandios der Sex mit meiner Vorgängerin gewesen sei. Wenn ich ihn dann am nächsten Tag darauf ansprach, lachte er mich aus und stellte meinen gesunden Menschenverstand infrage, der einem Betrunkenen Glauben schenke.

Dies hatte mich lange sehr verletzt, aber zwischenzeitlich habe ich mich verändert, womit er nie gerechnet hatte. Beim letzten Vorfall reagierte ich für ihn vollkommen unerwartet und sagte sehr ernst: ‚Ich bedaure sehr, dass du deine Männlichkeit verloren hast und nur noch in Erinnerungen schwelgen kannst. Jetzt verstehe ich auch, warum du dich regelmäßig mit Alkohol betäuben musst, um etwas Glück zu verspüren. Du benötigst dringend psychologische Hilfe. Meine Freundin hat mir einen sehr guten Therapeuten für dich empfohlen. Ach ja, das wollte ich dir noch sagen: Wenn wir Frauen über unsere Beziehungen sprechen, bleibt das natürlich unter uns.‘

Ich möchte jetzt mit meinen Ausführungen nicht zu weit gehen. Aber meine Worte haben ihn fertiggemacht. Wann immer danach eine Freundin zu mir kam, suchte er vor lauter Scham das Weite, und nie mehr hörte ich auch nur ein einziges Wort von seinen angeblichen Sexorgien. Diese Schlacht habe ich gewonnen und ich gedenke auch die weiteren auf gleiche Weise zu bestreiten. Und vielleicht werde ich bald meine Ängste überwunden haben und mich von ihm trennen."

Reflexion:

Sind Sie bereit, durch das Wissen um seine Widersprüchlichkeit zukünftig die Realität anzuerkennen und keinerlei Wunder mehr zu erwarten?

Psychopathische Charaktere empfinden sich trotz aller inneren Zerrissenheit und des steten Drangs, aus allem Kapital schlagen zu müssen, von Ehre durchdrungen. Sie verstehen es zuverlässig, ihre Wahrnehmung in Bezug auf ihre Gefühlskälte und ihre Sucht nach Vorteilsbeschaffung permanent weichzuspülen. Das Ergebnis ist eine ehren- und würdevolle Selbsteinschätzung. Die Redensart „Ehre, wem Ehre gebührt" ist hinsichtlich ihrer Person offenbar eine nicht verhandelbare Position.

Diese Nichtvereinbarkeit ihres idealisierten Selbst mit der Wirklichkeit zeigt sich an einer wahrlich traurigen Geschichte:

> Als Marina mich anrief, war sie so aufgebracht, dass ich sie kaum verstehen konnte, so schrill war ihre Stimme. Sie berichtete mir, dass sie seit zweiundzwanzig Jahren mit einem Mann verheiratet ist, der sie gegängelt und wie eine Magd behandelt hat. Sie war von Beruf Verwaltungsangestellte und er Beamter. Ihr Gehalt ging auf das Konto ihres Mannes, auf das sie selbst keinen Zugriff hatte. Ihr Mann hatte sie vor der Hochzeit darum gebeten, das Geld verwalten zu dürfen, und sie hatte zugestimmt. Ihr Haushaltsgeld wurde von ihm streng rationiert und reichte nur für das Allernötigste. Natürlich wunderte sie sich immer über die angeblichen finanziellen Engpässe. Doch ihre Einwände wurden damit abgeschmettert, dass er schließlich für die Altersversorgung Rücklagen aufbauen müsse. Außerdem reagierte er auf solche Fragen hoch aggressiv, weshalb Marina dieses Thema weiträumig umging.

Doch nun kommt der eigentliche Schlag: Er hatte ihr kürzlich offenbart, dass er eine Freundin habe und zu ihr ziehen werde. Marina nahm Kontakt zu ihr auf und wollte sie umstimmen, dass sie wegen einer Affäre nicht eine langjährige Ehe zerstören solle. In diesem Gespräch erfuhr sie, dass es sich nicht um eine Affäre, sondern um eine zwanzigjährige Beziehung handle, und dass ihr Mann ihr in diesen zwanzig Jahren eine Eigentumswohnung finanziert hatte, die jetzt abbezahlt war.

Kein Wunder, dass Marina einen Nervenzusammenbruch erlitt. Sie durfte ihrem gemeinsamen Sohn zu den Geburtstagen und Weihnachtsfesten nur kleine Geschenke machen und ihm nur ein Mini-Taschengeld geben. Selbst als er ins Gymnasium kam und sich ein neues Fahrrad wünschte, musste sie ihn enttäuschen. Und das alles, damit eine andere Frau vom gemeinsamen Geld beschenkt und verehrt werden konnte. Sie fühlte sich auf so vielen Ebenen um ihr Leben betrogen. Als sie sein ehrloses Verhalten anklagte, zeigte er sich empört und rechtfertigte sich damit, dass er ja schließlich so lange Zeit bei der Familie geblieben und ihm das mehr als ehrenhaft anzurechnen sei.

Fazit:

Menschen, die keine Ehre besitzen, werden Sie nicht ehren! Nun sind Sie aufgerufen, sich selbst wertzuschätzen und für sich einzustehen.

Größenwahn

Selbstüberschätzung liegt zweifellos in der Ermangelung der Möglichkeit von Reflexion begründet. Diese menschliche Fähigkeit, sich selbst kritisch zu hinterfragen, sich Fehler einzugestehen, das Abweichen von Idealen zu bedauern und anderes mehr, all dies ist den psychopathischen Menschen nicht gegeben. Umso mehr wird das Umfeld für all das, was sie selbst nicht vermögen, zur Rechenschaft gezogen und verurteilt. Ich persönlich kenne einen Menschen mit dieser ausgeprägten „Gabe", der für jede Gaunerei zu haben ist und die meiste Zeit damit verbringt, darüber nachzudenken, wie er sich mit Unwahrheiten Vorteile verschaffen kann. Trotz alledem hatte er jede Anstrengung unternommen, sich für das Amt des Schöffen zu bewerben. Seinen eigenen Aussagen zufolge fühlte er sich berufen, gegen Kriminelle vorzugehen und für Recht und Ordnung in der Gesellschaft zu sorgen. Dass er selbst den größten Teil seines Besitzes dubiosen Geschäften verdankt, empfindet er nicht als Widerspruch: „Man muss zwischen Kavaliersdelikten (das ist das, was er und die anderen Reichen machen) und miesen Kriminellen (das sind in seinen Augen die ‚einfachen' Menschen) unterscheiden." Auf so geistlose Überzeugungen werden Recht und Moral heruntergebrochen. Man könnte sagen, dass solche Menschen ein Selbstbewusstsein ohne Bewusstsein besitzen.

Sie haben mit Sicherheit schon so viel Trauriges erlebt, dass Sie sich einmal zwischendurch zur Abwechslung etwas Nettes gönnen sollten. Dazu möchte ich Ihnen vorschlagen, sich den Spaß zu erlauben und Ihren Partner darauf anzusprechen, wozu er glaubt, berufen zu sein. Sie werden mehr als erstaunt sein, was dabei herauskommt. Selbstverständlich müssen Sie das geschickt angehen. In einer konfliktbeladenen Beziehung wird er schnell Verdacht schöpfen und nicht ohne Weiteres damit herausrücken. Sie müssen ihn schon ein wenig in Sicherheit wiegen. Zunächst sollten Sie deshalb für eine entspannte Atmosphäre sorgen. Dann beginnen Sie das Gespräch mit glaubwürdigen Feststellungen, und erst später nehmen Sie die Kurve und bewundern ihn. Das könnte so aussehen:

> „Du bist überhaupt nicht für eine Beziehung geschaffen. Und wenn ich im Leben einen Wunsch frei hätte, dann würde ich mir wünschen, dir nie begegnet zu sein. Aber dennoch muss ich gestehen, dass du auch etwas sehr Großes in dir hast. Und wahrscheinlich bist du nur so geworden, weil du dich nicht deinen Fähigkeiten entsprechend entfalten konntest. Wenn man dich gelassen hätte, wie es deinen Möglichkeiten entspricht, dann wäre bei dir alles anders gekommen. Du hättest mit deinen Begabungen und deinem Charisma eine grandiose Laufbahn eingeschlagen und hättest der Menschheit einen großen Dienst erwiesen, anstatt sie auszubeuten. Sag mal ehrlich, hast du nie selbst daran gedacht, was du wirklich hättest leisten oder wer du hättest werden können?"

Wenn er sich sicher fühlt, wird er Sie nach und nach mit Ansichten überraschen, die Sie nicht einmal in Ihren kühnsten Träumen erwartet hätten. Hören Sie einfach interessiert zu und bestätigen Sie das Gesagte durch kleine Gesten oder gezieltes Nachfragen. Eine Klientin war mit ihrem Partner in einer Bar, als sie ihn auf diese Weise angesprochen hatte. Sie erzählte mir danach, dass sie vollkommen hin- und hergerissen war zwischen dem Wunsch, ihm weiter zuzuhören und der Scham, die sie empfand, weil mittlerweile auch andere Gäste an seinen Lippen hingen und ihm aufmerksam lauschten. Er erklärte ihr nämlich mit entrücktem Blick, dass er annehme, der Messias zu sein, auf den die Juden so lange gewartet haben, dass er aber nicht wisse, wie er das überzeugend belegen könne.

Wenn Sie dieses Beispiel jetzt als Einzelfall betrachten, dann täuschen Sie sich. Erlöser-Persönlichkeiten von Gottes Gnaden und Weltherrscher-Figuren sind ganz und gar keine Seltenheit bei Psychopathen. In den Fantasien ihrer maßlosen Selbstüberschätzung gibt es nach oben keine Grenzen. Eine ihrer Überzeugungen lautet dementsprechend sinngemäß: Wo ich bin, da ist oben.

Ich möchte mich mit diesem Spielchen nicht über diese Menschen lustig machen. Aber ich möchte Ihnen die Gelegenheit geben, hinter ihre Maske zu blicken. Es sind kranke Menschen mit den Träumen kleiner Kinder und keinesfalls die überlegenen Persönlichkeiten, die sie vorzugeben bemüht sind und deren Machtausübung in irgendeiner Weise gerechtfertigt wäre. Es wird Ihnen helfen, Abstand zu gewinnen und den nicht angebrachten Respekt zu verlieren. Und Sie haben es verdient, auch einmal lächeln zu dürfen.

Diese Individuen fühlen sich also zweifellos durch ihre übersteigerte Ich-Wichtigkeit generell überlegen. Auch dann, wenn ihre Handlungen grotesk, berechenbar oder peinlich sind. Selbst wenn ihr Lebenslauf auf eine gescheiterte Existenz hinweist, verstehen sie sich erstaunlicherweise darauf, die banalsten Situationen zur Selbstaufwertung heranzuziehen. Doch wehe, von außen kommt Widerstand. Dann läuft für sie schnell alles aus dem Ruder. Wir kommen noch öfter darauf zurück.

Schwache Impulskontrolle

Psychopathische Menschen besitzen nur eine sehr schwache Impulskontrolle. Muss sich ihr Gehirn zwischen Vernunft und der Aussicht auf Belohnung entscheiden, ist die Antwort klar.

Sie entscheiden sich meistens für Belohnung. Deshalb gehen sie nicht immer mit der nötigen Vorsicht ans Werk und nehmen sich oft genug keine Zeit für eine angemessene Folgenabschätzung ihres Verhaltens, sondern schlagen beim ersten Impuls los. Glücklicherweise kommt dieses Manko nicht selten den Geschädigten zugute. Wenn Psychopathen vor Gericht, dem Jugendamt, der Polizei oder anderen Stellen unkontrolliert ihre Haltung verlieren und unüberlegt loswettern, geht der Schuss oft nach hinten los. Ansonsten ist es schwer, ihnen ihre charmante Maske zu entreißen. Es lohnt sich also, zur rechten Zeit am rechten Ort Spannungen zu erzeugen, um Entgleisungen zu provozieren.

Eifersucht

Psychopathen sind von Natur aus eifersüchtig. Sicherlich können sie am Anfang einer Beziehung durchaus von den Qualitäten ihrer Eroberungen beeindruckt sein, was eine gewisse Eifersucht in einem gesunden Maße erklären könnte. Doch grundsätzlich hat ihr Eifern mit Machtanspruch und Besitzdenken zu tun. Es ist also weniger die Tatsache, dass Sie Ihrem Partner viel bedeuten – Psychopathen sind einfach nicht die Individuen, die sich um ihr Eigentum bringen lassen. Genauso wie sie die Tatsache nicht aushalten könnten, im Vergleich zu anderen Personen eine niedrigere Attraktivität zu besitzen. Wie bei jedem anderen, nur noch ungleich stärker, würde es bei ihnen Gefühle der Unzulänglichkeit erzeugen, die ihre traumatischen Erfahrungen tangieren. Die Überwachung der

Partner dient dazu, das Beziehungsgefüge in ihrem Sinne zu steuern. Im Gegensatz zu ihrer eigenen emotionalen Zurückhaltung in puncto Liebe, Zärtlichkeit und Treue erwarten sie von ihren Partnern eine fanatische Anbetung bis hin zum Ignorieren aller attraktiven Mitmenschen. Schließlich ist es eine wesentliche Funktion ihrer jeweiligen Gefährten, ihnen ihren Wert unablässig zu bestätigen.

Schon ein normales Lachen oder eine wohlwollende Geste kann so schnell als Anbandeln oder subtile Anmache fehlinterpretiert werden, weshalb es unweigerlich zu übersteigerten Gefühlsausbrüchen kommt, gegen die die Partner ohnmächtig sind. Deren mühsame Versuche, den Sachverhalt zu klären, werden nicht gehört und nicht geglaubt. Psychopathen können nicht erkennen, dass ihre eigene innere Unsicherheit und die darauf beruhende Erregung der eigentliche Ausschlag ihrer Ängste und Zweifel ist.

Doch wie geht man im konkreten Fall mit diesen Situationen um? Das Wichtigste ist sicherlich, dass Sie seinen Gefühlsausbrüchen und seinen Worten keine Aufmerksamkeit schenken, in irgendeiner Form darauf einsteigen und mit Rechtfertigungen dagegenhalten. Seinem Wunsch, Dramen aufzubauen, auszuschlachten und auszukosten, sollten Sie also möglichst keinen Raum geben. Das wäre sinnlos, vergeudete Ihre Kräfte und führte zu weiteren Verletzungen. Bemühen Sie sich lieber, innerlich stabil zu bleiben bzw. zu werden, und vergegenwärtigen Sie sich, dass vor Ihren Augen ein kranker Mensch von seinen kranken Gefühlen überspült wird, was nicht das Geringste mit Ihnen zu tun hat und was Sie nicht an sich heranlassen dürfen.

Das Ideal wäre natürlich, sich aus dem Konflikt ganz herauszunehmen und sich nicht mehr als Projektionsfläche bereit zu halten, indem Sie selbstbewusst aus dem Raum gehen und ihn seinen eigenen Dämonen überlassen. Aber verständlicherweise haben die meisten Betroffenen große Angst vor diesem Schritt. Sie befürchten, dass alles nur noch schlimmer wird. Wenn Sie sich dieses Verhalten noch nicht vorstellen können, würde ich Ihnen relativ kurze, aber deutliche Dialoge vorschlagen. Ein Beispiel könnte sein:

> „Kannst du mir sagen, wie ich dich weiterhin wertschätzen/lieben soll, wenn du dich selbst so erniedrigst? Ich hatte gehofft, in dir einen starken Menschen zu finden. Aber nun bin ich nur noch erschüttert. Ich möchte einen Mann an meiner Seite, zu dem ich aufschauen kann, und kein verunsichertes Kind."

Das ist sozusagen Ihr persönlicher Elfmeter, bei dem Sie mit Selbstsicherheit an Stelle von Verteidigung imponieren. Ab dann ist es ganz gleich, was er entgegnet. Für Sie bleibt es bei einer einzigen Aussage. Diese kann er sich merken. Wenn er Sie weiter bedrängt, bleiben Sie bei dem Gesagten, indem Sie äußern, dass Sie nichts mehr hinzuzufügen haben. Das bringt ihn in einen inneren Konflikt.

Es kann bei kurzen Affären der Fall sein, dass sich der psychopathische Partner gar nicht eifersüchtig zeigt. Das ist dann der Fall, wenn seine Eroberung von Anfang an als „durchlaufender Posten" angedacht ist. Das Gleiche gilt möglicherweise bei jenen Beziehungen, die ihm schon lange überdrüssig geworden sind.

Doch auch dann, wenn Ihr Partner berechtigten Grund zur Eifersucht hat, weil Sie sich zu einem anderen Menschen hingezogen fühlen, kommen seine Reaktionen aus kranken emotionalen Bereichen, für die Sie nicht verantwortlich sind. Es ist Ihr Recht zu lieben, wen immer Sie möchten. Und am wenigsten schulden Sie einem Psychopathen Ihre Liebe und Gefolgschaft. Das sollten Sie nie vergessen.

Fazit:

Steigen Sie nie in irgendeiner Form innerlich und äußerlich in seine Eifersuchtsszenarien ein und halten Sie sich aus seinen kranken Fantasien heraus.

Zum Schluss möchte ich Ihren Blick noch auf einige weitere Merkmale/Instrumentarien psychopathischer Abartigkeiten richten, die Sie ebenfalls interessieren sollten. Doch im Wesentlichen werden Sie diese Merkmale im Buch wiederfinden:

→ Sie buckeln nach oben und treten nach unten.
→ Sie kennen weder Reue noch Schuldgefühle.
→ Sie arbeiten mit Dressurmethoden wie Zuckerbrot und Peitsche.
→ Sie erzeugen Machtgefälle.
→ Alles wird den eigenen Interessen untergeordnet.
→ Sie glauben an das, was sie sehen, ohne zu wissen, was sie sehen.
→ Sie können sich auf keine Diskussion einlassen, sondern benutzen Totschlagargumente.
→ Sie kennen keine Dankbarkeit.
→ Sie sind missgünstig gegenüber dem Glück anderer.
→ Sie sind neidisch auf vorteilhafte Eigenschaften anderer, die sie nicht besitzen.

Psychopathische Schwachstellen

Sie wissen: So überheblich diese Menschen auch wirken und so faszinierend ihre Aura der Unerschrockenheit auch scheinen mag, ihre vermeintliche Stärke ist nichts anderes als das Resultat frühkindlicher massiver Überlebensängste. Nicht ohne Grund sieht sich ein Individuum gezwungen, die Entwicklung empathischer Gefühle auf so drastische Weise zu beschränken und schmerzhafte Erfahrungen so massiv zu verbarrikadieren.

Wir wissen weiter, dass eine große verwundbare Stelle ihr unstillbares Streben nach Anerkennung und Wertschätzung ist. Offensichtlich empfinden Psychopathen durch die Achtung anderer Menschen die Sicherheit, die in der Kindheit zu entwickeln ihnen verwehrt geblieben ist. Doch dieses Surrogat kann nur so lange wirken, wie sie nicht angegriffen oder in Frage gestellt werden. Sie als betroffener Partner wissen aus eigener Erfahrung, dass die kleinste Kritik große Reaktionen zutage gefördert hat. Das war nichts anderes als der Versuch, Unsicherheit mit Aggression und Drohgebärden zu überspielen. Es war nie ein Zeichen von Stärke oder Wehrhaftigkeit. Es war eher im Gegenteil eine Reaktion auf das unheilvolle Gefühl, den Boden unter den Füßen verlieren. Sie brechen schnell ein, wenn sie eine Schmach erleiden und nicht durchgehend in ihrer Lebenslüge bestätigt werden.

Es bedarf nicht vieler Erklärungen, um nachvollziehen zu können, dass diese Menschen, die nach außen etwas repräsentieren wollen, das nicht vorhanden ist, unter Dauerspannung stehen. Denn jederzeit ist von allen Seiten mit Erschütterungen zu rechnen. Psychopathische Personen reagieren deshalb extrem verletzlich, wenn sie

→ für ihr Handeln zur Rechenschaft gezogen werden,
→ befürchten, verurteilt zu werden,
→ ausgelacht oder lächerlich gemacht werden,
→ der Lüge überführt werden,
→ an zweiter Stelle stehen müssen,
→ durchschaut werden,
→ gedemütigt werden,
→ abgelehnt werden,
→ ignoriert werden,
→ nicht ernst genommen werden,
→ sich durch den Wissensvorsprung anderer übertrumpft sehen usw.

Je mehr Courage Sie zeigen lernen und je weniger Sie einem psychopathischen Charakter huldigen, desto mehr wird sich folglich das Kräfteverhältnis ändern. Um jeden Deut, den Sie stärker werden, wird er an Boden verlieren. Übrigens macht ihm nicht nur der Angriff auf seine Maske zu schaffen. Auch die Angst vor dem Altwerden ist für ihn allgegenwärtig. Mit dem Alter nimmt bekanntlich die Attraktivität eines Menschen ab. Besonders beängstigend gestaltet sich dies für jene, die mit ihrer Anziehungskraft ihre Mitmenschen beeinflussen und abhängig machen.

Ab und an ein kleiner besorgter Satz wie: „Du siehst plötzlich so alt aus", oder „du bist in den letzten Wochen um Jahre gealtert", kann Ihnen einen kleinen Triumph in Ihrem schweren Dasein schenken. Wir werden noch konkret auf solche Schwachstellen eingehen.

Würde sein Partner und alle anderen Menschen in seinem jeweiligen Beziehungsfeld sein Spiel durchschauen und alle Angst verlieren, würde dies dem Psychopathen ein armseliges Leben am Rande der Gesellschaft bescheren. Wie sollte er aus sich heraus auch Kräfte generieren, wenn er seine Lebenskraft beinahe ausschließlich aus der Gutmütigkeit, der Hilflosigkeit und der Ohnmacht seiner Opfer bezieht. Keiner, der nicht ausgeprägte masochistische Tendenzen besäße, wäre noch bereit, sein Leben für einen liebesunfähigen, beziehungsresistenten und kaltblütigen Blender wegzuwerfen. Aus diesem Mangel heraus generieren psychopathische Charaktere die eben genannten Eigenschaften und Werkzeuge, um ihre Umwelt zu täuschen und zu beherrschen.

Was Betroffene berücksichtigen sollten

Zu Beginn dieses Kapitels möchte ich eine Klientin sprechen lassen, deren Erlebnisse beispielhaft für die Beziehung mit einem psychopathischen Menschen sind und die für sich daraus die richtigen Schlüsse ziehen konnte. Irgendwann, nach einem langen Leidensweg, fiel es ihr wie Schuppen von den Augen, dass sie jahrelang falsch reagiert und versucht hatte, Zufriedenheit und Harmonie wiederherzustellen. Denn Frieden und Gemeinsamkeit gibt es mit einem Psychopathen nie. Die Befreiung liegt allein im Wissen um die Aussichtslosigkeit der Beziehung und in angemessenen Handlungen. Deshalb ist ihre Erfahrung repräsentativ für die Erlebnisse aller Leidensgenossen und dessen, was sie anerkennen müssen.

„Lange Zeit suchte ich nach Antworten auf das Verhalten meines Mannes. Mich beschäftigten Fragen wie: Warum ist er so, warum tut er mir das an, warum habe ich so etwas verdient, was stimmt bei mir nicht, dass er mich so behandelt usw. Mittlerweile hat sich in meiner Bedürfnislage vieles verändert und ich möchte nicht mehr wirklich wissen, was ihn bewegt, sondern welche Rolle ich in dieser Dynamik gespielt habe und immer noch spiele: Warum lasse ich mich so behandeln, wie bin ich da hineingeraten, was sind meine Muster usw.?

Mir wurde erst unlängst klar, dass ich kopflos reagiere, wenn mich jemand anschreit. Wenn er brüllte, wollte ich nur das Brüllen abstellen und habe alles getan, damit er damit aufhört. Er hatte meine Schwachstelle viel früher erkannt als ich, denn er lachte mich aus und sagte: ‚Du bist ja so schön berechenbar. Bei dir muss ich nur auf den Knopf drücken und ich weiß, wie du reagierst.' Dieser Satz hatte mich wachgerüttelt.

Mein Mann hat mich in den letzten Jahren durch Brüllen, Drohen und seinen unaufhörlichen subtilen Terror kleingemacht. Lange fehlten mir die Worte. Ich war wie gelähmt vor Angst, konnte aber gar nicht sagen wovor, denn er schlug mich ja nicht körperlich. Außerdem änderte er von einer Sekunde zur anderen seine Taktik, und ich stand immer da wie diejenige, die alles falsch bewertet hatte. Das führte zu einer großen inneren Verunsicherung.

Einmal kam ich beispielsweise eine halbe Stunde später als gewöhnlich von der Arbeit. Er empfing mich mit Gebrüll, das er zwei Stunden ohne Unterbrechung durchhielt. Er warf mir übelste Beschuldigungen an den Kopf. Das Schlimmste war, dass mein dreijähriger Sohn diese Szene mitansehen musste. Dann plötzlich, als sei nichts gewesen, legte er den Schalter um, war gut gelaunt und entspannt, während ich immer noch tränenüberströmt dasaß. ‚Jetzt machen wir uns einen schönen Abend und schauen etwas im Fernsehen.' Ich war erleichtert, dass der Terror vorüber war, konnte es aber nicht fassen und war verwirrt und traurig. In der Folge bin ich immer von der Arbeit nach Hause gerast, um ihm keinen neuen Anlass für ähnliche

Szenarien zu geben. Entschuldigungen für sein aggressives Verhalten mir gegenüber gab es nie. ‚Das ist doch Schnee von gestern, in jeder Ehe gibt es einmal Streit‘ oder ‚du bist doch selbst schuld an allem gewesen‘ waren seine üblichen Sprüche.

Seine andere große Antriebsfeder, neben seinem Bedürfnis zu herrschen, ist seine Sucht, vor anderen als der Überlegene dazustehen. Das bringt ihn regelmäßig in die Bredouille.

Ich besitze beispielsweise ein kleines nettes Häuschen mit großem Garten, in dem wir leben. Aber für ihn ist es kein angemessenes Prestigeobjekt. Deshalb beschwert er sich fortwährend: ‚Ich will und kann nicht so eingesperrt leben.‘ Kommt aber Besuch, dann verkündet er ganz abgeklärt und aufgeräumt: ‚Ach, ich bin ja froh, dass das Haus nicht so groß ist, denn dann muss ich nicht so viel Rasen mähen und Staub saugen.‘ Auf diese Art erreicht er wieder, wessen er bedarf: Alle bewundern ihn für seine Bescheidenheit und Vernunft.

Dennoch nutzte er das Thema Haus ununterbrochen, um mich zu quälen und herabzusetzen. Irgendwann habe ich dann begriffen, dass wir nie eine richtige Familie sein werden und mein Haus nie wieder zu dem Heim wird, wie es vor seiner Zeit war. Ich sagte deshalb: ‚Alles klar, ich habe verstanden; ich lege auch keinen Wert mehr darauf, mit einem unzufriedenen Mann zu leben. Wir lassen uns scheiden, und du ziehst aus.‘ Da sah ich den Schock in seinen Augen, als er begriff, dass sein schönes Druckmittel nicht mehr wirkte und sich sogar gegen ihn gerichtet hatte. Seither war der Terror um das Haus verpufft, aber gegen die Scheidung wehrte er sich vehement. Seine einzige Äußerung war: ‚Wenn ich nicht glücklich bin, dann sollst du das auch nicht sein!' Und dafür sorgte er geflissentlich.

Ende letzten Jahres eskalierte die emotionale Gewalt. Beispielhaft für einen ganz gewöhnlichen Abend ist folgendes Ereignis: Ich stehe vor dem Spiegel und mache mich zum Ausgehen zurecht. Er geht vorbei: ‚Wie siehst du nur bekloppt aus und wie bist du alt geworden.' Ich reagiere nicht, also wird die Provokation gesteigert. ‚Du bist genauso widerlich wie die Leute, mit denen du zusammen bist. Aber wen wundert das. Du bist ja krank im Kopf. Mit dir stimmt doch etwas nicht.'

Anfangs habe ich geweint und gebettelt, er möge aufhören, dann hat er verbal noch mal nachgetreten. Daraufhin war ich wie ein in die Ecke gedrängtes, verwundetes Tier und habe um mich geschlagen. Er sagte dann: ‚Guck dich doch einmal an, du bist ja nur noch ein aggressives Nervenbündel.' Und ich sei deshalb auch am Scheitern der Beziehung schuld. Gut, dass auch er aus Versehen zugegeben hatte, dass die Beziehung gescheitert war.

Nun habe ich einen neuen Weg beschritten und meine ersten Erfolge erzielt. Ich habe ihm kürzlich ganz ruhig auf seine Gemeinheiten erwidert: ‚Weißt du, das Gute an jahrelangem Psychoterror ist, dass man irgendwann abstumpft. Ich kenne das alles rauf und runter. Du kannst es auch lassen.' Und siehe da, seither ist es ruhiger. Dennoch muss ich immer auf der Hut sein und mir meine Rüstung in seinem Beisein anlegen. Aber die Angst, die ich früher hatte, wenn ich ihn nur hörte, ist fast weg. Ich habe nun die Scheidung eingereicht. Sein Kommentar war ganz selbstbewusst: ‚Das kannst du nicht allein entscheiden!' Aber ich sah wieder die totale Verunsicherung in seinem Blick.

Jetzt ist er ausgezogen, nach dem Trennungsjahr kann die Scheidung vollzogen werden. Nun kommt allerdings die nächste Herausforderung auf mich zu. Auch die Trennung lässt mich in einer Art Endlosschleife mit ihm schweben. Meine Tochter hängt an ihm und ich werde, bis sie erwachsen ist, nicht umhinkommen, mit ihm in Kontakt zu bleiben und um Umgangsrechte, Unterhalt usw. zu kämpfen. Und er wird jede Gelegenheit nutzen, in ihrer Gegenwart schlecht über mich zu sprechen und wo immer er kann seine Lügen über mich verbreiten. Denn für andere ist er ja der sympathische, bescheidene und fürsorgliche Familienvater."

Fazit:

Psychopathen verbrauchen ihre Opfer. Nur der Ausstieg aus der Beziehung ist die Rettung. Handeln Sie deshalb, selbst wenn mit neuen Herausforderungen zu rechnen ist.

Hoffen Sie nie auf Mitgefühl

Viele Betroffene vertrauen darauf, dass ihr Quälgeist mit seinen Angriffen endgültig von ihnen ablässt, wenn er sich ihres Leids und ihres Schmerzes wirklich bewusst wird. Bis zu diesem Zeitpunkt unterstellen sie ihm netterweise, dass er aus Unwissenheit oder einer gewissen Blindheit heraus so rücksichtslos vorgeht. Folglich sind sie bestrebt, ihn immer wieder von Neuem auf die großen Verletzungen hinzuweisen, die sie durch sein Agieren bis weit über die Grenzen des Erträglichen erleiden. Sie können nicht wirklich verinnerlichen, dass ihm die nötigen empathischen Voraussetzungen fehlen, um sich von Tränen, Nervenzusammenbrüchen, Depressionen und vielem mehr berühren zu lassen. Sie hoffen deshalb bis zum Schluss auf verspätete Hilfe und Anerkennung, aber vor allem, dass die Strapazen ein Ende finden. Manche Frauen berichteten mir, dass sie beinahe erleichtert waren, als ihr Arzt ihre Krankheitssymptome als ernst zu nehmende Krankheit diagnostiziert hatte. Sie glaubten, dadurch endlich den Beweis antreten zu können, dass sie weder simulierten noch übertrieben oder überempfindlich waren, sondern sich wirklich in ernst zu nehmender gesundheitlicher Gefahr befanden.

So etwas muss man sich einmal in Ruhe vor Augen halten: Menschen bekommen vom Arzt beispielsweise eine Autoimmunkrankheit attestiert, und anstatt sich vor dem Krankheitsverlauf zu fürchten, fühlen sie sich zuversichtlich. Ein schockierendes Zeichen dafür, wie sehr ihre Welt schon aus den Fugen geraten ist.

Nun, es wird Sie aber nicht überraschen zu hören, dass das genaue Gegenteil geschieht. Statt Anteilnahme erfährt das Opfer Missachtung. Psychopathen möchten erstens nicht mit schuldhaftem Verhalten in Verbindung gebracht werden, also dass sie irgendetwas mit der Krankheit ihres Partners zu schaffen hätten. So etwas widerstrebt ihnen zutiefst. Das Schuldprinzip spielt zwar in ihrem Leben eine wichtige Rolle, betrifft aber immer nur die anderen. Zweitens lieben sie es ganz und gar nicht, wenn sie sich verantwortungsvoll zeigen und plötzlich rücksichtsvoll und unterstützend handeln sollen. Auch dies liegt nicht in ihrer Natur. Und drittens verachten sie jede Schwäche anderer Menschen – und am meisten beim eigenen Partner. Das beruht auf der erlebten Ohnmacht vergangener Zeiten, als sich ihr psychopathisches Muster entwickelte. So werden sie unbewusst an das eigene Leid erinnert, was sie als bedrohlich empfinden. Und dafür bestrafen sie unbewusst ihre Partner, was bei ihnen, wie Sie nun wissen, ein Gefühl von lang ersehnter Gerechtigkeit auslöst. Diese Bestrafungen stehen in keinem Verhältnis zum erlittenen Schmerz, sondern sind unverhältnismäßig und erbarmungslos; je größer das Leid des Partners, umso größer ist das lang ersehnte Gefühl der Genugtuung und der Entlastung.

Alles Schwache wird somit verdrängt, geleugnet oder auf andere projiziert und muss dort hart bestraft werden. So ist die totale Unterwerfung des Partners nur eine logische Konsequenz auf den frühkindlichen Schmerz. Diese Leugnungsstrategie und extreme Abgrenzungsfähigkeit beherrschen Psychopathen so meisterlich, dass ihnen dabei nicht im Mindesten auffällt, dass sie, genau betrachtet, nichts als reine Schwäche sind. Aus ihrem kranken Blickwinkel heraus ist es aber eine absolut geniale Lösung. Man könnte es, leidenschaftslos betrachtet, sogar als eine Art Geniestreich der Natur betrachten. Wessen Gehirn sich unter extremen Situationen so weichspülen kann, hat wirklich hervorragende

Überlebensmechanismen entwickelt. Da sind wir wieder an dem Punkt, wo der scheinbar Stärkere ganz oben in der Nahrungskette steht.

Denken Sie immer daran: Starke Menschen reichen anderen die Hand und sind bemüht, sie zu unterstützen und ihnen behilflich zu sein. Sieht der Psychopath jedoch sein Opfer am Boden liegen, neigt er nicht dazu, ihm hochzuhelfen, sondern erst recht nach ihm zu treten. Und hilft er ihm doch, dann nur, um es später umso tiefer und härter wieder fallen zu lassen. Der Regisseur Billy Wilder sagte einmal:

„Manche Menschen drücken nur deshalb ein Auge zu, um besser zielen zu können."

Dieser Umstand trifft bei diesem Menschenschlag leider in vollem Umfang zu.

Fazit:

Erwarten Sie nicht, dass der Strom, gegen den Sie schwimmen, die Richtung ändert. Der Psychopath wird Sie nicht von Ihrem Schmerz befreien – er wird ihn potenzieren.

Aussichtslose Bemühungen

Sie glauben nicht, mit wie viel Rücksichtnahme und Einfühlungsvermögen viele Frauen sich immer wieder ihren Tyrannen nähern, weil sie an das Gute im Menschen glauben und wieder und wieder bereit sind, für ihre Liebe zu kämpfen und obendrein ihre Partner von deren Dunkelheit befreien möchten. Gerade weil sie sie lieben, wünschen sie sich, dass sie selbst diejenigen sein dürfen, die sie aus ihrem Gefängnis befreien und am Ende für ihre Geduld und Hingabe geschätzt werden. So werden sie nicht müde, um Verständnis zu ringen, sich wieder und wieder zu erklären, sich zu rechtfertigen oder ihr Recht mit vielerlei Argumenten zu verteidigen. Doch all das ist vergebene Liebesmüh und sorgt am Ende nur für weitere schmerzhafte Selbstverletzungen.

Von Selbstverletzungen spreche ich deshalb, da diese Frauen nach solchen Versuchen ein um das andere Mal erkennen, dass bei ihnen alle Alarmglocken hätten schrillen müssen und sie es besser gelassen hätten, anstatt sich ein weiteres Mal beschimpfen oder verunglimpfen zu lassen. Denn eines steht fest: Die Tatsachen werden immer so verdreht, dass das Opfer zum Täter gemacht wird. So ärgert man sich am Ende mindestens genauso über sich selbst wie über sein Gegenüber.

Aber nicht jeder diskutiert nur bis zum Sankt-Nimmerleins-Tag. Manche Frauen werden bewundernswert kreativ.

Eine der schönsten Episoden berichtete mir Anja, die sich die Kälte und die innere Zurückgezogenheit ihres Mannes ihr gegenüber mit einer frühkindlichen Traumatisierung erklärte, die er erleiden musste, und sie vermutete, dass ihre Stimme bzw. ihr Ausdruck ihn möglicherweise unbewusst an seine Mutter erinnerten. In ihrer Ausweglosigkeit teilte sie ihm diesen Gedanken mit und bot ihm an, dass sie bereit wäre, für die nächsten Monate nur noch auf Englisch mit ihm zu sprechen. Außerdem erhoffte sich Anja, dass auch er nun andere Sprachmuster verwenden würde. Diese Absicht kam ihm entgegen, denn er selbst sprach durch seinen Beruf fließend Englisch und musste sich im Gegensatz zu ihr nicht bemühen. Außerdem gefiel es ihm sehr, dass er als Reaktion für sein schlechtes Verhalten auch noch belohnt und hofiert werden sollte und er ein weiteres Mal im Mittelpunkt stehen durfte.

Dass dieses Vorgehen Anja nicht das gewünschte Ergebnis brachte, wird Sie nicht überraschen. Seine Gefühllosigkeit war nicht in einer Erinnerung verwurzelt, sie war Teil seiner Persönlichkeit. Doch Anja versuchte es weiter. Sie hatte verstanden, dass ihre Art, sich auszudrücken, nicht die Ursache war und ihre Aktion deshalb nicht zum Ziel führen konnte. Deshalb bot sie ihm in einem zweiten Schritt an, ihre Gefühle bildhaft zum Ausdruck zu bringen. Aber auch das endete in einer Sackgasse. Die Bilder waren genauso verletzend und anklagend wie seine Worte.

Sie sehen, wie Sie die Sache auch angehen, es gibt keine Lösung. Man kann auch mit den klügsten Gedanken nicht auf die chaotischen und verwirrten Denksysteme psychopathischer Charaktere zugreifen. Und das Ergebnis all solcher lobenswerten Bemühungen, die eigentlich nur die tiefe Schönheit dieser Frau dokumentieren, ist, dass sie ein weiteres Mal desillusioniert und ohnmächtig zurückblieb. Ihr Selbstbild lief Gefahr zu kollabieren. Versuchen Sie deshalb Abstand davon zu nehmen, die Problematik wieder und wieder auf irgendeine Weise angehen zu wollen. Sie versuchen damit nur, eine Tür zu öffnen, zu der es keinen Schlüssel gibt. Niemand hält das auf Dauer aus. Die einzigen Erkenntnisse, die Ihnen also bleiben, heißen:

Ich gebe das Bedürfnis auf, verstanden zu werden.
Ich gebe das Bedürfnis auf, ihn verstehen zu wollen.

Noch einmal: Wenn die Fähigkeit, sich in andere hineinzuversetzen, das echte Bemühen, Argumente kritisch zu
reflektieren oder Gefühle zu verstehen, nicht existiert, dann
finden Sie auch mit den klügsten Worten, intellektuellen
Anstrengungen und einfallsreichen Ideen keinen Zugang.
Psychopathen kennen nur ihr eigenes kleines Spielfeld. Wo
Sie mit Flexibilität und Kreativität aufwarten können, stehen jenen nur ihre abgestandenen gedanklichen Konserven
zur Verfügung. Was sie sagen, ist immer dasselbe. Selbst ihre
große Begabung für Widersprüche ist ein berechenbarer Bestandteil ihrer beschränkten Kommunikation. Wie oft haben Sie erlebt, dass Ihr Partner aufgestellte Behauptungen
keine Stunde aufrechterhalten konnte? Dass das, was heute
als Wahrheit postuliert, morgen wieder geleugnet werden
wird? Heute ist die Erde eine Scheibe, morgen ist sie wieder
rund. Vertrauen Sie Ihren Erkenntnissen und Erfahrungen
und bemühen Sie sich nicht weiter um unfruchtbare Rechtfertigungen für Menschen, die auf Feindschaft und Angriff
gepolt sind. Dann und nur dann haben Sie gute Chancen,
Entscheidungen zu generieren, die Sie in die richtige Richtung führen.

Reflexion:

Erforschen Sie Ihren Geist nach Ihren erfolglosen Anpassungsleistungen und Ihrer verzweifelten Suche nach Verständnis. Ihre emotionale Heilung hängt maßgeblich von
dieser gesunden Realitätseinschätzung ab. Ihr Partner wird
sich nicht ändern!

Als Opfer allein auf weiter Flur

So aussichtslos es ist, von psychopathischen Menschen verstanden zu werden, so aussichtslos ist es oftmals auch, dass
das persönliche Umfeld, Familie und Freunde, die Leiden der
Opfer anerkennt und versteht. Im Grunde ist das nicht verwunderlich, und man kann es auch niemandem verdenken.
Es ist für jeden eine fast unlösbare Aufgabe, wirklich im Letzten zu begreifen, dass manche Persönlichkeiten Raubtieren
gleichen und über keine oder eine nur extrem eingeschränkte
Humanität verfügen.

Wer traut sich denn, ohne sich eingehend mit diesem
Thema beschäftigt zu haben, einem anderen menschliche Eigenschaften in Abrede zu stellen, ohne sich dabei mit großen
Schuldgefühlen zu belasten? Ein solches Verhalten steht in
starkem Widerspruch zu unserer Natur und unseren Überzeugungen. Viel eher glauben wir doch, dass der andere, wenn
überhaupt, blind ist für das, was er anrichtet, und nur die richtige Erkenntnis fehlt, die ihm die Augen öffnet. Schließlich
haben sie ihn ja von einer ganz anderen Seite kennengelernt.

Wie sollten Ihre Familie, Freunde und Bekannte, die ihn
nur in Momenten des perfekten Auftritts kennen, ihm solche
Ungeheuerlichkeiten zutrauen?

Die Kontrolle über Sie und die Ausübung der psychischen Gewalt läuft doch meistenteils absolut geschickt und
verdeckt ab. Bei körperlicher Gewalt wäre es nicht ganz so
einfach, da man diese besser beweisen kann; ein blaues Auge
sieht jeder, eine verletzte Seele nicht. Deshalb ist psychische
Gewalt so schwer nachweis- und kommunizierbar. Und das
wiederum verleiht dem Täter Antrieb zu immer größerem
Perfektionismus und immer leidenschaftlicheren Erfolgser-
lebnissen. Es gilt auch hier: Wer nicht selbst die geistigen

Abgründe solcher Menschen am eigenen Leib erfahren hat, kann sich nicht einmal im Entferntesten ein Bild davon machen, mit wem er es zu tun hat. So ist es nicht verwunderlich, dass diese Menschen nicht selten das gesamte Umfeld kontrollieren und dominieren. Bei sehr vielen meiner Klientinnen war es der Fall, dass ihr Partner mit sicherer Hand und vollkommener Glaubwürdigkeit deren eigene Familie gegen sie aufgebracht und bei passender Gelegenheit auch Freunde, Bekannte usw. für sich eingenommen hatte. Am Ende standen die Opfer vollkommen alleine da und fühlten sich von der ganzen Welt verlassen. Die damit verbundene Hilflosigkeit und Traurigkeit ist nicht mit Worten zu beschreiben.

Hinzu kommt, dass die Betroffenen durch diese Isolation ihrem Aggressor noch mehr ausgeliefert sind. Ich möchte Ihnen einen Auszug eines Briefes einer Leserin, die mir den Abdruck gestattet hat, zur Veranschaulichung weitergeben.

> „Mein Mann hat mir alles genommen. Und damit meine ich nicht nur, dass er mich mir selbst entfremdet, meine Selbstachtung und meine Gesundheit zerstört hat, er hat mir auch meine Familie und alle meine Freunde genommen. Nicht einmal meine nächsten Nachbarn grüßen mich mehr. Ich habe alles verloren. Ich bin von allem und allen ausgeschlossen. Ich weiß gar nicht, wie ich das bis jetzt überstanden habe und warum ich überhaupt noch weiterleben soll.
>
> Meine Eltern haben, nach vielen Jahren gemeiner Vorwürfe und unhaltbarer Schuldzuweisungen, mir nun auch den letzten Kontakt

aufgekündigt. Ich hatte nie viel von ihnen zu erwarten. Und das Wenige, mit dem sie mich unterstützt hatten, haben sie mir ewig vorgehalten. Meinen Eltern war ich noch nie gut genug. Früher hatte ich gehofft, dass ich bei ihnen durch meinen Mann mehr an Ansehen gewinnen würde. Ich hatte wirklich die lächerliche Hoffnung, doch noch geschätzt zu werden. Aber dann kam es ganz anders. All das, was ich ihm von meinen Schwierigkeiten mit ihnen anvertraut hatte, benutzte er gegen mich und verbündete sich mit ihnen. Das war ein unbeschreiblicher Verrat für mich. Aber ich konnte mich dennoch nicht zurückziehen. Meine Eltern und er haben mich nicht losgelassen und in ihrer Spirale gefangen. Mittlerweile ist mir klar, dass sie mich benutzt haben, um sich gegenseitig zu stärken.

Irgendwann geschah dann, was geschehen musste – mein Mann hatte sich auch mit ihnen überworfen. Aber anstatt nun endlich ihr Unrecht einzusehen, gaben sie wieder mir die Schuld, dass ich so einen Verbrecher in die Familie gebracht hätte. Das würde zu mir passen, hieß es.

Bei meinen Freundinnen lief es nicht viel besser. Sie beneideten mich alle um ihn. Er lud sie, ohne mich zu fragen, zum Essen ein, rief sie unter irgendwelchen fadenscheinigen Vorwänden an und plauderte vergnügt mit ihnen. Er zeigte sich an allem interessiert und gab sich als ausgezeichneter Zuhörer. Es dauerte nur ein paar Monate und alles drehte sich nur noch um ihn, und ich war in meinem eigenen Freundeskreis als die unzufriedene, selbstsüchtige Frau abgestempelt, die keine Unterstützung verdient.

Alles in meinem Leben hat sich auf den Kopf gestellt. Ich kann die Einsamkeit nicht ertragen, aber auch seine Gegenwart ist mir zuwider. Ich habe Angst, neue Kontakte zu knüpfen, weil ich befürchte, mich damit wieder selbst zu verletzen. Und was könnte ich auch in eine Freundschaft einbringen? Ich habe nichts mehr zu geben, ich würde die Menschen doch nur belasten. Ich habe noch einen weiten Weg vor mir. Aber immerhin bin ich mittlerweile überhaupt auf einem Weg."

Wenn Sie es also mit einem Menschen zu tun haben, der Ihr Umfeld für seine Zwecke vereinnahmt hat, dann werden Sie nicht umhinkommen zu erkennen, dass Sie neue Maßstäbe anlegen müssen. Ich weiß, dass es viel verlangt und weiß Gott nicht einfach ist, aber dafür sehr, sehr hilfreich:

Erwarten Sie nicht, von Ihrem Umfeld
verstanden zu werden.

Erst die Einsicht in diese traurige Realität macht Sie überhaupt wieder handlungsfähig. Wenn der Tag kommt, an dem Sie sich weigern, Ihre Energie sinnlos darauf zu verwenden, von der manipulierten Umgebung eines kranken Menschen verstanden werden zu wollen, dann erst können Sie die verbliebene Kraft zielgerichtet in die nötigen Vorkehrungen für eine erforderliche Stabilisierung und Ablösung einsetzen. Und diese Kraft werden Sie dringend benötigen.

Und glauben Sie mir, sobald Sie darin etwas geübt sind, werden Sie feststellen, dass es ungeheuerlich befreiend ist, nicht mehr von den Meinungen und Urteilen anderer Menschen abhängig zu sein. Vor allem von jenen, die Sie ohnehin nicht verstehen können oder möchten und Sie entsprechend behandeln. Die weitere gute Nachricht ist, es gibt keinen Grund mehr, sich für Ihr Vorhaben oder Ihre Konsequenzen, die Sie ziehen werden, zu rechtfertigen. Es wäre nur verschwendete Energie und Sie würden sich weitere Schmerzen zufügen lassen. Sollen die anderen denken, was sie wollen. Es darf Sie auf Ihrem Weg nicht mehr beirren. Sie haben ein Ziel, dem Sie verpflichtet sind. Und dieses zu erreichen hat höchste Priorität. So viele Menschen habe ich zunächst scheitern sehen, weil sie dem Bedürfnis erlagen, verstanden zu werden. Erst als ihnen klar wurde, dass diejenigen, deren Meinung ihnen so wichtig war, nicht ihr Leben lebten und ihnen ohnehin nicht beistanden, konnten sie ihre Aufmerksamkeit auf das Wesentliche richten und wurden handlungsfähig.

Reflexion:

Von wem wünschen Sie sich, verstanden zu werden? Was würde sich ohne dieses Bedürfnis ändern? Wie sähe Ihr neues Handlungsspektrum aus?

Die Tropffolter

Seit dem 16. Jahrhundert kennen wir Überlieferungen über die Anwendung dieser Folter. Aufmerksame Karl-May-Leser erinnern sich vielleicht sogar an die Erwähnung dieser Marter in dem Roman *Der Schatz der Inkas*[1]. Die Methode ist sehr einfach, aber wirksam: Das Opfer wird durch Wassertropfen, die ständig auf seinen Kopf fallen, bis zum Wahnsinn gequält.

Hierbei bekommt das Sprichwort „Steter Tropfen höhlt den Stein" eine ganz neue Bedeutung und hat aus mehreren Gründen eine große Symbolkraft für das Leben mit einem Psychopathen und die Leichtgläubigkeit des sozialen Umfelds. Erscheinen nicht auch die Worte und die Attacken dieser Menschen für das Umfeld der Betroffenen harmlos wie Wasser, sind für das Opfer aber verheerend in ihrer unablässigen Wiederholung?

Christin hat diese Qual auf schreckliche Weise erfahren und weiß um ihre vernichtende Wirkung:

> „Ich bin seit vielen Jahren der sabotierenden Kommunikation mit einem Psychopathen ausgesetzt. Und diese unaufhörliche, nur von mir wahrnehmbare Folter brachte mich an den Rand der Verzweiflung. Zwar haben meine Familie und meine Freunde seine Attacken miterlebt, aber nie im wirklichen Zusammenhang erfasst. Seine Ausbrüche wurden vielmehr in die Kategorie ‚jeder hat mal einen schlechten Tag' eingestuft. Aber mich hatte die Summe dieser gefühlten Million Wassertropfen beinahe an den Rand des Wahnsinns getrieben.

Die Aussicht, nie und bei keinem Thema mit ihm einen Konsens finden zu können, ließ mich mit einem lähmenden Gefühl der Hoffnungslosigkeit, des Scheiterns, der Kapitulation und der Resignation zurück.

Ich bin Mutter von drei Kindern und muss mit dem Vater meiner Kinder sprechen. Das fordert das Gericht von mir. Und natürlich nutzt er das zielsicher als Grundlage für seine Quälereien.

Er bricht in tausend Fällen mit ‚harmlosen und entgegenkommenden' Worten seine vorher gemachten Zusagen, er antwortet auf sachliche Kommunikation mit subtil eingebauten Vorwürfen und verdreht die Wirklichkeit so grotesk, dass seine Versäumnisse auf ein angebliches ungehöriges Fehlverhalten von mir zurückzuführen sind. Oder er bedient sich seiner beliebten ‚Du hast aber-', ‚Ich mache das, weil du'-Methode. Er ist nie schuld und somit ist der Ausgang jeder Unterhaltung vorprogrammiert. Und ich habe das Gefühl, dass der ‚schwarze Peter' immer bei mir bleibt.

So exerziert er seit Jahren in einem immer wiederkehrenden Singsang die alte Leier von meinen angeblichen Unzulänglichkeiten erfolgreich mit den immer gleichen Richtern und Jugendamtsmitarbeitern durch. Dabei ist die ‚Mitarbeit', sprich das gezielte Einbinden dieser Organe, Teil seines Folteraufbaus und keineswegs zufällig oder beiläufig entstanden. Es entspringt seinem sicheren intuitiven Wissen, dass es für mich verheerende Auswirkungen hat, wenn ich ein weiteres Mal vom Opfer zum Täter abgestempelt werde. Und um im Bild des Wassers zu bleiben, ist dies bestimmt auch für alle ähnlich Betroffenen oft der entscheidende Tropfen, der das Fass zum Überlaufen bringt.

Am Ende verlässt er siegessicher die Bühne, weil er beweisen konnte, wie krank, affektiv und unkontrolliert ich bin und dass er der Gesunde ist und ich die Kranke bin.

Für mich beinhaltet das Bild von der Wasserfolter den Versuch, den Widerstand zu brechen und das Opfer psychisch zu vernichten. Es ist wirklich ein treffender Vergleich.

Wenn Sie also keine Kinder haben, die gerichtliche Auseinandersetzungen erzwingen, dann möchte ich Ihnen nur raten, aus jeder Kommunikation endgültig auszusteigen."

Fazit:

Wir kommen also immer wieder auf das gleiche Ergebnis: Ziehen Sie sich aus dieser Dynamik so schnell wie möglich und so weit wie möglich zurück. Jede Stunde, die Sie retten, ist eine gewonnene Stunde. Geben Sie Fersengeld.

Die verhängnisvolle Erziehung zum Erdulden

Dass psychopathische Charaktere ein leichtes Spiel mit ihren Opfern haben, liegt bekanntlich in der Tatsache begründet, dass sie verborgene Sehnsüchte spielend aktivieren können und diese eiskalt benutzen. Doch es werden auch andere Mechanismen aktiv.

Damit meine ich unsere Glaubenssätze, nach denen wir unsere Handlungen ausrichten. So hilfreich diese Prägungen zunächst sind, um das Leben einzuordnen, verstehen und bewältigen zu können, so hinderlich werden sie, wenn sie unreflektiert die Führung übernehmen. Das Leben ist in fortwährender Bewegung, aber unsere Überzeugungen sind in unserem Unterbewusstsein einzementiert und verschließen sich gegenüber jeglichem Wandel. Jeder, der den aufrichtigen Wunsch in sich trägt, über seinen eigenen Tellerrand zu blicken, muss sich offen mit diesen Einschränkungen auseinandersetzen. Wir müssen uns also die Frage stellen, woher diese Glaubenssätze kommen, welche Personen sie uns eingepflanzt haben und ob sie uns nach Jahrzehnten immer noch dienlich sind. Wir müssen kritisch überprüfen, ob die geltenden gesellschaftlichen Werte der damaligen Zeit auch heute noch irgendeinen Sinn ergeben.

Das ganze Leben ist unaufhörlich einer Modifikation unterzogen. Nach der Schule wechseln wir an einen Arbeitsplatz, dem in aller Regel weitere folgen. Freunde kommen und gehen, Ehen werden geschlossen und nicht selten wieder geschieden, Wohnorte werden gewechselt, der Gesundheitszustand ändert sich, der Körper altert und vieles, vieles mehr. Nur unsere tiefsten Überzeugungen, die bleiben konstant und starr und hindern uns oftmals daran, so flexibel zu sein, wie wir es zum Bestehen dieser Herausforderungen benötigen.

Machen Sie sich immer wieder bewusst, dass Ihre Überzeugungen ein Vermächtnis der Kindheit sind. Sie wurden von Eltern, Familie, Verwandtschaft, Lehrern usw. übernommen. Was Sie von sich halten, ist also in erster Linie ein Produkt von Fremdeinwirkung. Kontrollieren Sie Ihre Leitlinien dahingehend, ob sie Ihnen in der Situation mit Ihrem Psychopathen behilflich oder hinderlich sind. Fühlen Sie in sich hinein, ob Ihre Überzeugungen in diesem Punkt mit Angst oder Optimismus korrespondieren. Fragen Sie sich, seit wann Sie dieses Gefühl der Ohnmacht, der Unterordnung oder des Erduldens kennen. Forschen Sie weiter, was Sie daran hindert, für sich einzustehen. Möglicherweise haben Sie in Wirklichkeit nur Angst davor, abgelehnt zu werden. Oder Sie befürchten, als egoistischer Mensch abgestempelt zu werden oder als unattraktiv und widerspenstig aufzufallen. Und Sie erleben das diffuse Gefühl, für Ihre „Aufsässigkeit" bestraft zu werden.

Weshalb empfinden Sie so schnell Schuldgefühle, und warum verwehren Sie sich möglicherweise das Recht, sich zu schützen? Erdulden Sie womöglich deshalb die schlechte Behandlung, weil Sie dieses Gefühl seit Ihrer Kindheit kennen und sich damit abgefunden haben, auch wenn es Ihnen nicht gefällt? Manche unserer Überzeugungen können aber auch durch eigene Interpretationen in der Kindheit entstehen, indem Erlebtes in einem falschen Kontext gesehen und eingeordnet wird.

Es ist nicht gerade einfach, althergebrachte Überzeugungen über Bord zu werfen. Aber mit viel Beharrlichkeit, Entschlossenheit und dem Mut, sich selbst zu betrachten, ist es längerfristig möglich.

Als kleinen Anstoß möchte ich Ihnen ein paar wenige Fragen stellen, mit denen Sie Ihre Reflexion beginnen könnten:

→ Durften Sie Ihren Eltern oder anderen Erwachsenen widersprechen und wurden dabei dennoch respektiert?

→ Wenn Sie aus Wut und Verzweiflung geweint haben, wurden Sie getröstet und in Ihrem Schmerz ernst genommen oder ein zweites Mal zurechtgewiesen?

→ Mussten Sie ein Verhalten zeigen, das Sie eigentlich gar nicht wollten?

→ Haben Ihre Eltern Sie darin unterstützt, für Ihre Gefühle einzustehen, auch wenn es innerhalb der Familie, der Verwandtschaft, der Schule oder des Umfelds zu Konflikten geführt hat?

→ Wann wurden Sie bedingungslos geliebt, und wann mussten Sie Leistung und Anpassung erbringen, um gelobt und geschätzt zu werden?

→ Spielte es in Ihrem Elternhaus eine Rolle, was andere Leute dachten?

Die Erziehung nach „alter Schule" war auf Gehorsam und Anpassung aufgebaut. Was viele von uns beispielsweise noch kennen ist, dass wir immer den Teller leer essen mussten. Und dabei spielte es keine Rolle, ob die Portion viel zu groß war, das Gericht schmeckte oder man einfach noch keinen Hunger hatte. Die Regel selbst war das Entscheidende, sie wurde nicht auf Tauglichkeit hin überprüft und auf Befindlichkeiten wurde keine Rücksicht genommen. So wurde Kindern schon in relativ belanglosen Situationen das Selbstbestimmungsrecht über ihren Körper und ihre Bedürfnisse verweigert. Auch berichten immer wieder Betroffene, dass sie sich als Kinder fürchteten, allein im Dunkeln einzuschlafen. Ihre verzweifelten Hilferufe wurden dann mit der Zurechtweisung erwidert, dass es keinen Grund zum Fürchten gäbe und sie endlich still sein und schlafen sollten.

Wie soll ein Mensch später als Erwachsener Vertrauen in seine eigene Kraft besitzen, wenn ihn seine Eltern wissentlich seinen Ängsten und Beklemmungen ausgesetzt und ihn seiner Ohnmacht überlassen haben? Da ist Eigeninitiative gefordert.

Ich möchte Ihnen unterstützend noch einen kleinen Einblick in das Rollenverständnis der Frau in den 60er-Jahren vermitteln. Dieses Gedankengut wurde zu gewissen Teilen bewusst oder unbewusst an die nächste Generation weitergegeben, weshalb auch diese Frauen noch heute gegen diese irrationalen Prägungen ankämpfen müssen. Als Beispiel soll der „Ratschlag für Ehefrauen" aus einer Packungsbeilage für Tampons aus dem Jahr 1963 dienen:

> „Es gibt eine alte Regel für ein gutes Eheleben, und die lautet: Nutzen Sie Ihren Ehemann nicht aus. Diese alte Regel ist heute so wichtig wie früher. Natürlich bemühen auch Sie sich darum, sie einzuhalten, aber nicht alle Formen der Ausnutzung sind leicht zu erkennen. Oder würden Sie dabei einen Zusammenhang mit der Menstruation erkennen? Aber wenn Sie die Menstruation nicht zu einer ganz normalen Zeit im Monat machen und sich stattdessen jeden Monat ein paar Tage zurückziehen, als ob Sie krank sind, dann nutzen Sie die Gutmütigkeit Ihres Mannes tatsächlich aus. Er hat schließlich eine Vollzeitgattin geheiratet, keine Teilzeitfrau. Sie sollten deshalb jeden Tag aktiv, schwungvoll und fröhlich sein."[2]

Dieser Text verdeutlicht auf beklemmende Weise, dass Frauen damals nicht einmal während der Menstruation über ihren Körper bestimmen durften. Sie wurden gesellschaftlich in die Rolle gedrängt, fremde Bedürfnisse über die eigenen zu stellen und andere zu bedienen. Die Kinder haben dieses Rollenverständnis erlebt und ebenfalls erduldet. So konnte sich auch bei ihnen unbewusst die Akzeptanz entwickeln, dass es eine gewisse Normalität hat, wenn andere Menschen Einfluss auf sie ausüben, selbst wenn sie seelisch darunter leiden.

Und wie sollten Sie plötzlich im Umgang mit Psychopathen die nötigen Kompetenzen aus dem Hut zaubern, um sich gegen körperliche und psychische Gewalt zur Wehr zu setzen? Sowohl Eigenschaften wie Entschlossenheit und Durchsetzungsfähigkeit als auch die Kunst, für sich einzustehen, ohne dabei von Schuldgefühlen erdrückt zu werden, und die gewisse Abgeklärtheit, nicht reflexartig die Verantwortung für die Defizite dieser Persönlichkeiten zu übernehmen, sind plötzlich gefragt. Alles in allem also eine beträchtliche Herausforderung, die mit Recht große Ängste und Unsicherheiten auslösen kann.

Trotz alledem nehmen wir die Herausforderung an! Ihr Psychopath ist ein guter Lehrer. Er lässt Ihnen wenig Luft zum Atmen und fordert Sie zum Kampf heraus. Doch ein großer Teil dieses Kampfs ist ein Kampf mit sich selbst. Und wer den aufnimmt, verändert sich unweigerlich in Richtung Selbstbestimmung und Selbstwirksamkeit.

Fazit:

Sie sind der Hüter Ihrer Gefühle und der Herr in Ihrem Körper. Nutzen Sie diese Macht!

Gegen Schuldgefühle ankämpfen

Zieht ein Psychopath ernsthaft die Waffe gegen Sie, d. h. kündigt er Ihnen entschlossen den Kampf an, dann bleibt Ihnen keine andere Wahl, als sich zu wehren. Daran gibt es nichts zu rütteln. Die Frage ist lediglich, mit welcher Waffe Sie sich verteidigen. Vorteilhaft wäre natürlich, gleichartig bewaffnet zu sein. Konstruieren wir ein Beispiel: Ein Psychopath droht im Falle einer Scheidung mit einem Vernichtungsfeldzug, bei welchem er u. a. das alleinige Sorgerecht für die Kinder erstreiten will. Er prahlt weiter, dass er sowohl aufgrund seiner beruflichen Position und des damit verbundenen Ansehens als auch seiner Bereitschaft, das Blaue vom Himmel zu lügen, die Auseinandersetzung leicht gewinnen werde. Diese Aussage strotzt vor unbedingtem Vernichtungswillen.

Was wäre die geeignete Reaktion, um hier dagegenzuhalten? Vielleicht zu sagen: „Wenn du das tust, dann schaue ich dich nicht mehr an"? Ganz sicher nicht. Sie müssen etwas entgegensetzen, was mindestens genauso stark ist, wenn nicht sogar stärker. Das Dilemma der Opfer ist hingegen, dass sie sich aufgrund ihres Naturells und der erfahrenen Gewalt zu sehr eingeschüchtert fühlen, um sich zur Wehr zu setzen. Es fällt ihnen womöglich schwer, überhaupt zwischen Angriff und Verteidigung zu unterscheiden. Damit würde jede Form der Verteidigung als eine Offensive eingeschätzt, die unwillkürlich Schuldgefühle erzeugt.

Viele Betroffene verspüren schon Gewissensbisse, wenn sie insgeheim ablehnende Gefühle gegen ihren abweisenden Partner verspüren. Sie quälen sich mit ihrer Maxime, die ihnen vorgibt, sich immer und zu jeder Zeit offenbaren zu müssen und stets nur freundliche Gedanken haben zu dürfen. Das

verwundert nicht, werden sie doch nicht nur von ihren er-
lernten Glaubenssätzen beherrscht, sondern auch von ihren
Partnern nachhaltig auf diese Haltung konditioniert. Daraus
folgt die Angst, dass sie ihre Authentizität verlieren oder zum
Lügner werden, wenn sie ihre wirklichen Gefühle verstecken.
Noch wesentlich dramatischer wird es, wenn es um handfeste
Entscheidungen geht.

Eine Klientin beispielsweise hatte sich nach langen Jahren
innerer Kämpfe von ihrem Psychopathen getrennt, weil sie in
der ganzen Zeit ihrer Beziehung Opfer physischer und psychischer Gewalt wurde. Doch bis sie zu diesem Schritt fähig
war, musste sie durch die Hölle ihrer Schuldgefühle. „Ich hatte vor dem Altar geschworen, ihm treu zu bleiben, bis dass der
Tod uns scheidet."

Das ist wahr. Und schön ist, dass sie ihr Versprechen
nicht leichtfertig gebrochen hatte. Aber man sollte auch die
Basis berücksichtigen, die diesem Schwur zugrundelag. Hier
war die Rede von Zusammenhalt in guten und in schlechten Zeiten. Aber ganz sicher nicht, dass sie sich in einem
Martyrium für einen perversen Menschen aufopfern sollte.
Warum nimmt man überhaupt Menschen Versprechen für
eine Zukunft ab, die sie nicht kennen? Würde ein Geschäfts-
mann einem anderen einen Blankovertrag für jahrelange
geschäftliche Beziehungen vorlegen und ihn um seine Unterschrift bitten, würde man ihn für geisteskrank halten. Bei
den elementaren Fragen des Lebens ist man offensichtlich
großzügiger; bei kirchlichen Trauungen schwört man sogar
im Angesicht Gottes. Wie schön wäre es, wenn man anstelle
eines Schwurs lieber einen Wunsch bzw. eine Bitte an Gott
richten dürfte, die vielleicht sinngemäß hieße: Wir wünschen uns, bis ans Ende unseres Lebens zusammenzublei-
ben. Bitte schenk uns deinen Segen, auf dass wir die Kraft

und die Weisheit erlangen, uns in allen Zeiten zu lieben und zu ehren und alle Herausforderungen zu meistern.

Das wäre eine wahrhaft spirituelle Handlung. Und sie würde Menschen, die schon genügend schmerzhafte Erfahrungen durchlitten haben, nicht noch zusätzlich mit Schuld beladen.

Kommen wir aber wieder zu unserem Thema zurück: Ich möchte Ihnen versichern: Sie sind nicht schlecht und laden keine Schuld auf sich, wenn Sie sich verteidigen und für Ihre Bedürfnisse kämpfen. Ihr Leben und das Leben Ihrer Kinder zu schützen ist nicht ungehörig. Es ist Ihre Pflicht!

Außerdem benutzt der Psychopath vorzugsweise illegale Waffen wie Verleumdungsattacken, Drohungen, Lügen usw. Was kann man dem entgegenhalten und dabei auf rechtssicherem Boden bleiben? Ich möchte Sie hier nicht zu ungesetzlichen Handlungen verleiten, indem ich Ihnen rate, Gespräche aufzuzeichnen, in denen Ihr Partner andere Menschen schlecht macht, hinterlistige Pläne schmiedet, offen zugibt, dass er gegen Sie gerade eine Straftat plant oder sich einfach so verhält, wie er in seinem Umfeld unter gar keinen Umständen gesehen werden möchte. Unsere Gesetze sind hier eindeutig: Die Verletzung der Vertraulichkeit des Wortes steht unter Strafe. So darf das nicht öffentlich gesprochene Wort eines anderen nicht aufgezeichnet werden.

Ich kann Ihnen jedoch aus der Praxis von der einen oder anderen Klientin berichten, die haltlose und gemeine Angriffe ihres Psychopathen auf sich bzw. ihre Kinder aufgezeichnet hatte und ihm einen Gesichtsverlust bzw. unangenehme Konsequenzen androhte. Sie teilte ihm mit, dass sie die Aufzeichnungen zu ihrem Schutz einsetzen würde, selbst wenn sie sich damit strafbar machte. Die Strafe, so versicherte sie, würde sie gern auf sich nehmen, um seine diabolischen Ziele zu vereiteln und seine Karriere zu torpedieren. Keine dieser Klientinnen hatte ernsthaft vor, das wirklich zu tun, doch die Ankündigungen waren heilsam und konnten viel Leid und Schmerz von ihnen fernhalten.

Wenn der Psychopath befürchten muss, dass seine Hinterhältigkeit öffentlich wird, und beispielsweise

→ der Jugendamtsmitarbeiter erfährt, dass er als ein leicht zu beeinflussender Handlanger eingeschätzt wird,

→ der Gutachter in Kenntnis gesetzt wird, dass er von ihm instrumentalisiert und wie ein Hündchen an der Leine geführt wurde,

→ das Schreien und Weinen der Kinder aufgenommen wurde, als sie von ihrem allseits bewunderten Übervater geschlagen und gedemütigt wurden oder

→ seinem Freund und ihm ein Meineid nachgewiesen werden kann,

dann hat er sich plötzlich ganz schnell entschlossen, den Finger vom Abzug zu nehmen. Denn Helden sind sie wahrlich nicht. Sie sind groß im Einschüchtern und feige dabei, die Verantwortung für ihre Handlungen zu übernehmen. Allein deshalb agieren sie ja aus dem Hinterhalt.

Eines der besten Mittel, um einen Psychopathen in seine Schranken zu weisen, ist also, ihm die Aussicht zu vermitteln, dass sein Schuss nach hinten losgeht. Viele dieser Individuen haben mehr Leichen im Keller, als sie zählen können. Bei Selbstständigen sind beispielsweise oftmals Tricksereien gegenüber dem Finanzamt zu finden. Wenn die Partner dann Zugang zu ihrer Buchführung haben oder Kenntnisse aus zuverlässiger Quelle besitzen, ist das eine gute Versicherungspolice.

Sie können ihm aber auch in Aussicht stellen, dass Sie seine Entgleisungen öffentlich machen und dass Sie ein Gespräch mit seinem Arbeitgeber suchen. Das wäre für ihn im Bereich „Super-GAU" einzuordnen. Oder Sie kündigen eine Kontaktaufnahme mit den Menschen an, bei denen er sich besonders gerne als Übermensch darstellt. Wichtig ist, dass Sie ihm unberechenbar erscheinen und er fürchten muss, dass Sie das wirklich tun.

Mehrere Klientinnen wissen um den Drogenkonsum ihrer gesellschaftlich so geachteten Partner. Dies publik zu machen wäre ein großer Verlust ihrer Integrität und würde möglicherweise sogar den Verlust ihres Arbeitsplatzes mit sich bringen. Oftmals liegen die Drogen in einer Schreibtischschublade oder im Kleiderschrank versteckt – in solchen Fällen sollten Sie sich nicht scheuen, Bilder zu machen. Wenn Sie sich ganz sicher sind und es beweisen können, könnten Sie auch eine Meldung bei der Polizei oder, falls Sie gemeinsame Kinder haben, auch beim Jugendamt machen bzw. dies ankündigen. Ihren Möglichkeiten sind keine Grenzen gesetzt. Wichtig ist, dass Ihr Partner weiß, dass er, sollte er gegen Sie zu Felde ziehen, mit einer schmerzhaften Reaktion rechnen darf, die stärker ist als die Lust, die ihn treibt.

Ich weiß, es ist schade, dass Sie mit solchen Mitteln arbeiten müssen. Aber bevor er Sie und womöglich auch noch Ihre Kinder in Gefahr bringt, ist eine konsequente Ankündigung die kleinste und harmloseste Variante, die Sie gegen seine Gewalt einsetzen können. Es geht dabei nicht um Rache, sondern lediglich um Schadensbegrenzung.

Ihre Aufgaben

Wenn Sie Ihre Herausforderungen als Wachstumsmöglichkeit begreifen und bejahen, wird sich Ihre Hoffnungslosigkeit in Zuversicht verwandeln. Und Sie werden neue Wege beschreiten, die Ihnen bislang unmöglich schienen. Unsere Begrenzungen liegen weniger im Außen als vielmehr in unserer Vorstellung.

Schützen Sie Ihre Gefühle

Die eigenen Gefühle schützen zu lernen, ist das A und das O. Wie lernt man aber, seine Gefühle zu schützen? Und kann das überhaupt jemand?

Wir schließen im Leben für vieles Versicherungen ab, um im Unglücksfall vorbereitet und abgesichert zu sein. Wir schützen unser Zuhause, indem wir die Haustür abschließen. Ebenso schließen wir unser Auto ab oder tragen unsere Geldbörse sicher aufbewahrt in der Tasche, um sie vor Zugriffen Dritter zu schützen. So haben wir es gelernt und so praktizieren wir es.

Aber für das Wichtigste, für den Schutz unserer Persönlichkeit und unserer Gefühle, treffen wir selten Vorbereitungen. Vergegenwärtigen Sie sich für eine kurze Zeit Ihre Ausgangssituation. Und dabei spreche ich jetzt nicht vom Umgang mit boshaften Menschen. Ich spreche von ganz alltäglichen Momenten, wo Außenstehende Ihre Gefühle nachhaltig zu beeinflussen vermögen. Denken Sie nur daran, wie schwer man sich gegen abfällige Bemerkungen schützen kann. Gefühle, die nur durch eine kleine Anmerkung ausgelöst werden, können uns so tief treffen, dass sie uns stunden- oder tagelang in einem unaufhörlichen gedanklichen Hamsterrad gefangen halten. In solchen Momenten muss man sich eingestehen, dass man die Kontrolle über die eigene Gefühlslage verloren hat und regelrecht fremdgesteuert ist. Und das nicht selten durch Menschen, die einem nicht das Geringste bedeuten. Das Urteil anderer über das eigene Empfinden zu stellen, ist ein weitverbreiteter Automatismus, den wir während unserer Sozialisation gelernt haben. Deshalb fällt es auch nur wenigen Menschen überhaupt auf, wie sie ihrer eigenen Macht beraubt werden. Zu sehr sind diese Muster internalisiert.

Im umgekehrten Fall sind wir aber auch durch Lob sehr manipulierbar. Auch hier können andere uns im Handumdrehen in ungeahnte Höhen katapultieren. Dies empfinde ich genau betrachtet nicht weniger erschreckend, denn auch das ist nichts anderes als eine Abhängigkeit, wenn auch angenehmerer Natur. Sigmund Freud sagte treffend: „Gegen Angriffe kann man sich wehren, gegen Lob ist man machtlos."

Fänden Sie es nicht erstrebenswert, nicht erst auf das Lob anderer warten zu müssen, sondern selbst der- oder diejenige zu sein, der das alleine kann, der sich selbst anerkennen und würdigen kann? Sie haben vielleicht nur noch nicht damit angefangen. Sie können selbst am besten beurteilen, was Sie getan haben und worauf Sie stolz sein können.

Ohnehin bekommen Sie sowieso nicht immer das Lob, das Sie verdienen, weil es überall auch Neider gibt und jene, die gegen jeden und alles etwas vorzubringen haben. So könnten Sie sich durch Ihre eigene Einschätzung eine wirksame Schutzzone einrichten und ruhig und entspannt unsachliche Kritik dort lassen, wo sie hingehört. Für das Schöne und Konstruktive jedoch können Sie sich freundlich bedanken, sich aber nicht davontragen und zu unpassenden Handlungen verleiten lassen.

Sie sehen, wie leicht wir auch hier automatisch anderen Tür und Tor zu unseren Gefühlen öffnen. Da bedarf es nicht erst der Psychopathen. Deshalb ist es erstrebenswert, ganz allgemein diese „Sicherheitslücken" zu schließen bzw. zu kontrollieren. Jeder darf denken oder sagen, was er möchte. Doch sollte es nicht so weit kommen, dass wir innerlich hin- und hergerissen werden, uns abhängig, verletzlich und angreifbar machen und folglich unser Denken und Fühlen besetzen lassen.

Sicherlich ist es nie einfach, eine neue und stabile Beziehung zu sich aufzubauen. Doch möchte ich jedenfalls Ihren Blick in diese Richtung schärfen und das Bedürfnis in Ihnen wecken, nicht weiterhin Dritten Ihr emotionales Gleichgewicht auszuliefern. Das wäre in der Auseinandersetzung mit dissozialen Menschen eine notwendige und sehr hilfreiche Basisarbeit. Ganz sicher wird niemand die vollkommene Unabhängigkeit von seinen Mitmenschen erreichen, doch ist es möglich, sich ein Stück weit Erleichterung zu verschaffen und an der Situation zu wachsen.

Setzen Sie Grenzen

Ist es nicht ein verlockender Gedanke, Grenzen setzen zu können, und zwar ganz selbstverständlich und ohne sich aufgewühlt oder schlecht dabei zu fühlen? Ich denke schon. Und deshalb wollen wir einen Einblick in unsere Dynamiken erlauben, die genau diesen Zustand so unerreichbar erscheinen lassen. Sie sind gewissermaßen der verlorene Schlüssel zum Erfolg.

Meist tragen die Opfer psychopathischer Charaktere eine Angst in sich, die stärker ist als die Angst vor diesem Menschen selbst. Andernfalls würden sie die Beziehung beenden oder sich wehren.

Doch es gibt verschiedene Ebenen der Angst. Eine begründete Angst ist beispielsweise, wenn Sie real befürchten müssen, dass in einem Scheidungsfall Ihrem Partner die Kinder zugesprochen werden. Das hat etwas sehr Konkretes. Da verlangt jeder Schritt eine klare und detaillierte Folgenabschätzung.

Außerdem gibt es diffuse Ängste, die keinen konkreten Hintergrund haben. Ängste, die schon immer da waren, also auch schon lange vor der Begegnung mit Ihrem Psychopathen, der sich nun lediglich Ihrer Defizite zu bedienen versteht. Hier sehe ich noch viel mögliches Potenzial freizusetzen.

Ein konstruktiver Umgang mit Angst könnte damit beginnen, dass Sie Ihre Identifikation mit ihr überprüfen. Mit der Zuordnung „da zeigt sich eine Angst" ist leichter zu arbeiten als „ich bin ängstlich". Dieses „ich bin" hat etwas Allumfassendes. Doch wir sind weder Angst, Mut noch sonst irgendetwas. Wir sind ganzheitliche Wesen, denen wohl eine Vielzahl von Eigenschaften anhaftet, aber wir können nicht behaupten, diese Eigenschaften zu sein. Wir stellen uns ihnen, kapitulieren vor ihnen, kultivieren oder transformieren sie usw., aber wir sind sie nicht.

Eine Antwort zur Herkunft dieser einengenden Gefühle finden wir, wie schon erwähnt, in der jeweiligen Erziehung, die oft genug wenig Raum für Selbstbestimmung gewährte, persönliche Befindlichkeiten unterdrückte bzw. nicht selten zum Stillstand brachte. Stärken entwickeln sich aus dem Vertrauen in die eigene Person und der Erfahrung, Konflikte konstruktiv durchleben zu können und ein Handlungsrepertoire zur Verfügung zu haben, um eigene Lösungen zu generieren. Dies ist dann nicht der Fall, wenn vorgefertigte Erziehungsmuster die Kreativität und die Persönlichkeit von Heranwachsenden unterbinden. Aber unsere Erziehung konnte mit noch unzähligen weitaus härteren Bedrängnissen aufwarten.

Die Summe all dieser schmerzhaften Erfahrungen bezeichnet man als den emotionalen Schmerzkörper. Er bewahrt all Ihre Erinnerungen des Kummers, der Wehrlosigkeit, des Verzagens, der Niederlagen, der Trauer und jede Form der emotionalen und physischen Gewalt, die Sie im Lauf Ihres Lebens erlebt haben. Diese Instanz ist kein Freund von Vertrauen und Zuversicht, sondern sie wiederholt gebetsmühlenartig alle tragischen Ereignisse und suggeriert eine Aussicht auf weiteren Misserfolg. In der Konsequenz kommt es zwangsläufig zur Verdichtung negativer selbsterfüllender Prophezeiungen. Dass man sich dabei selbst so verhält, dass diese Prophezeiungen am Ende auch wirklich eintreffen, bemerkt man kaum. Der Schmerzkörper hat also vor langer Zeit erfahren, dass für sich einzustehen oder zu widersprechen Gefahr bedeutet. Deshalb sind diese Schmerzkörper-Anfälle, wenn wir sie einmal so nennen möchten, Ihre Altlasten, die Sie auf die Gegenwart und Zukunft projizieren.

Deshalb kommen Sie bei bestimmten Konflikten auch nicht weiter, da Sie dazu neigen, sich vor dem zu fürchten, was Sie so sorgfältig verdrängt haben. Und urplötzlich scheint es Ihnen, als wären Sie in Ihre Kindheit zurückgefallen, mit allem, was dazugehört: Ohnmacht erleben, Angst empfinden, bestraft, ungerecht behandelt, ausgegrenzt, verlacht zu werden usw., kurzum: der Verlierer zu sein. Und wenn Sie nun für einen Augenblick innehalten und genau hineinspüren, dann können Sie erkennen, dass nicht unbedingt Ihr Gegenüber Sie so handlungsunfähig macht, sondern Sie von Ihren eigenen Angstmustern geknebelt sind.

Aber das ist nicht wirklich ein Grund, nur niedergeschlagen zu sein. Wie schon einmal erwähnt, haben wir nämlich am Ende immer die Wahl, selbst zu entscheiden, ob wir auch weiterhin unseren alten Erfahrungen die Bühne überlassen oder ob wir der beängstigenden Dynamik, die gerade in uns aufsteigt, kritisch entgegentreten und uns mit ihr auseinandersetzen.

Diese Wahlfreiheit anzunehmen ist ein erster Schritt und schenkt Ihnen viele neue Sichtweisen und Ansatzpunkte, um sich der Opferrolle bewusst zu werden und sie sukzessive hinter sich zu lassen.

All das, was sich zeigt, möchte erlöst werden und darf auch erlöst werden. Nehmen Sie Ihr inneres Kind zur Kenntnis und nehmen Sie seine Ängste ernst; schicken Sie es auf keinen Fall wieder zurück in die Verbannung. Sprechen Sie mit ihm und trösten Sie es. Das sind die ersten Schritte in diese Richtung.

Reflexion:

Erforschen Sie Ihre einschränkenden Überzeugungen. Haben sich Ihre negativen Prophezeiungen meistens erfüllt? Wären Sie Ihrem psychopathischen Partner ohne diese Mängel ins Netz gegangen? Welche hinderlichen Annahmen müssen Sie austauschen, um Ihre Freiheit zurückzuerobern?

Stellen Sie sich der Angst

Die ersten Versuche, für sich einzustehen, fühlen sich zuweilen schwierig und holprig an. Doch das sollte Sie nicht beunruhigen. Schließlich braucht man für alles, was man routiniert anwenden möchte, einen reichhaltigen Erfahrungsschatz, auf den man zurückgreifen kann und der Sicherheit vermittelt. Dafür benötigt man Übung. Wenn in unserem Gedächtnis noch keine solchen Kenntnisse gefestigt sind, die wir spontan abrufen können, sind Gefühlen der Unsicherheit Tür und Tor geöffnet. Die körperlichen Reaktionen wie eine belegte Stimme, zitternde Hände oder Knie usw. sind zuverlässige Signale dafür.

Furcht verleitet uns zum Flüchten. Doch mit jedem Rückzug steigt auch die Angst vor der Angst. Durchlebt man bedrohlich wirkende Situationen nicht, kann man auch keine Erfahrungen mit der eigenen Kraft machen bzw. erleben, dass die Vorstellung wesentlich erschreckender war als die Wirklichkeit selbst. Viele Menschen versicherten mir anfangs, dass sie ihrem Psychopathen nichts entgegenhalten konnten und er durch nichts einzuschränken war. Aber wie oft habe ich erlebt, dass, wenn der Mut der Verzweiflung doch noch die Herrschaft übernahm, die Betroffenen regelrecht beflügelt waren.

Doch ist es nicht zwingend nötig, gerade bei einem psychopathischen Partner mit dem Üben zu beginnen. Um Erfahrungen mit der eigenen Durchsetzungsfähigkeit zu gewinnen, den Platz im Leben einzunehmen, der einem zusteht, und sich dementsprechend eine Stimme zu verleihen, eignen sich die Gelegenheiten am besten, wo die wenigsten Abhängigkeitsverhältnisse und emotionalen Bindungen bestehen. Sicherlich finden Sie in Ihrem familiären oder beruflichen Umfeld genügend Möglichkeiten zum Üben.

Ich möchte Ihnen zur Unterstützung eine wertvolle Übung gegen Angst vorstellen, die Ihnen gute Dienste erweisen wird:

Nehmen Sie eine entspannte Haltung ein und atmen Sie einige Male tief durch. Wenn Ihre Gedanken etwas zur Ruhe gekommen sind, durchforschen Sie Ihre Erinnerungen nach Situationen, in denen Sie eigene Stärke gefühlt haben. Nun kommt der entscheidende Teil: Lassen Sie dieses Gefühl wiederaufleben und Ihren ganzen Körper durchfließen. Wenn Sie dies etwas genossen haben, halten Sie das Gefühl in Ihrem Bewusstsein wach, wenden aber Ihren Blick auf die gegenwärtige Angst. Ihre Kraft strömt nun in diese Angstfelder. Ihr Gehirn wird die positive Energie ebenfalls integrieren und damit einen Ausgleich schaffen. Der Erfolg wird von der Stärke Ihrer Emotionen und der Häufigkeit der Übungen abhängen.

Lernen Sie, Nein zu sagen

Fangen Sie klein an. Ein angemessener Einstieg zu einem Leben mit Selbstbewusstsein und deutlichen Grenzen bietet die Kunst, Nein zu sagen. Nein sagen ist nichts Schlechtes und keine Absage an andere, sondern lediglich ein Einstehen für sich selbst.

Ich höre oft von Menschen, die nicht Nein sagen können, die Rechtfertigung, dass sie zu gut sind, um andere zu enttäuschen. Doch das ist leider eine traurige Schönfärberei. Erst in dem Moment, wenn man frei ja und Nein sagen kann, ist man überhaupt in der Lage, eine gesunde Entscheidung zu treffen. Vorher kann man nicht von Gutsein sprechen, sondern eher von Hilflosigkeit.

Wir sind nicht aufgefordert, in den Vorstellungen unserer Mitmenschen zu leben und extreme Anpassungsleistungen zu erbringen. Das gaukelt uns möglicherweise unser Sicherheitsbedürfnis vor, aber es ist eine Täuschung. Man kann keine stimmige Entscheidung treffen, wenn man sich selbst untreu ist.

Haben Sie nicht auch schon unzählige Male die Erfahrung gemacht, dass Sie sich bis zur Selbstaufgabe für andere aufgeopfert haben und bei dem ersten kleinen, eigenen Wunsch zurecht- oder abgewiesen wurden? Dann ist der Frust über all das, was man so selbstlos erbracht hat, groß und man fühlt sich ausgebeutet.

Aber die Kritik sollte man in diesem Fall nicht auf den anderen, sondern auf sich selbst richten. Man ist oftmals gern bereit, die eigenen Bedürfnisse hintanzustellen und zu „helfen" oder zu erdulden. Oft weiß man am Ende, dass es viel besser gewesen wäre, wenn man die Zeit oder Energie lieber für das eigene Wohlbefinden eingesetzt hätte.

Nicht Nein sagen zu können,

→ ist also nur die Spitze des Eisberges einer selbstverleugnenden Haltung,

→ bedeutet, die eigenen Bedürfnisse zu verraten, um anderen alles recht zu machen,

→ heißt, sich selbst auszubeuten,

→ lässt Sie auf sich selbst wütend werden,

→ gibt anderen Menschen mehr Bedeutung als Ihnen selbst,

→ erzeugt Spannungen gegenüber jenen Menschen, die maßlos einfordern.

Die Steigerung liegt darin, sich für Tätigkeiten beflissen anzubieten oder regelrecht aufzudrängen, bevor man überhaupt um Hilfe gebeten wird.

Demgegenüber erzeugt das Neinsagen eine befriedigende und stärkende innere Wirkung. Es ermöglicht echte Aufrichtigkeit und ein Gefühl der Freiheit. Damit stehen Sie nicht mehr für das zur Verfügung, was andere von Ihnen wollen. Was Sie letztlich benötigen, ist Ihre eigene innere Erlaubnis, ein wertvoller, selbstbestimmter und reflektierter Mensch zu sein. Wer keine Grenzen hat, der verliert sich selbst und kann keine Freiheit erleben.

Bei sehr netten Menschen können Sie also mit einer Light-Version zu üben beginnen, indem Sie Ihre Bedürfnislage offen kommunizieren; Sie werden dabei sehr ermutigende Erfahrungen machen. Sagen Sie etwa:

> „Ich mag dich sehr und würde dir auch sehr gern helfen. Aber das würde mich selbst in Zeitnot bringen. Und ich bin gerade dabei, für mein Leben mehr Verantwortung zu übernehmen. Deshalb hoffe ich auf dein Verständnis."

Oder nehmen wir als Beispiel, dass Sie eine Einladung erhalten, aber lieber zu Hause bleiben möchten. Nehmen Sie Abstand von Ihren Höflichkeits-Ausreden und transportieren Sie Ihre ehrliche Befindlichkeit:

> „Ich freue mich sehr, dass du mich eingeladen hast und dass ich dir wichtig bin. Doch ich benötige sehr dringend Ruhe, um mich zu regenerieren. Sonst kippe ich irgendwann aus den Schuhen. Ich weiß, dass du mich genügend wertschätzt, um das zu verstehen."

Nur Blutsauger akzeptieren das nicht.

Ich möchte Ihnen eine kleine unterstützende und sehr hilfreiche Übung empfehlen: Entspannen Sie sich und halten Sie den Kopf gerade, das Kinn ganz leicht nach vorn geschoben. Stellen Sie sich eine Situation vor, in der Sie gerne Nein sagen möchten. Dabei wenden Sie mit ganz sanften „Nein-nein-Bewegungen" den Kopf hin und her und spüren in sich hinein, wie sich eine klare Grenze in Ihrem Fühlen und um Sie herum aufbaut.

Eine weitere Übung für Selbstbestimmung wäre: Sie stehen aufrecht, die Füße fest mit dem Boden verbunden, die Augen geschlossen. Sie denken an nichts Bestimmtes. Dann strecken Sie entschieden Ihre Arme aus, die Handflächen nach vorn gerichtet, und sagen laut und deutlich „stopp". Sie können sich dabei langsam im Kreise drehen und dieses Stopp in alle Richtungen sprechen, als würden Sie einen unsichtbaren magischen Kreis um sich legen. Auf diese Art und Weise zentrieren Sie sich und beginnen, sich selbst in Gedanken einen unantastbaren Raum mit einer deutlichen Grenze zu erschaffen. Je stärker Ihr Gefühl dabei ist, desto mehr wird

Ihr Unterbewusstsein von dieser Aktivierungsenergie überzeugt. Sie können diese Übung natürlich auch im Hinblick
auf bestimmte Menschen durchführen. Stellen Sie sich vor,
dass der- oder diejenige, zu dem Sie eine Distanz aufbauen
möchten, vor Ihnen steht und Sie sprechen das Stopp direkt
in seine bzw. ihre Richtung.

Grenzen sind also keine Zurückweisung und kein Bruch. Sie
sind gesund. Denn wenn jeder Beliebige Sie in seine Richtung
zerren und beeinflussen kann, dann sind Sie sprichwörtlich
„aus dem Häuschen". Fragen Sie sich, ob Sie standhaft wie
ein Baum sein möchten oder aber wie eine Wunderkerze in
der Hand eines anderen, die nach einem feurigen Sprühen in
einem abgebrannten Stab erlischt. Wer immer selbstlos handelt, ist in der Tat sein Selbst los.

Nur wenn Sie sich bewusst entschieden haben, einem
Menschen zu helfen, dann handeln Sie mit ganzem Herzen
und mit all Ihren Möglichkeiten. Aber nicht unter Aufopfe-
rung Ihres Selbst, sondern mit aller Kraft Ihres Seins.

Psychopathen dagegen haben keine Grenze, sie sind eine
Grenze. Ihr Motto lautet: Wenn jeder für sich selbst sorgt, ist
doch für alle gesorgt. Ihre Pläne sind grausam, unbarmherzig,
gefühllos und zielorientiert. Sie müssen diese Schiene verfolgen; es geht immer und bei jeder Kleinigkeit um Gewinnen
und Verlieren, schwarz oder weiß – dazwischen gibt es nichts.
Am allerwenigsten Gemeinsamkeit, Zugeständnisse usw.
Deshalb lohnt sich bei solch einem Partner eine stabile, konsequente Haltung nicht nur, sie ist vielmehr Pflicht. Beginnen
Sie Schritt für Schritt mit kleinen Übungen und nehmen Sie
immer größere Herausforderungen an. Sie werden an meine
Worte denken: Es fühlt sich großartig an, für sich einzuste-

hen. Wir müssen unser Ziel festlegen, unbeirrt darauf zu-schreiten und bereit sein, es zu verteidigen. Das fordern uns Psychopathen uneingeschränkt ab. Alles andere wäre nicht mehr, als wenn ein Hund den Mond anbellt.

Ihr Fleiß wird Sie belohnen. Denn nur durch wirksame und unantastbare Grenzen schützen Sie Ihr Leben vor Ausbeutung und Gewalt. Unterstützend sollten Sie sich immer wieder Folgendes verinnerlichen:

→ Solange Sie nichts verändern, werden Sie in der Opferfalle gefangen bleiben.
→ Es gibt kein Happy End.
→ Es läuft immer auf eine Trennung hinaus.

In der Umsetzung bedeutet das:
→ Schenken Sie nicht mehr das geringste Entgegenkommen.
→ Gewähren Sie auch keine kleinen Erleichterungen.
→ Lassen Sie keine Entschuldigungen oder Erklärungen für seine Angriffe gelten.
→ Rechtfertigen Sie sich nicht.
→ Verzichten Sie auf jede Aufmerksamkeit, und werden Sie zunehmend unerreichbar.

Fazit:

Wer nicht handelt, der wird behandelt.

Reflexion:

Bei welchen Menschen fehlt es Ihnen an Abgrenzung? In welchen Situationen bluten Sie aus? Mangelt es Ihnen dabei an Überzeugung oder an Mut? Welche Grenzen benötigen Sie unbedingt?

So kommunizieren Sie mit Psychopathen

Wie können also Auseinandersetzungen mit Individuen, die immer recht haben möchten, keine Wertschätzung kennen und uns verletzen wollen, einigermaßen erfolgreich geführt werden?

Das Grundlegende wird zunächst sein, den Begriff „Erfolg" neu zu definieren. Da Sie Dialoge mit Psychopathen nicht mit gewöhnlicher Kommunikation vergleichen dürfen, muss auch die Zielsetzung eine ganz andere sein. Hier geht es nicht mehr darum, verstanden zu werden, sondern ausschließlich darum, Ihre Ziele und Vorstellungen zu artikulieren. Und zwar vollkommen losgelöst von der Hoffnung auf Zustimmung.

Sie wissen, ein psychopathischer Mensch agiert entweder verführerisch, manipulativ, geringschätzig, gleichgültig, aggressiv usw., auf keinen Fall jedoch aufgeschlossen und authentisch. Sehr vielversprechend scheint es deshalb, dass Sie die Führung übernehmen, ihn da abholen, wo er gerade steht, und ihn in eine andere Bahn lenken. Auf diese Weise tun Sie nicht nur sich einen Gefallen, sondern auch ihm selbst.

Infame Angriffe gehören zu seiner Struktur. Dadurch will er seine Größe demonstrieren oder seinem inneren Chaos entfliehen. Das will er erreichen, indem er die Schwächen und Ängste seines Gegenübers ans Licht zu zerren versucht. Doch Vorsicht: Reagieren Sie nicht ebenfalls aggressiv, und versuchen Sie ebenso wenig, auf seine Anschuldigungen erklärend einzugehen. Wenn Ihr Partner bewusst die sachliche Ebene verlässt, dann möchte er sich an Ihnen abreagieren und wird nicht für konstruktive Gedanken offen sein. Mit diesem Verhalten versucht er, seine Minderwertigkeitsgefühle zu kompensieren. Wenn er sich also stark in seinen eigenen Emotionen verheddert hat, kann er sich nicht mehr strukturieren.

Gehen Sie also nie auf den Inhalt seiner Anschuldigungen ein. Je länger Sie in solch einer destruktiven Beziehung leben, desto häufiger haben Sie die Erfahrung gemacht, dass es überhaupt nichts bringt, auf irgendeinen Gedanken konstruktiv einzugehen, denn:

Es sind kranke Menschen mit kranken Gedanken,
einem kranken Wertesystem und
kranken Handlungen.

Verlegen Sie sich deshalb besser auf eine Kommunikationsebene, die Sie so gut wie möglich schützt. Alles andere wäre vergeudete Mühe. Sie wissen im Grunde, was er wann benötigt. Manches Mal möchte er Ihnen beweisen, wie klug er ist, ein anderes Mal möchte er Sie einfach nur verletzen oder er möchte nur recht haben, bewundert werden usw. Doch ganz gleich, was ihn bewegt, lernen Sie, bei sich zu bleiben.

Kaufen Sie ihm den Schneid nicht ab, werden Sie am Ende für seine Angriffe auch noch zum Sündenbock gemacht. Dann heißt es schnell:

„Du bist selbst schuld, dass man mit dir so reden
muss."

„Hättest du nicht dieses und jenes getan, müsste ich mich nicht aufregen."

„Du kapierst doch sowieso nichts." Usw.

Die einzige Chance, die Sie in der Kommunikation mit solchen Menschen haben, ist also, selbst die Verantwortung für sich zu übernehmen. Das ist natürlich ein langer Prozess und gelingt deshalb nur schrittweise und nicht von heute auf morgen. Aber es ist der einzige Weg, wenn Sie nicht in einer Sackgasse enden möchten.

Sehr wahrscheinlich ist also, dass Sie immer wieder überraschend in unschöne Auseinandersetzungen hineingezogen oder mit massiven Vorwürfen angegriffen werden. Sie müssen sich jedoch nicht zu jedem Zeitpunkt dafür zur Verfügung stellen. Zunächst könnten Sie sich mit den nachfolgenden und in der Praxis bewährten Reaktionen aus der Affäre ziehen. Wählen Sie je nach Situation und Ihren eigenen Möglichkeiten das Passende für sich aus.

Variante: Böse Angriffe parieren

Sie möchten auf elegante Art und Weise und souverän auf Angriffe reagieren? Es trifft Ihren Partner hart, wenn er Sie nicht mehr emotional erreichen und Ihnen keine Angst mehr machen oder Schmerz zufügen und Erfolg davontragen kann. Folgende Beispiele können als Anregung dienen.

Psychopath: „Du wirst auch von Tag zu Tag fetter und unansehnlicher."

Reaktion: „Danke, dass dir mein Aussehen wichtig ist. Ich weiß das zu schätzen."

Psychopath: „Du bist ja psychisch krank."

Reaktion: „Danke, dass du dir über meine Gesundheit Gedanken machst. Das bedeutet mir viel."

Psychopath: „Warum hast du das Telefon nicht abgenommen?

Reaktion: „Ich freue mich, dass ich dir so wichtig bin. Das beruhigt mich. Aber dennoch bin ich es nicht wert, dass du mir so viel Aufmerksamkeit schenkst."

Psychopath:	„Wenn ich morgen nicht meine Tochter abholen kann, ist etwas los. Das kann ich dir versichern."
Reaktion:	„Ich schätze sehr an dir, dass dir unsere Tochter so viel bedeutet. Ich bedaure es, dass unsere Pläne keinen Spielraum für Änderungen bieten."
Psychopath:	„Ehevertrag hin oder her. Mein Anwalt wird ihn anfechten."
Reaktion:	„Ich bewundere deinen Kampfgeist, der dich bis heute auch in aussichtslosen Situationen nie verlassen hat."

Variante: Mit Feststellungen arbeiten

Sie können auch kurz und schmerzfrei mit einfachen Feststellungen bzw. Interpretationen auf Verletzungen agieren. Auch dieses Verhalten ist sehr elegant und hat gleichermaßen eine Aura der Unantastbarkeit.

Psychopath:	„Mit dir muss man sich schämen."
Reaktion:	„Ich verstehe, ich werde deinen Anforderungen nicht gerecht."
Psychopath:	„Du bist einfach nur dumm."
Reaktion:	„Mir ist klar, dass ich deinem Bild nicht entspreche."
Psychopath:	„Wie konnte ich nur den Fehler machen, dich zu heiraten."
Reaktion:	„Du hast recht. Wir haben unterschiedliche Vorstellungen von Partnerschaft."

Psychopath: „Du bist zu blöd, um die Kinder zu erziehen."
Reaktion: „Ich weiß um unsere unterschiedlichen Auffas-
             sungen."

Psychopath: „Du bringst nichts auf die Reihe."
Reaktion: „Ich weiß um deine Geduld mit mir."

Variante: Mit leeren Aussagen dominieren

Sie können auch sehr gut mit nichtssagenden Bemerkungen
agieren, was er in aller Regel nicht merken wird, und die Situation damit sogar deeskalieren:

> „Ich verstehe, was du sagst."
> „Ich kann mir vorstellen, dass dir das wichtig
> ist."
> „Ich werde über deine Worte nachdenken."
> „Ich war mir nicht im Klaren darüber, dass dich
> das so beschäftigt."
> „So habe ich das noch gar nicht gesehen" usw.

Variante: Geschicktes Nachfragen

Diese Variante kann man in relativ harmlosen Situationen
einsetzen und sie eignet sich ebenfalls sehr gut zum Üben.
Sie wissen, dass psychopathische Charaktere über keine hohe
Sprachgenauigkeit verfügen, um feine Unterschiede zu erkennen. Allein die Tatsache, dass ihnen nicht widersprochen wird
und Sie sogar noch nachhaken, ist für sie schon ein Erfolg.

Eine weitere Unterstützung wäre, sie immer wieder bei ihrem Namen zu nennen. Dies gibt ihnen schon ein Gefühl von
Bedeutung. Zwei Situationen aus der Praxis sollen als Beispiel
dienen:

Psychopath:	„Du hast für alles Zeit, nur nicht für meine Bedürfnisse."
Reaktion:	„Jetzt bin ich überrascht, Peter. Hast du wirklich das Gefühl, dass mir deine Bedürfnisse nicht wichtig sind?"
Psychopath:	„Ja, das habe ich. Nie sind die Kleider im Schrank, die ich anziehen möchte. Ist es so schwierig, diese Kleinigkeit für mich zu erledigen?"
Reaktion:	„Ach, du hast gedacht, dass es ein Ausdruck von geringer Wertschätzung dir gegenüber ist, Peter? Da werde ich natürlich nach einer Lösung suchen."
Psychopath:	„Deine Freundinnen ticken nicht richtig."
Reaktion:	„Du interessierst dich für meine Freundinnen, Mike? Das hätte ich nicht gedacht."
Psychopath:	„Das tue ich auch nicht, aber eine intelligente Frau wie du gibt sich nicht mit solchen Leuten ab."
Reaktion:	„Das finde ich ja spannend, Mike, wie du über sie denkst. Auf diese Weise habe ich sie noch nie betrachtet. Bist du sicher, dass du dich nicht irrst?"

Dann wird er sich eine Weile darüber auslassen. Sehen Sie ihn einfach nur interessiert an, mehr nicht. Kommentieren Sie nichts mehr und bleiben Sie ganz bei sich. Sie können höchstens hin und wieder „ach" oder „wirklich?" oder „im Ernst?" einstreuen. Am Ende seiner Ausschweifungen sollten Sie mit wichtiger Miene und einer nichtssagenden Bemerkung wie „das ist ja wirklich spannend, wie unterschiedlich wir die Welt um uns herum wahrnehmen" die Sache beenden und sich zurückziehen. Er wird sich höchstwahrscheinlich durch die Aufmerksamkeit, die ihm zuteil geworden ist, etwas beruhigt haben.

Variante: Lob und Aufmerksamkeit

Diese Variante eignet sich besonders, wenn Sie sich vor klaren Aussagen fürchten oder Gefallen daran finden, ein eigenes Spiel zu eröffnen. Wir berücksichtigen dabei wieder, dass es den psychopathischen Charakteren außerordentlich wichtig ist, eine starke Wirkung auf andere Menschen zu haben. Dieser Umstand macht sie verletzlich und angreifbar und so können Sie durch eine List seine bösen Pläne vereiteln und manche Attacken zurückweisen.

Formulieren Sie etwa so:

> „Ich fühle mich gerade nicht so aufgeräumt, um auf dich einzugehen. Deshalb komme ich später auf dein Anliegen zurück. Du hast es nämlich verdient, meine ganze Aufmerksamkeit zu erhalten."
> Oder:
> „Du bist selbst viel zu klug, um nicht zu wissen, dass so impulsive Gefühle, wie du sie gerade verspürst, keine sachliche Auseinandersetzung ermöglichen. Ich möchte dich davor bewahren, ein Verhalten zu zeigen, das dich später beschämen wird."

Eine Steigerung wäre, das versteckte Lob mit mehr Kritik zu verbinden Auf diese Weise können Sie sich nebenbei schon etwas Genugtuung verschaffen:

„Du bist nicht der Partner, der armselige Handlungen nötig hat. Warum bist du nicht stolz auf deine ganz besonderen Gaben? Warum vergisst du sie bei der kleinsten Aufregung? Wie wäre es, wenn du wieder Haltung annimmst und nicht emotional, sondern sachlich und gemäß deiner inneren Größe mit der Situation umgehst? Das bist du dir schließlich schuldig."

Oder:

„Höchstwahrscheinlich bin ich nicht die Frau, die zu dir passt. Trotzdem solltest du dich nicht so peinlich gehenlassen. Deine Freunde und deine Familie erwarten Größeres von dir. Aber vor allem du selbst solltest Größeres von dir erwarten. Was hat dich nur so hinuntergezogen? Wo ist der stolze Mensch, den ich so angebetet habe? Ist der jetzt für immer verschwunden?"

Oder:

„Größe allein nützt nichts, wenn man sich nicht auch in Disziplin übt. Ich möchte dich jetzt wirklich bitten, dich so zu verhalten, dass ich wieder zu dir aufschauen kann. Ich kann und will es nicht glauben, dass du so klein geworden bist. Bitte erklär' mir deine Ausrutscher."

Psychopathen werden ganz kirre, wenn sie sich zwischen ihrer Aggression und der Verlockung auf Bewunderung entscheiden müssen. Und das ist Ihre große Chance. Versuchen Sie es einmal. Es ist aber nur als Übergangslösung gedacht und nicht, um die Beziehung positiv aufzubauen. Es gibt keine Zukunft in einer solchen Beziehung. Ganz gleich wie man es dreht und wendet.

Variante: Angemessene Schärfe verwenden

„Ich sehe, dass du im Moment sehr aufgebracht bist. Aber ich kann dir leider nicht mehr den Gefallen tun, mich als Zielscheibe zur Verfügung zu stellen. Du findest sicherlich jemand anderen, an dem du deine Wut abreagieren kannst."

„Wenn du dich so gehenlässt, wirkst du sehr hässlich. So möchtest du bestimmt nicht von mir gesehen werden. Deshalb vertagen wir das lieber."

„Weißt du, ich habe viel über dich nachgedacht. Wenn du dich so gehenlässt, dann macht dich das so gewöhnlich. Das kann ich kaum ertragen, wo du doch so ein stolzer Mensch warst. Verschieben wir unser Gespräch besser auf einen anderen Zeitpunkt."

Variante: Therapeutisches Verhalten kopieren

Eine andere Möglichkeit, ihn aus der Fassung zu bringen, besteht darin, sich so zu verhalten, als wären Sie nicht sein Partner, sondern sein Therapeut. Das vermasselt ihm ganz und gar die Laune. Und anstelle einer weiteren „psychopathischen Zufuhr", die ihn emotional gestärkt hätte, wird er mit seinem Mangel in Verbindung gebracht. Das hält er nicht lange durch und er wird mehr und mehr Situationen vermeiden, die ihn innerlich derart schwächen. Schließlich sollen Sie das Opfer sein und nicht er.

Auf Angriffe gegen Ihre Person könnten Sie, als hätte er nichts Derartiges gesagt, mit besorgtem Blick, ruhiger

Körperhaltung und innerlich gespielter Überlegenheit ganz ruhig kontern. Sie werden sozusagen zum unbeteiligten Betrachter:

> „Ich sehe, dass du sehr aufgewühlt bist. Möchtest du mit mir über deine Sorgen sprechen?"

> „Hast du schon einmal darüber nachgedacht, eine Therapie zu machen? Sie könnte dir helfen, dich emotional wieder zu stabilisieren."

> „Ich habe den Eindruck, du fällst dir selbst zur Last. Hast du vielleicht eine Idee, was dir helfen könnte?"

> „Du wirkst so zerrissen. Kann ich etwas für dich tun?"

> „Du bist so zappelig. Möchtest du vielleicht ein paar von meinem Beruhigungstropfen? Mir hatten sie früher sehr geholfen, wenn du so negativ warst. Soll ich sie für dich holen?"

> „Ich habe den Eindruck, dass sich deine Angriffsmuster gegen dich selbst gerichtet haben. Du solltest da noch einmal genauer hinschauen. Ich mache mir langsam große Sorgen um dich."

> „Du stehst vollkommen neben dir. Soll ich vielleicht einen Freund von dir benachrichtigen, dass er dich abholt? In diesem Zustand kannst du doch nicht mehr fahren."

Variante: Ignorieren

Wer mit dem Üben fortgeschritten ist, der kann möglicherweise eine ignorante Haltung einnehmen. Für psychopathische Menschen ist es kaum auszuhalten, wenn sie wie Luft behandelt werden. Das lässt sich nicht mit ihrer krankhaften Ich-Wichtigkeit und Dominanz vereinbaren. Und sie verlieren ein sehr wesentliches Machtinstrument, nämlich die Kontrolle über ihren Partner. Gerade über Angriffe und Streit kann man die Gefühlswelt eines anderen sehr stark kontrollieren. Wenn man weiß, wie man andere mit Angriffen oder Beleidigungen aus der Reserve locken kann, hat man sie am Haken. Das geht bei Desinteresse nicht, und so bieten Sie keine Angriffsfläche. Die Umsetzung würde bedeuten, dass Sie ihn sprechen lassen, was er möchte, und sich weiter auf Ihre Tätigkeit konzentrieren. Nach einer angemessenen Zeit können Sie ihn beiläufig anschauen und teilnahmslos sagen:

> „Du musst mir nichts erklären. Du darfst tun, was du möchtest, aber ich kann jetzt nicht daran teilhaben. Ich bin gerade anderweitig beschäftigt."

> „Vergiss deinen Gedanken nicht, du kannst mich ja bei Gelegenheit noch einmal ansprechen. Ich muss mich gerade konzentrieren."

> „Was ich gestern gemacht habe? Es war zu langweilig, um dich damit zu belästigen."

Eine einzige Aktion nützt natürlich nicht viel. Aber als dauerhafte Strategie ist sie sehr Erfolg versprechend.

Variante: Den Spiegel vorhalten

Wir gehen wieder von verbalen Angriffen seitens des Psychopathen aus. Wiederum können Sie erfolgreich mit Fragen arbeiten, aber nun mit solchen, die ihn auf sich selbst zurückwerfen. Das treibt ihn in die Enge und greift sein vermeintliches Ehrgefühl an. Er wird zwar ärgerlich, aber er wird am Gespräch nicht festhalten und von sich aus schnell das Weite suchen, wenn Sie beharrlich am Ball bleiben. Verlassen Sie also die Ebene, auf der er kommuniziert, und eröffnen Sie eine ganz neue Baustelle. Ich habe Ihnen weiter unten ein paar bewährte Empfehlungen aufgelistet, aber bestimmt haben Sie auch genügend eigene Ideen. Schließlich kennen Sie seine Schwachstellen besser als jeder andere. Achten Sie auf Ihren Ausdruck. Er sollte scharf sein wie ein chirurgisches Skalpell:

> „Was möchtest du mir mit deinem Angriff beweisen? Dass du besser bist, dass du stärker bist, dass du recht hast? Möchtest du dir beweisen, dass du Macht über mich hast? Was immer dich quält, werde dir bewusst darüber. Denn es ist dein Mangel und nicht meiner."

> „Welche Sehnsucht verpackst du gerade in deiner Wut? Was brauchst du wirklich in diesem Moment? Bedeutung, Aufmerksamkeit oder Bewunderung? Spüre in dich, was dich wirklich umtreibt. Dann kann ich es dir vielleicht geben. Aber hör damit auf, dich selbst zu belügen."

> „Glaubst du wirklich, dass es dich stark macht, wenn du Unschuldige angreifst?"

„Meinst du, du kannst dir deine verlorene Ehre auf diese Weise zurückholen?"

„Bist du jetzt wirklich dazu bereit, mit deinem Verhalten ein weiteres Mal deine Ehre zu verlieren? Möchtest du denn nie wirklich lernen mit Niederlagen umzugehen und an ihnen zu wachsen, wie es große Menschen tun?"

„Warum möchtest du nicht lieber diejenigen angreifen, die dir deinen Schmerz zugefügt haben, anstatt einen peinlichen Stellvertreterkrieg zu führen? Wenn du möchtest, helfe ich dir dabei zu analysieren, warum du dich wehrlos fühlst. Vielleicht gelingt es dir ja dann doch noch, etwas Mut zu fassen."

„Ist dir nie der Gedanke gekommen, dass es deine Eltern waren, die dich so verletzlich und angreifbar gemacht haben? Und findest du es nicht geradezu grotesk, dass nicht sie, sondern ich die Verantwortung dafür übernehmen soll? Jedenfalls werde ich nicht länger ihre fehlgeschlagene Erziehung ausbaden."

Eine Steigerung wäre:

„Das verletzte Kind spricht aus dir. Versuche, erwachsen zu werden."

„Deine Worte sind gewaltig, doch deine Augen voller Panik. Das passt nicht zusammen."

„Angriffe und Gewalt sind die Mittel der Schwachen. Du ziehst gerade eine Waffe, die dein wahres Gesicht zeigt und die dich erniedrigt."

„Du möchtest dich stark fühlen, indem du andere erniedrigst. Glaubst du wirklich, dass das geht? Eine Lüge wird nicht zur Wahrheit, nur weil sie guttut."

„Nur weil ich mich lange nicht gewehrt habe, heißt das nicht, dass ich nicht schon immer deine Schwächen gesehen habe. Ich hatte Angst. Aber ich war nicht blind."

„Wie wäre es, wenn wir unsere Kommunikation auf eine höhere Ebene stellen und uns anstelle deiner aggressiven Angriffe mit Intellekt duellieren? Wenn du einen kleinen Ansatz von Einsicht in dir findest, dann kannst du mich wieder ansprechen. Bis dahin verschone mich mit deinen Minderwertigkeitsgefühlen."

Wenn Sie bereits bis hierher gegangen sind, dann können Sie sich langsam auf den letzten Schlag vorbereiten. Sie haben Ihre Entscheidung getroffen, es gibt kein Abweichen mehr. Die Botschaft könnte so aussehen:

„Wirst du noch einmal die Waffe gegen mich oder die Kinder ziehen, dann werde ich zum Kampf bereit sein. Ich habe uns mittlerweile ein enges Netz an Unterstützung durch Beratungsstellen, durch meinen Rechtsanwalt, therapeutischen Beistand, den Schutz durch die Polizei usw. aufgebaut. Du hast nicht nur einen Feind. Du wirst gegen eine Reihe von Profis antreten müssen. Mich allein konntest du lange Zeit erschrecken. Doch das ist jetzt vorbei. Und mein Team wird sich durch deine abgedroschenen Dressurmodelle nicht im Mindesten beeindrucken lassen. Überlege jeden weiteren Schritt genau. Ich habe ab jetzt eine starke Öffentlichkeit hinter mir stehen. Und am Ende wird sich zeigen, dass die Wahrheit stärker ist als deine Lügen."

Zusammenfassend gilt: Ganz gleich, welche Variante Sie wählen, Sie sollten sich danach immer zurückziehen, damit Sie auch wirklich das letzte Wort hatten, das den Angriff beendet. Nun haben Sie Zeit gewonnen, um Ihr weiteres Vorgehen gezielt zu organisieren. Der erste Schritt ist also, dass Sie uneingeschränkt anerkennen, dass jeder Dialog Ihres Partners nur um seiner eigenen Interessen willen geführt wird und Sie nichts von ihm zu erwarten haben. Sollte dennoch eine Anpassungsleistung von ihm erbracht werden, ist dies lediglich als Schachzug zu werten und nicht als echtes Entgegenkommen. Deshalb kann es nie darum gehen, über das Gesagte viel nachzudenken, Widersprüche zu suchen usw. Lernen Sie, seine Gedanken zu ignorieren und ihnen die Bedeutung zu verleihen, die ihnen gebührt – nämlich keine. Wir reden hier von schwer gestörten Persönlichkeiten, die keine gesunden Beziehungen gestalten können, aber dafür mit regelrechten Wahnvorstellungen ihre Mitmenschen quälen.

Sie alleine müssen sich im Klaren darüber sein, was sich für Sie richtig oder falsch anfühlt, wohin Ihr Weg Sie führen soll, was Sie einsetzen und was Sie vermeiden müssen. Klar

ist in jedem Fall, dass Ihr Partner es nicht erfrischend findet, wenn ihm die Lust am Dialog, also eines seiner Spezialgebiete, verwehrt bleibt und ihm die Möglichkeit eines Vorteils genommen wird. Aber Sie haben nichts zu verlieren.

Solange Sie seine Aussagen, Bekundungen, Drohungen, Verführungen oder was auch immer noch in irgendeiner Weise ernst nehmen, so lange bleiben Sie in seinem geistigen Bann gefangen und kommunizieren mit seiner Krankheit. Jeder noch so kleine Versuch, gedanklich darauf einzusteigen, wäre schon zum Scheitern verurteilt, bevor Sie auch nur einen Satz begonnen hätten. Auf diese Weise verlieren Sie nur Ihre Kraft, die Sie an anderer Stelle dringend benötigen.

Hinzu kommt: Wer sich über längere Zeit mit diesen gedanklichen Entgleisungen und Widersprüchlichkeiten seines Partners konfrontiert sieht, verliert nicht selten sein gesundes Urteilsvermögen und identifiziert sich am Ende noch mit dessen haltlosen Vorwürfen. Also nehmen Sie das Gesagte keinesfalls mehr für bare Münze. Er ist krank, und Sie möchten gesund bleiben oder müssen Ihre Gesundheit möglicherweise sogar erst wieder herstellen.

Fazit:

Handeln Sie klug und vorausschauend, aber tragen Sie nicht unbedacht Ihr Herz auf der Zunge.

Reflexion:

Auf welches Wunder warten Sie immer noch in der Kommunikation? Respektiert zu werden, verstanden zu werden, dass er sich ändert? Wie können Sie sich respektieren, wertschätzen und verbessern?

Peinlichkeiten in der Öffentlichkeit

Zum Schluss möchte ich noch eine weitere psychopathische Schwachstelle aufgreifen: Immer wieder kommt es mit diesen Individuen zu Peinlichkeiten in der Öffentlichkeit. So berichten mir beispielsweise immer wieder Frauen mit psychopathischem Partner, dass er im Restaurant unverhohlen mit der Bedienung flirtet, was sie verletzt und demütigt. Möglicherweise tut er dies nur, um sich wichtig und den Partner eifersüchtig zu machen, aber auch nicht selten, weil er tatsächlich Begehrlichkeiten wecken möchte und bereits das nächste Abenteuer sucht.

Hier wären zwei mögliche und angemessene Reaktionen:

> „Ich sehe, du hast im Moment andere Bedürfnisse, als mir deine Aufmerksamkeit zu schenken. Ich möchte dir nicht im Weg stehen, aber mich auch nicht auf deine Ebene herablassen. Ich gebe dir deshalb die Freiheit, deinen Bedürfnissen nachzugehen. Und was meine Person betrifft, so bin ich mit meiner eigenen Gesellschaft bestens bedient."

Oder Sie wagen den offenen Dialog und rufen die Bedienung an den Tisch:

> „Mein Partner fühlt sich zu Ihnen hingezogen. Falls Sie sein Interesse erwidern, können Sie beide sich nach dem Essen gern näher kennenlernen. Doch zuvor gedenke ich, meine Mahlzeit in Ruhe einzunehmen. Können Sie das gewährleisten, denn mein Partner verfügt selbst nur über eine schwache Impulskontrolle?"

Das erzeugt zwar ein wenig Wind, aber es hat etwas und lässt Sie als absolut abgeklärt, souverän und unabhängig erscheinen. Das wird er nie vergessen und wird ihm großen Respekt vor Ihnen abnötigen. Und er wird nicht im Lokal zurückbleiben. Sobald er mit Ihnen allein auf der Straße oder im Auto ist, wird er versuchen, einen Rachefeldzug zu starten. Dem sollten Sie entgegenwirken, indem Sie noch im Lokal mit harter Stimme nachlegen. „Eins sollst du noch wissen: Du bist jedenfalls nicht mehr in der Position, um noch eine einzige Bemerkung zu dem peinlichen Vorfall zu machen. Du hast dein Pulver für die nächste Zeit verschossen. Bedenke das, bevor du noch einmal den Mund aufmachst."

Psychopathen versuchen sich ja bekanntlich damit Freiraum zu verschaffen, dass sie nach ihren Entgleisungen den Spieß herumdrehen und die Opfer angreifen. Diese Strategie beherrschen sie perfekt und sie wirkt nahezu immer. Aber sie wirkt auch im umgekehrten Fall. Sobald Sie ihm mit seinen eigenen Waffen den Schneid abkaufen, kommt er ins Schwanken und bricht in aller Regel ein. Das Beispiel kann man gut auf ähnliche Situationen übertragen. Bestimmt haben Sie dazu mehr Gelegenheit, als Ihnen lieb ist.

Eine andere Situation: Ihr Partner demütigt Sie beim Essen vor Freunden, Familie, Arbeitskollegen oder anderen Menschen. Auch hier gibt es Möglichkeiten, um ihn in die Schranken zu weisen. In Ihrer Stimme sollte dabei schon mehr als nur Entschlossenheit mitschwingen:

> „Ich muss mich leider für die schlechten Manieren meines Partners entschuldigen. Er weiß zuweilen nicht, was sich gehört. Bitte rechnen Sie es ihm nicht an."

Nach solch einem Satz ist erst einmal Stille am Tisch; man kann eine Stecknadel fallen hören und der Psychopath ist durch Ihre Schlagfertigkeit vollkommen aus der Bahn geworfen. Danach beginnen Sie mit irgendeiner Bemerkung ein unverbindliches Gespräch. Sie könnten jedoch noch weitergehen und eine Steigerung einbauen, indem Sie hinzufügen: „Mein Partner möchte sich jetzt lieber zurückziehen." Und das würde er spätestens dann tun, weil er diese Erniedrigung nicht ertragen kann. Denken Sie immer daran, dass diese Menschen keine Helden sind. Ihr Spezialgebiet ist der Angriff auf Wehrlose und Gutgläubige.

Die eigene Würde zurückholen

Eines der charakteristischsten Merkmale im Zusammenleben mit psychopathischen Charakteren ist, dass den meisten Opfern ihr Gefühl für die eigene Würde verloren geht und sie sich vor sich selbst schämen bzw. Aggressionen gegen sich entwickeln. Sie berichten traurig, dass sie noch nie im Leben so tief gesunken seien wie in der Abhängigkeit mit diesen Menschen. Eine Klientin drückte es so aus: „Ich habe mich in dieser Beziehung so erniedrigen lassen, dass sich das schlimme Gefühl in mir verfestigt hat, für immer schmutzig zu sein und ich mich nie mehr unschuldig fühlen kann. Selbst wenn diese Beziehung zu Ende ist, werde ich mich weiterhin dafür schämen."

Dazu möchte ich noch einmal ganz deutlich sagen, dass Sie Opfer und nicht Täter sind. Auch nicht sich selbst gegenüber. Wo immer Psychopathen auftreten, hinterlassen sie auf allen Ebenen ein Feld der Verwüstung – im Inneren der Menschen, in ihrem Leben und ihrer Umgebung. Da gibt es keine Ausnahmen.

Doch ganz gleich, was geschehen ist, am Ende kann es Ihnen niemand verwehren, sich Ihre Würde zurückzuholen. Das Wann und Wie ist gar nicht so wichtig. Ebenso wenig interessiert es uns, wie es bei dem Psychopathen ankommt. Was zählt ist nur, dass Sie bereit sind, für Ihre Erfahrung aufrecht einzustehen und sie weder kleinreden noch wegschieben oder verdrängen. Es ist eine Lebenserfahrung, die zu Ihnen gehört und die Sie durchlebt und reflektiert haben. Und das hat viel Mühe und Kraft gekostet. Und dass Sie ihm auf den Leim gegangen sind, heißt nicht, dass Sie naiv sind, sondern dass man eine derartige Persönlichkeitsstörung nicht auf den ersten Blick erkennen kann. Nun, da Sie all das wissen, können Sie Ihrem Psychopathen auch mit dieser Entschlossenheit entgegentreten. Jetzt oder später. Eben dann, wenn für Sie der richtige Zeitpunkt gekommen ist.

Sie können ihm schreiben oder sich ein paar entsprechende Worte zurechtlegen, falls Sie damit rechnen, ihm bei Gelegenheit zu begegnen. Das Ganze läuft bildlich gesprochen in vier Stufen ab:

→ Sich innerlich und äußerlich aufrichten.
→ Krönchen zurechtrücken.
→ Kommentar abgeben. Ein angemessener Kommentar (er sollte, um glaubhaft zu sein, auch den Schmerz bewusst ansprechen) könnte sinngemäß so aussehen:
  „Ich habe mit dir meine schlimmste Zeit durchlebt. Und ich muss gestehen, dass deine psychopathische Haltung mich hilflos gemacht hat. Ich hätte nie gedacht, dass ich so tief fallen kann. Doch diese Zeit ist vorbei. Ich habe mich mit deiner Struktur auseinandergesetzt und weiß, dass ich mich nicht schlecht fühlen muss, nur weil dir das Leben keine sozialen Kompetenzen geschenkt hat. Aber es gibt

Gerechtigkeit. Sie liegt darin, dass ich mich in dieser dunklen Zeit weiterentwickelt habe, während du dein Muster niemals verlassen kannst und verurteilt bist, für den Rest deines Daseins ein nutzloses, parasitäres und für deine Mitmenschen belastendes Leben zu führen. Doch wie dem auch sei, dir wünsche ich alles Gute und mir wünsche ich, dass wir uns nicht wiedersehen ..."

→ Umdrehen und weitergehen.

Damit haben Sie auf einen Schlag den Spieß wieder umgedreht. Es kommt nicht darauf an, was wir mitgemacht haben, sondern wie wir damit umgehen. Und wenn Sie sich dafür entscheiden, stolz hinauszugehen, dann sind Sie auch stolz. Ganz gleich, was andere denken. Aber die Botschaft kommt ganz sicher bei Ihrem Gegenüber an, auch wenn er es nicht zeigt. Denn für persönliche Niederlagen hat er feine Antennen.

Trennungen von psychopathischen Partnern

Wenn dir das Leben eine Zitrone schenkt,
mach Limonade draus.　　　　Volksmund

Ganz gleich, wie Sie es drehen und wenden – die Liaison mit einem Psychopathen läuft immer auf eine Trennung hinaus. Irgendwann kommt der Moment, wo Sie sich von ihm oder von sich selbst verabschieden müssen. Dazwischen gibt es nichts. Möglicherweise ist Ihnen diese Einsicht noch fremd oder Sie fühlen sich noch nicht in der Lage, ihn zu verlassen. Das ist natürlich möglich und wir kommen auf solche Situationen noch zu sprechen.

Beginnen wir nun mit konkreten Vorstellungen, wie sich eine Trennung vollziehen kann und was Sie zu erwarten haben. Bitte berücksichtigen Sie immer, dass es psychopathische Charaktere in vielerlei Abstufungen und Facetten gibt, weshalb nicht jeder zwingend mit dem Schlimmsten rechnen muss. Sehr vielen wird im Trennungsfall jedoch ein Ritt auf der Rasierklinge bevorstehen. Deshalb sollte man auf alles vorbereitet sein.

Sie beabsichtigen die Trennung

Sich von psychopathischen Partnern zu trennen, hat eine ganz eigene Dramaturgie, denn wir sprechen hier über Individuen, die bestrebt sind, das Leben anderer zu beherrschen. Sie werden ganz sicher nicht zusehen, wie sie selbst gedemütigt und bloßgestellt werden. Und verlassen zu werden kommt einer Demaskierung gleich, die unvermeidlich mit einer peinlichen Bloßstellung einhergeht. Sie allein sind jene, die andere zurücklassen, und das bekommen ihre Partner unmissverständlich zu spüren.

Bedenken Sie, welche Bedeutung andere Menschen für Psychopathen grundsätzlich haben. Der Partner ist das Eigentum, über das sie nach Belieben verfügen. Ein eigenständiger Rückzug würde ihren Machtanspruch vernichten. Stellen Sie es sich vielleicht so vor: Sie selbst würden auch nicht wenig staunen, wenn sich plötzlich Ihre Schrankwand bei Ihnen verabschieden und Ihnen sagen würde, dass sie entschlossen sei, in das Wohnzimmer Ihres Nachbars umzuziehen. So ungefähr fühlen sich Psychopathen in Anbetracht einer Trennung: Sie fühlen sich ihres Eigentums und ihres Rechts beraubt.

Mir sind mehrere Fälle bekannt, wo Scheidungsabsichten der Frauen von den psychopathischen Männern massiv torpediert wurden, obwohl sie ihrerseits an einer Trennungslösung mit größtmöglichen Vorteilen gearbeitet haben. Wieder sehen wir, dass selbst Geschehnisse, die ihren Absichten entgegenkommen, Trotzreaktionen und Rachegelüste hervorrufen, wenn sie nicht vom Psychopathen selbst inszeniert wurden.

Eine beliebte Vorgehensweise besteht darin, die Opfer dazu zu bewegen, in der Beziehung zu bleiben. Zu den einfachen Varianten gehören:

Die charmante Trickkiste

Je nach Veranlagung ihrer psychopathischen Struktur, greifen viele zunächst in die charmante Trickkiste und versuchen mit Reuebekundungen, Besserungsversprechen, Geschenken, Einladungen usw. Ihre Trennungsabsicht zu vereiteln.

Schuldgefühle erzeugen

Eine weitere und vielversprechende Methode liegt im Erwecken von Schuldgefühlen. Wenn dann Gewissensbisse auftreten, ruft das automatisch die Angst auf den Plan, Unrecht zu tun, sich zu irren, einem Unschuldigen Qualen zu bereiten und damit große Schuld auf sich zu laden. Das sogenannte Gewissen ist in solchen Fällen wohl unsere größte Schwachstelle überhaupt. Kein Wunder, dass diese unerschöpfliche Quelle sehr gern angezapft wird.

Mitleidsbekundungen

Auch Mitleid zu erheischen gehört zu den Spezialgebieten psychopathischer Charaktere. Viele können aus dem Stand heraus weinen und wie ein kleines Kind um Rettung flehen. Sie beklagen ihre seelischen Wunden, die ihnen so grausam in ihrer Kindheit zugefügt wurden und die sie veranlasst haben, sich so unmoralisch zu verhalten. Sie geloben Buße und Besserung und überrumpeln mit viel Leidenschaft und Hingabe ihre Partner. Empathische und empfindsame Menschen können sich gegen solche Schachzüge nur sehr schwer verschließen und drohen schnell einzubrechen. Die Psychopathen sind zunächst sehr zufrieden mit sich und dem Ergebnis. Durch ihre vorgetäuschte Trauer um ihr angeblich Liebstes haben sie echte Menschlichkeit vorgetäuscht.

Dennoch gilt: die Schmach, die sie sich kurzfristig auferlegt haben, muss wieder ausgeglichen werden. Das reuevolle Verhalten wird zwangsläufig ins Gegenteil umschlagen. Sie waren bereit, für ihre Zwecke eine Schlacht zu verlieren, aber keinesfalls den Krieg.

> **Reflexion:**
>
> Fühlen Sie sich schnell für die Gefühle Ihres Partners verantwortlich? Wenn ja, wie oft haben Sie Ihre Bedürfnisse dafür vernachlässigt? Hat Ihnen das letztendlich Glück beschert oder die Beziehung bereichert?

Selbstmorddrohungen

Selbstmorddrohungen sind ebenfalls ein gängiges Druckmittel. Auch hier wird wieder mit den Ängsten und Schuldgefühlen der Opfer gespielt. Doch eines können Sie mir glauben: Wirkliche psychopathische Charaktere gehören nicht zur Gruppe derer, die sich selbst das Leben nehmen. Ganz im Gegenteil. Sie möchten leben, und zwar grenzenlos. Außerdem haben sie große Angst vor dem Tod. Ganz gleich, ob sie an ein Leben nach dem Tod glauben oder nicht, ist der Tod für sie ein Schreckgespenst. Rechnen sie nämlich damit, dass das Leben nach dem Tod weitergeht, dann müssen sie davon ausgehen, dass sie, gemessen an unseren christlichen Werten, nicht zu jenen zählen, die Großes zu erwarten haben. Das ist sogar ihnen bewusst. Halten sie es aber für wahrscheinlich, dass der Tod das endgültige Erlöschen des eigenen Ichs bedeute, ist das ebenso erschreckend – wird doch ihr einmaliges und kostbares Ich einfach ausgelöscht sein. Die Sache ist also so oder so aussichtslos.

Gewaltandrohungen

Wesentlich schwieriger wird es, wenn Gewaltandrohungen bzw. reale Gewalt ins Spiel kommen.

Psychopathen, die ein hohes Gewaltpotenzial besitzen, und auch jene, die über weniger abrufbare romantische Ressourcen verfügen oder damit nicht zum gewünschten Ziel kommen, setzen auf aggressives Verhalten und handfeste Drohungen mit Verleumdungsklagen etc. Die Betroffenen nehmen sich das meist so sehr zu Herzen, dass sie regelrecht erstarren. Doch lassen Sie mich Ihnen versichern, dass Ihr Partner nur dann überlegen auftritt, wenn er selbst nichts zu befürchten hat. Muss er ernsthaft mit Konsequenzen rechnen, wird er seine vollmundig angekündigten Pläne schnell verwerfen. Die Drohkulisse bleibt zwar bestehen, umgesetzt wird aber nichts. Für den Psychopathen gilt auch hier wieder die einfache Regel: Sollte sein Handeln mehr Ärger als Gewinn bringen, wird er davon ablassen.

Wenn Sie Grund zur Besorgnis haben, dass Sie mit körperlicher Gewalt rechnen müssen, dann rate ich Ihnen dringend, zur Polizei zu gehen und sich informieren zu lassen. Mit dem dabei gewonnenen Wissen sollten Sie Ihren Tyrannen eindrucksvoll einschüchtern.

Aber wie immer gilt auch hier: Halbe Sachen nützen nichts. Machen Sie alles, was Sie tun müssen, richtig und konsequent oder gar nicht. Denn mit halbherzigen Aktionen schaden Sie sich mehr, als Sie sich nützen. Jede Ankündigung sollte konkret und umsetzbar sein. Ihr Partner muss wissen, dass Sie durchführen, was Sie ankündigen. Nur so wird er auch den gebotenen Respekt aufbringen und sich zwei Mal überlegen, was er tun wird und was nicht. Doch selbstverständlich gilt: Kündigen Sie Ihre Pläne nicht lange an. Starten Sie Überraschungsaktionen, mit denen er nicht rechnet und auf die er nicht vorbereitet ist. Und sorgen Sie dafür, dass Sie bei der Umsetzung nie allein sind. Lassen Sie sich von Freunden unterstützen oder buchen Sie z. B. für einen Auszug ein Umzugsunternehmen. Je mehr Menschen Sie umgeben, desto sicherer sind Sie und desto unsicherer wird Ihr Partner.

Eine Klientin, die damit rechnen musste, dass ihr Mann sie handgreiflich daran hindern würde, ihre Möbel und ihre persönlichen Sachen aus der gemeinsamen Wohnung zu räumen, hatte ihm am Vortag folgende Mail gesendet und mir erlaubt, sie zu drucken:

> „Ich hatte gestern Nachmittag auf dem Polizeipräsidium in Karlsruhe wegen deiner Gewaltabsichten einen Beratungstermin bei Herrn Oberwachtmeister [Vor- und Zuname]. Er ist der Beauftragte für das Gebiet ‚Gewalt im sozialen Nahraum‘. Ich habe ihm von deinem Vorhaben berichtet und mich informiert, wie ich mich schützen kann. Er hat zu meinem Anliegen ein Protokoll aufgenommen und mir versichert, dass mir im Akutfall sofortige Hilfe zuteil wird, und welche schmerzhaften Folgen es für dich haben würde. Wir haben vereinbart, dass ich mich morgen um 11.00 Uhr bei ihm telefonisch melde. Sollte der Anruf ausbleiben, wird er Kontakt zu mir aufnehmen und im Zweifelsfall im Haus erscheinen.“

Je nach Situation können Sie dann noch weitere Ankündigungen bzw. Interpretationen anfügen, die seine Angst vor einem Gesichtsverlust verstärken:

„Ich hoffe jedenfalls, dass du es dir nicht antun wirst, dass dich Polizeibeamte wie einen Verbrecher aus dem Haus abführen müssen. Mit diesem Gesichtsverlust müsstest du dein Leben lang klarkommen. Dann kannst du nur noch hoffen, dass du nie mehr einem unserer Nachbarn unter die Augen treten musst. Und was würden nur deine Bekannten und Kollegen sagen, wenn ihnen das zu Ohren käme? Und wie sehr würden alle, die dich ganz und gar nicht schätzen, und dir von Herzen eine Niederlage wünschen, triumphieren? Du würdest dich zum Gespött aller machen. Du weißt, dass sich so etwas herumspricht wie ein Lauffeuer. Also achte auf dich."

Es ist einfach so: Gesichtsverlust ist nun einmal ihre verwundbare Stelle. Und gegen die Polizei haben sie eine besondere Abneigung. Schließlich hat diese viele Befugnisse zum persönlichen Zugriff, Polizisten können aufgrund ihrer Position Verdächtige verwarnen oder festnehmen. Ein absolutes No-Go für kranke Individuen mit hochgradiger Herrschsucht.

Ich habe es so oft erlebt, dass solche „Kleinigkeiten" die großspurigen Gewaltandrohungen vollkommen ausgehebelt haben. Und nie habe ich davon erfahren, dass der Psychopath trotz Hinzuziehung der Polizei übergriffig geworden ist. Das sind feige Individuen, die mit Intrigen und Angst andere einschüchtern – aber immer so, dass sie keine Verantwortung dafür übernehmen müssen. Wichtig ist jedoch, dass Sie sich wirklich beraten lassen und bei der Polizei vorstellig geworden sind, damit Sie genaue Details, wie Name, Dienstgrad und Gesprächsinhalte vermitteln und damit das Signal setzen können, dass es ernst wird. Der Gewarnte weiß, dass er sich im Fall eines Angriffs nicht mit fadenscheinigen Ausreden, er hätte unerwartet die Kontrolle verloren, aus der Affäre ziehen kann, da die Behörde schon informiert war. Außerdem gibt Ihnen eine fachliche Beratung möglicherweise mehr Zuversicht für Ihr Vorhaben. Mehrere Klientinnen von mir haben sich nach einer Beratung wesentlich sicherer gefühlt, da sie einen persönlichen Ansprechpartner gefunden hatten, der bereit war, ihnen im Bedarfsfall beizustehen.

In der Regel hat jede größere Polizeidienststelle einen Beamten, der zum Thema „Gewalt im sozialen Nahraum" ausgebildet ist und Sie individuell beraten kann. Ist eine Gewaltandrohung konkret und liegt möglicherweise schon eine Anzeige von Ihnen vor, können Sie bei kritischen Aktionen, wie z. B. Auszug aus der gemeinsamen Wohnung, zu Ihrem Schutz von Polizeibeamten begleitet werden. Berichten Sie von der Vorgeschichte und zeichnen Sie ein detailliertes Bild von Ihrer Situation.

Ebenso kann Sie der Beamte dahingehend beraten, ab wann es angezeigt ist, ein Näherungsverbot (ist auch bei Stalking unverzichtbar) vom Gericht zu erwirken. Diese Verfügung kann sich auch auf E-Mails und Telefonate (privat und am Arbeitsplatz) erstrecken. Sollte der Partner sich dieser Anordnung auch nur geringfügig widersetzen, muss er mit saftigen Strafen rechnen. Je nach Schwere auch durchaus mit einer Haftstrafe.

Eine konsequente Zusammenarbeit mit der Behörde lohnt sich in jedem Fall. Nehmen Sie diese Möglichkeiten in Anspruch und zeigen Sie keine falsche Scheu. Es ist Ihr Recht und Ihre Pflicht, sich gegen Gewalt zur Wehr zu setzen. Eine andere Möglichkeit, sich um Hilfe zu bemühen, ist etwa eine Kontaktaufnahme zu Opferberatungsstellen oder Frauenhäusern.

Verleumdungen

Wenn sich Ihr Partner mit Verleumdungskampagnen zu rächen versucht, wird es sehr schwierig. Bis zu einem gewissen Teil werden Sie dies, falls Sie einen gemeinsamen Freundes- oder Bekanntenkreis haben, leider nicht verhindern können. Sollte es jedoch überhandnehmen und Sie befürchten müssen, Ihre besten Freunde zu verlieren, oder wenn Sie mit einem Auftritt Ihres psychopathischen Partners bei Ihrem Arbeitgeber rechnen müssen, dann würde ich Ihnen unbedingt zu einer juristischen Unterstützung raten. Denn hat sich Ihr kranker Partner mit seinen perversen Spielen erst einmal auf Sie eingeschossen, können Sie nicht damit rechnen, dass er einfach so wieder damit aufhört. Ich habe Ihnen einmal den Gesetzestext aus dem Strafgesetzbuch zum Thema Verleumdung eingefügt:

> Wer wider besseres Wissen in Beziehung auf einen anderen eine unwahre Tatsache behauptet oder verbreitet, welche denselben verächtlich zu machen oder in der öffentlichen Meinung herabzuwürdigen oder dessen Kredit zu gefährden geeignet ist, wird mit Freiheitsstrafe bis zu zwei Jahren oder mit Geldstrafe und, wenn die Tat öffentlich, in einer Versammlung oder durch Verbreiten von Schriften (§ 11 Abs. 3) begangen ist, mit Freiheitsstrafe bis zu fünf Jahren oder mit Geldstrafe bestraft.   § 187 StGB

Ganz ähnlich verhält es sich mit dem Tatbestand der üblen Nachrede:

> Wer in Beziehung auf einen anderen eine Tatsache behauptet oder verbreitet, welche denselben

verächtlich zu machen oder in der öffentlichen Meinung herabzuwürdigen geeignet ist, wird, wenn nicht diese Tatsache erweislich wahr ist, mit Freiheitsstrafe bis zu einem Jahr oder mit Geldstrafe und, wenn die Tat öffentlich oder durch Verbreiten von Schriften (§ 11 Abs. 3) begangen ist, mit Freiheitsstrafe bis zu zwei Jahren oder mit Geldstrafe bestraft. § 186 StGB

Informieren Sie Ihren Quälgeist ruhig, welche juristischen Folgen Verleumdungen und üble Nachrede für ihn haben werden und dass Sie nicht zögern, beim ersten Anzeichen einen Rechtsanwalt aufzusuchen und Strafanzeige zu stellen. Senden Sie diese Nachricht per Einschreiben. So fühlt er sich mehr beengt und weiß, dass er ab nun mit haltlosen Verleumdungen nicht mehr so einfach durchkommt. Noch besser wäre es, falls Sie es sich finanziell leisten können, ihn gleich durch ein Rechtsanwaltsschreiben in die Schranken weisen zu lassen.

Ganz schwierig wird es allerdings, wenn Verleumdungen in sozialen Netzwerken oder generell im Internet verbreitet werden. Je nachdem, wo sie auftauchen, ist es beinahe unmöglich zu beweisen, wer hinter diesen Aussagen steht. Vielleicht kann es im Einzelfall dennoch helfen, einen IT-Spezialisten oder eben einen Rechtsanwalt miteinzubeziehen.

Vandalismus

Nicht zu vergessen sind Vandalismus und Sachbeschädigungen, die natürlich grundsätzlich aus dem Hinterhalt kommen. Aber nicht immer kommen die Psychopathen dabei zum Ziel: Eine Klientin berichtete, dass ihr Ex-Partner ihre Hauswand nachts mit Beleidigungen vollgeschmiert hatte. Leider war er nicht klug genug, sich etwas Neues einfallen zu lassen. Er verlor sich wie immer in seinen gedanklich abgestandenen Textkonserven, die er außerdem auch per Mail und SMS unzählige Male zuvor verwendet hatte. Dies überzeugte die Staatsanwaltschaft, die eine Hausdurchsuchung anordnete. Nach wenigen Minuten konnte in der Garage die Sprühdose sichergestellt werden.

Erpressungen

Sieht Ihr Partner eine Möglichkeit, Sie zu erpressen, wird er nicht davor zurückschrecken. Psychopathische Menschen leben nie im Augenblick. Ihr ganzes Dasein ist eine einzige Inszenierung, die weit in die Zukunft gerichtet ist. So setzen etwa männliche Psychopathen erotische Aufnahmen wohlkalkuliert ein. Es ist eine Machtausübung der ganz abstoßenden Art, von ihren Partnerinnen erotische Bilder zu machen, um sie später damit unter Druck setzen zu können. Ein solcher Besitz kann unter Umständen für sie zu einem richtigen Goldesel werden. Aber glücklicherweise hat sich etwas für die Opfer geändert. So entschied das Oberlandesgericht Koblenz, dass Nacktfotos und andere erotische Aufnahmen, die in einer Partnerschaft entstanden sind, ein „Verfallsdatum" besitzen. Spätestens am Ende der Beziehung müssen verfängliche Aufnahmen zurückgegeben oder vernichtet werden.

Ich kann nur allen Lesern sehr ans Herz legen, generell darauf zu achten, dass sie sich anderen Menschen nicht vertrauensselig aussetzen und damit möglicherweise die Kontrolle über Ihre Intimsphäre verlieren. Ihr Partner kann Sie ja in echt bewundern. Das sollte ihm genügen. Und denken Sie daran, Ihr Computer kann jederzeit auch gehackt und ausspioniert werden. Lassen Sie es also nicht darauf ankommen.

Auf mögliche Erpressungen können Sie sich jedoch vorbereiten. Erinnern Sie sich an die Sprachaufzeichnungen, von denen ich im vorherigen Kapitel berichtet habe? Eine Beziehung
bringt nämlich automatisch mit sich, dass jeder etwas von seinem Partner weiß, das nicht für die Öffentlichkeit bestimmt
ist. Auf diese Weise werden auch Sie zum Geheimnisträger.
So kann Vertrautes, das er unbedarft ausgeplaudert hatte, Sie
unter Umständen einmal beschützen.

Eine pfiffige Klientin hatte beispielsweise die Gelegenheit
ergriffen und eine Menge TÜV-Plaketten, die ihr psychopathischer Partner in seiner Schreibtischschublade aufbewahr-
te, um sie nach und nach auf dem Schwarzmarkt zu verhö-
kern, fotografiert und zwei Bilder zum Beweis einbehalten.
Außerdem wusste sie, woher er die Plaketten hatte. Bei dem
ersten Erpressungsversuch wird sie ihm mitteilen, dass sie
nicht zögern wird, ihn und seine Kumpanen anzuzeigen.

Dem Partner einer anderen Klientin wurde für vier Wochen der Führerschein entzogen, was ihn nicht daran hinder-
te, als Selbstständiger weiterhin seine Kunden zu besuchen.
Sie fotografierte jeden Morgen, wie er in sein Auto stieg, und
am Abend kopierte sie die neuen Aufträge. Jeder Kunde hätte
bestätigt, dass er persönlich anwesend war. Das wird ihn im
Bedarfsfall stillhalten.

Einer anderen Frau bot sich eines Tages eine einmalige
Gelegenheit: Ihr Ex-Mann, ein Chirurg einer Universitätskli-
nik, war kokainabhängig, was er jedoch vehement bestritt. Als
sie einmal ihren Sohn nach dem Umgangswochenende abholte, fand sie ein Stückchen gerolltes Papier, mit welchem er
allem Anschein nach das Kokain geschnupft hatte. Sie steckte
es heimlich in ihre Tasche. Als er zum wiederholten Male un-
haltbare Forderungen stellte und bis zu deren Erfüllung die
Unterhaltszahlungen verweigerte, setzte sie ihn von ihrem

Fund in Kenntnis. Die Fingerabdrücke und Kokainreste dürften genügen, sagte sie, dass er seinen Arbeitsplatz und seinen Ruf verlieren würde. Zwei Tage später war das Geld auf dem Konto und von seinen Forderungen war keine Rede mehr.

Sie sitzen leider immer zwischen zwei Stühlen. Sie sollen nichts Unrechtes tun, können aber auf friedlichem Weg nicht beweisen, dass Sie ein Opfer von Gewalt geworden sind. Sobald Ihr Partner Sie erpresst, sollten Sie kämpfen. Und nichts wird Ihnen mehr helfen, als damit zu drohen, seine dunklen Geheimnisse ans Licht zu bringen.

Morddrohungen

Ganz krass und beängstigend wird es, wenn es um Morddrohungen geht, was leider keine Seltenheit ist. Wahrscheinlich ist es die aussichtsreichste Methode, einen Menschen seelisch in Ketten zu legen. Die ausgesprochenen Drohungen der Psychopathen beziehen sich meistens nicht nur auf den Partner, der sie verlassen möchte, sondern auch auf das gesamte familiäre Umfeld – auf die eigenen Kinder, die Eltern usw. Ich kann Betroffenen deshalb nur ans Herz legen, sich in solchen Fällen schnellstmöglich an die Polizei und an Opferberatungsstellen zu wenden. Sie bleiben ansonsten in einem ewigen Strudel von Ohnmacht und Angst gefangen und die Gewaltspirale dreht sich weiter ins Bodenlose. Auch hier müssen wir uns immer wieder vor Augen halten, dass Ihr Aggressor nichts tun wird, das ihm am Ende selbst schadet. Wirkliche Risiken einzugehen ist nicht seine Kragenweite. Er agiert vielmehr mit Intrigen und sucht sich Helfer, die sich für seine Belange einspannen lassen. Aber er bringt sich nicht ohne Weiteres in Gefahr, sein Leben im Gefängnis verbringen zu müssen. Er, der so groß über allen und allem zu stehen glaubt, möchte nicht als kleiner Häftling im Zuchthaus enden.

Hier stellt sich erneut die Frage, wie Sie diese Drohungen belegen können. Ich weiß von Betroffenen, die solche Telefonate oder Androhungen aufgenommen haben und bereit waren, diese bei der nächsten Einschüchterung bei der Polizei abzuspielen. Ich bin sicher, dass es Ihnen niemand übel nimmt, wenn Sie in Anbetracht einer Lebensbedrohung wichtige Schutzmaßnahmen ergreifen. Sie schenken Ihnen wenigstens Glauben bei der Polizei, Beratungsstellen, Freunden und Familie. Und es ist eines der wenigen Druckmittel, die Sie haben. Glauben Sie mir, das hilft. Es wäre eine große Schmach für die Psychopathen, wenn sie ihr Gesicht, das sie in ihrem Umfeld so achtsam pflegen, verlieren, und wenn die Polizei bei ihnen klingeln und sie zurechtweisen würde. Auch dazu gehört Kraft, die sie nicht besitzen. Bedenken Sie immer, sie haben es so gewollt. Und folglich müssen sie auch die Konsequenzen tragen.

Erwartungen erfüllen

Die aufgeführten Punkte sind die gebräuchlichsten Vorgehensvarianten von Psychopathen, wenn es darum geht, das Opfer unter Druck zu setzen.

Betroffene, die sich wehren, sind eher die Seltenheit. In der Regel glauben sie, dass sie am glimpflichsten aus der Situation herauskommen, wenn sie nur das Allernötigste beanspruchen. In der Realität heißt das, dass sie nicht selten auf Rentenansprüche verzichten, Schulden nicht einfordern, ihr Eigentum zurücklassen usw. Ihr einziges Ziel ist es, so schnell wie möglich aus dieser Situation herauszukommen, und sie glauben außerdem, dass sie ihrem Psychopathen mit ihrem rücksichtsvollen Verhalten beweisen, dass sie ihm nicht schaden und ihm die Trennung so leicht wie möglich machen möchten.

Aber was passiert wirklich, wenn ein Mensch mit dissozialer Persönlichkeit im Angesicht seiner Drohungen mit solchen gutgemeinten und devoten Verhaltensweisen konfrontiert wird? Ruft es in ihm Dankbarkeit hervor? Hat er Respekt vor rücksichtsvollen Menschen? Sieht er wirklich ein freundschaftliches Entgegenkommen?

Sie haben richtig geraten: ganz sicher nicht. Er spürt Ihre Angst wie ein Bluthund. Und Angst wird er ausnutzen. Ähnlich einem Erpresser, der immer wieder auf sein Opfer zurückkommt, wird auch er seine Ansprüche ins Maßlose schrauben. Und nach der Trennung, wenn er beinahe alles erhalten hat – nicht selten das Haus und das Vermögen und die Rente – kommt er wieder auf den Ex-Partner zurück und bedient sich weiter. Glauben Sie mir, ich kann die Ängste, die man vor diesen seelenlosen Individuen ausstehen muss, sehr gut nachvollziehen. Aber ihnen einen Finger zu reichen, bedeutet die ganze Hand zu verlieren. Ärger können Sie sich ohnehin nicht ersparen, die Herausforderung ist so oder so da und Leugnungsstrategien ändern nichts daran. Deshalb möchte ich allen Betroffenen, die ohnehin in einer Zwickmühle stecken und um ihre Rechte kämpfen müssen, empfehlen: Schützen Sie Ihr eigenes Leben. Verschenken Sie nicht Ihren Lebensunterhalt und das, was Ihnen zusteht. Ansonsten werden die Auswirkungen dieser Beziehung auch Ihre Zukunft massiv beeinträchtigen. Ich habe es etliche Male miterlebt, dass sie auf alles verzichtet haben und hinterher ein Leben mit großen Einschränkungen und Entbehrungen führen mussten. So war der Psychopath indirekt für immer allgegenwärtig.

Die Trennung vorbereiten

Erstellen Sie also sorgfältig einen strategischen Plan, der Ihren Kräften und Möglichkeiten entspricht. Schnellschüsse sind selten förderlich.

Ist Ihr Partner eher der manipulativen Schiene zuzuordnen, könnten Sie mit folgenden strategischen Schachzügen die bevorstehende Trennung im Vorfeld unterstützend beeinflussen und seinen Racheinstinkt einbremsen. Gehen wir also davon aus, dass er einer Beendigung der Beziehung nicht zustimmen wird, und Sie sich vor seiner Reaktion fürchten:

→ Zeigen Sie sich in seiner Gegenwart so unattraktiv wie möglich. Wenn es Ihnen nicht schwerfällt, dann tragen Sie sogar eine gewisse Vernachlässigung zur Schau. Wechseln Sie Ihre gute Garderobe, sobald Sie nach Hause kommen. Machen Sie sich zum hässlichen Entlein.

→ Zeigen Sie sich uninteressiert. Geben Sie sich also mehr und mehr gelangweilt, müde und nicht beeindruckbar. Vernachlässigen Sie seine Bedürfnisse und geben Sie vor, auch die eigenen aufgegeben zu haben. Vermeiden Sie persönliche Mitteilungen, aber vor allem Schuldzuweisungen. Vernachlässigen Sie alle Bereiche im Alltag, die ihm wichtig sind. Wenn er sich dann nicht mehr wahrgenommen fühlt, seine Bedürfnisse nicht mehr befriedigt werden und er obendrein nur noch Sätze hört wie:
„Ich kenne mich selbst nicht mehr",
„Warum lebe ich überhaupt noch?",
„Mir macht gar nichts mehr Freude",
„Mir ist nur noch zum Weinen zumute",
werden Sie zusehends unwichtiger für ihn und im günstigsten Fall sogar zum Klotz am Bein, dessen er sich schnellstmöglich entledigen möchte. Verdeutlichen Sie sich immer

wieder: Das Opfer ist der Wirt und der Psychopath der Parasit. Und sein Wirt muss ihn gut nähren können. Gehen Sie dann langsam noch einen Schritt weiter und bestätigen Sie ernsthaft seine bis dahin gegen Ihre Person gerichteten Diffamierungen und Beleidigungen:

„Du hast recht, ich bin nicht die Frau, die du verdient hast."
„Es stimmt, ich bin wirklich nur ein Mauerblümchen."
„Du bist wirklich eine Nummer zu groß für mich."
„Jetzt sehe ich, dass du recht hast. Das Schicksal hat dich wirklich mit mir bestraft." usw.

Was die Sache noch um vieles verstärkt: Schenken Sie ihm weiterhin nach und nach offiziell die Freiheiten, die er sich heimlich ohnehin genommen hat und von denen er weiß, dass Sie darunter sehr gelitten haben. Sie kennen ja seine Geheimnisse. Formulieren Sie sie nun in umgekehrter Weise als Lossprechung. Und wenn es um seine eigenen Interessen geht, wird er schnell annehmen, dass seine Attraktivität bei Ihnen am Nullpunkt angelangt ist. Das kann er schlecht aushalten. Sie könnten möglicherweise folgende Äußerungen bekunden:

> „Es tut mir leid, dass ich nicht die Frau bin, die du dir gewünscht hast. Ich gebe dich deshalb wieder frei. Du kannst mit wem immer du möchtest eine Beziehung beginnen."
> Oder:
> „Du musst dich nicht mehr an- und abmelden. Ich gebe dir deine Freiheit zurück, du kannst gehen, wann und wohin du willst. Du bist schließlich ein erwachsener Mensch und schuldest mir keine Rechenschaft."

Oder:

„Lass uns den gemeinsamen Urlaub absagen. Ich bin nicht in Stimmung. Du kennst bestimmt jemanden, der nichts lieber täte, als mit dir ein paar Tage zu verbringen."

Mit solchen und ähnlichen Bekundungen ersparen Sie ihm den Großteil eines schmerzhaften Gesichtsverlusts, den eine Trennung für ihn mit sich bringen würde. So kann er in seinem Bekanntenkreis immer noch vorgeben, dass es aufgrund Ihrer neuerlichen Gemütsschwankungen für die Beziehung keine Zukunft mehr gab.

Ein Wermutstropfen ist hierbei möglicherweise, dass manche Außenstehende wirklich daran glauben, dass Sie ein seelisches Tief oder eine Burnout-Phase durchleben. Den Preis wäre es allerdings wert. Die Menschen, mit denen er zusammen ist, dürfen Sie ohnehin nicht mehr zu Ihren Freunden zählen.

Sollten Sie jedoch seine ganze Lebensader sein, etwa weil Sie vermögend sind und er keinen Job und kein Geld hat, wird er natürlich mit diesem Vorgehen nicht die Waffen strecken. Das versteht sich von selbst.

Weitere Aspekte im Vorfeld der Trennung

Es gibt über das direkte Umgehen mit dem psychopatischen Partner hinaus noch eine ganze Reihe von Faktoren, die Sie vor der Trennung in Ihre Überlegungen miteinbeziehen müssen:

→ Haben Sie nur ein gemeinsames Konto? Dann sollten Sie schon vorher ein eigenes Konto auf einer anderen Bank einrichten und die notwendigen Umstrukturierungen vornehmen.

→ Lassen Sie sich von einem Rechtsanwalt im Vorfeld über den Scheidungsablauf, Vermögensausgleich, Umgangsrecht der Kinder usw. beraten.

→ Wann informieren Sie ihn über den Auszug?

→ Falls Sie gemeinsame Kinder haben: Wann sprechen Sie mit ihnen über die bevorstehende Veränderung?

→ Wie gehen Sie bei einem gemeinsamen Mietvertrag vor?

→ Welche Freunde können Sie wann und wo unterstützen/ beschützen usw.?

→ Überdenken Sie seine Bestrafungsmuster und beugen Sie rechtzeitig vor. Erinnern Sie sich, wie er sich bei anderen Menschen gerächt und welche Strategien er gewählt hat. Sie müssen möglicherweise mit ähnlichen Bestrafungsaktionen rechnen. Wenn es Ihnen möglich ist, sprechen Sie ihn darauf an und teilen Sie ihm mit, dass Sie keinesfalls bereit sind, ähnliche Angriffe gegen Ihre Person ungeahndet hinzunehmen. Schreiben Sie eine Liste mit zu erwartenden Rachefeldzügen und gehen Sie diese mit ihm durch. Dann weiß er, dass Sie im entscheidenden Moment sein Vorhaben vereiteln würden.

In sehr schwierigen und hoch konflikthaften Beziehungen wäre es hilfreich, das ganze Programm mit Beratung durch den Rechtsanwalt, Begleitung beim Auszug, evtl. Anmeldung im Frauenhaus, Polizeischutz usw. anzudenken.

Nun haben wir uns mit vielen möglichen Szenarien auseinandergesetzt. Als Hoffnungsschimmer möchte ich noch Heides Geschichte wiedergeben, die Ihnen zeigt, wie schnell sich einer der gewaltbereiten Tyrannen einschüchtern lässt. Als ich mit Heide zu arbeiten begann, konnte sie kaum glauben, dass es so „einfach" werden könnte, die Trennung zu vollziehen.

„Fast 30 Jahre habe ich mit einem Psychopathen der heftigen Sorte verbracht, war 24 Jahre mit ihm verheiratet und habe zwei Kinder mit ihm. Es waren 30 Jahre geprägt von Abwertung, Demütigung, Aggression und seelischer, mitunter auch körperlicher Gewalt. Zweimal in dieser langen Zeit bin ich schwer krank gewesen, einmal habe ich nur knapp überlebt. Durchgehalten habe ich all die Jahre und beständig mehr und mehr Verantwortung übernommen, weil ich dadurch hoffte, dass er endlich zufrieden und dann alles besser werden würde.

Erst sehr spät habe ich überhaupt verstanden, dass diese fürchterlichen Wutausbrüche, die Abwertung und Demütigung Ausdruck einer wirklich schweren Persönlichkeitsstörung sind. Und dass solche Psychopathen keinerlei Skrupel haben und alles tun, um ihre Ziele zu erreichen, ihre Macht auszuüben. Da ist jedes Mittel recht. Mein Mann log nicht einfach – er war die Lüge in Person, und das Einzige, was er wirklich meisterhaft beherrschte, war die Manipulation. Und ich hatte wahnsinnige Angst vor ihm.

Trotzdem wurde mir klar, dass ich mich von ihm trennen musste, wenn ich das Ganze überleben wollte! Ich wartete weitere eineinhalb Jahre, bis die Kinder ihren Schulabschluss hatten, denn ich war immer der Puffer zwischen den Kindern und ihrem Vater. Ein riesiges Geschenk des Lebens waren das Buch von Bärbel Mechler ‚Von Psychopathen umgeben‘ und die grandiosen und unterstützenden Gespräche mit dieser wunderbaren Frau.

Nach und nach verstand ich, was mein Handlungsspielraum war und dass ich überhaupt einen habe. Ich erkannte, dass ich zunächst einmal selber aus der Opferrolle heraus musste. Den Satz ‚Ich stehe als Opfer nicht mehr zur Verfügung' habe ich mir innerlich Hunderte Male gesagt. Ich ging zur Polizei und ließ mich beraten, einer meiner schwersten Gänge. Ich holte mir anwaltliche Unterstützung und ich suchte nach einer Wohnung für die Kinder und mich.

Mit Frau Mechler zusammen entwickelte ich den Text des Trennungsbriefes, den ich meinem Mann schließlich auf den Schreibtisch legte. In diesem Brief teilte ich ihm den Trennungszeitpunkt mit und dass ich mich sowohl anwaltlich als auch polizeilich beraten lassen hatte. Die nächste Eskalation würde daher diesmal dazu führen, dass ich definitiv die Polizei verständigen würde, und der Polizist hätte gesagt, dass Beleidigung bereits reichte und sie kommen würden. Und dann geschah das Unfassbare: Mein Mann stimmte allem zu, selbst der Kündigung des gemeinsamen Mietvertrages, wenn ich nur nicht die Polizei holen würde.

Heute wohne ich alleine in einer hübschen Wohnung, die Kinder sind unterdessen ausgezogen. Und ich wache noch immer jeden Morgen mit dem Gefühl der Freude auf, keine weiteren Attacken mehr aushalten zu müssen.

Leider manipuliert mein Ex-Mann noch immer beide fast erwachsenen Söhne und setzt sie skrupellos als Waffe gegen mich ein, was noch eine erhebliche Herausforderung für mich darstellt. Aber auch hier verliert er mehr und mehr seine Macht. Ich kann nur Mut machen, den Psychopathen zu demaskieren! Der Zuwachs an gutem Lebensgefühl, Schönheit, Kraft und Lebensfreude ist enorm, und auch der Blick auf die eigene große seelische Stärke, das alles so lange getragen zu haben.

Übrigens habe ich ihn kürzlich nach dem Trennungsjahr zum ersten Mal wieder bei unserem Scheidungstermin gesehen. Und Ich dachte, mich trifft der Schlag. Das war nicht der Mann, den ich kannte und vor dem ich mich so fürchtete. Er schien in sich zusammengefallen zu sein, wirkte dunkel und depressiv. Da wurde mir wie nie zuvor klar: Er war nie stark. Es war meine Gefügigkeit, die ihm seine eingebildete Autorität ermöglicht hatte. Denn ich habe das Geld verdient, die Kinder erzogen, den Haushalt geführt und alle Verantwortung getragen, während er die meiste Zeit im Bett verbracht hatte, anstatt sich nützlich zu machen. Ohne mich war er ein Nichts. Ein trauriger, armseliger Wurm."

Fazit:

Die Trennung ist eine Zeit der Verletzlichkeit. Aber sie ist auch der Weg zurück ins Leben.

Wenn Trennung noch nicht realisierbar ist

Einem Außenstehenden fällt es nicht schwer zu beurteilen, dass für ein glückliches und unbelastetes Leben eine Trennung von solch einem Menschen, zumindest langfristig betrachtet, unvermeidbar ist. Doch gibt es für Betroffene sehr unterschiedliche Gründe, diesen letzten Schritt hinauszuzögern oder sogar zu fürchten. So muss letztendlich jeder für sich selbst entscheiden, wie lange er seine Beziehung mit einem psychopathischen Menschen weiterführen kann und möchte.

Bei vielen Partnern von Psychopathen ruft der Gedanke an eine Trennung die Einschätzung „schmerzhaft" bis „unmöglich" hervor, und das trotz all des Elends, das sie erfahren. Hier kann man die verinnerlichten Abhängigkeitsmuster deutlich erkennen. Sie tun sich schwer damit, ihren Traum vom idealen Menschen zu verwerfen, und halten hartnäckig an der Überzeugung fest, dass in ihm doch noch ein guter Kern steckt. Wen wundert es, denn nichts kann diese Spezies bekanntlich besser, als in die Seelen der Menschen zu flüstern, Luftschlösser zu bauen und Abhängigkeitsgefühle zu erzeugen. Und diese Träume wirken selbst dann noch, wenn der Alltag eine ganz andere Sprache spricht. Zu sehr sind die Opfer durch die einstige Umwerbung ergriffen, als dass sie so einfach ihre Illusion vom vollkommenen Glück wieder aufgeben könnten. Und zu tief war die wundervolle Erfahrung, angeblich erkannt zu werden und für einen anderen Menschen einmalig zu sein. Sie haben es bereits weiter vorn im Buch gelesen.

Deshalb werde ich oft gefragt, ob es nicht doch noch Lösungsansätze gibt, die Beziehungen zu retten und das Glück, das sie anfangs erfahren haben, wieder neu zu beleben. Wenn es in meiner Macht läge, Wunder zu bewirken, dann würde ich dies von Herzen gern tun. Doch kann sich leider nichts zum Guten wenden, weil nicht ein vorübergehender ungünstiger Umstand die Katastrophen herbeigeführt hat. Die Psychopathen haben nach der Eroberungsphase, nach der Heirat oder anderen für sie wichtigen Abschnitten mehr und mehr ihre Maske fallen lassen und ihren wahren Charakter gezeigt. Es liegt einfach nicht in ihrem Wesen zu lieben. Dieser Wahrheit muss man sich stellen, ganz gleich, wie sehr sie auch schmerzt.

Die logische und konsequente Folge wäre natürlich, die Trennung herbeizuführen. Doch wenn Emotionen, Glaubenssätze, Hoffnungen usw. sich dagegenstemmen, ist das eine schwer zu bewältigende Aufgabe.

Jedenfalls müssen Sie keine Trennung herbeiführen, wenn Sie sich innerlich dazu nicht imstande fühlen. Ich möchte nur bezweifeln, dass Sie mit der Entscheidung gegen eine Trennung glücklich werden. Wenn Sie sich also von Ihrem Partner noch nicht lösen können, wäre eine Möglichkeit, die verbleibende Zeit zu nutzen, um Ihr Bild der Wirklichkeit anzugleichen und sich selbst die Chance eines langsamen Rückzugs zu geben.

Nutzen Sie seine Gesellschaft, um mehr und mehr zu sehen, wie er ist, und zwar ohne rosarote Brille. Nehmen Sie seine Widersprüche ernsthafter zur Kenntnis, seine Ausreden, seine Lügen, seine psychische Gewalt. Achten Sie auf seine Körpersprache, seine Bewegungen und seine Stimme, wenn er mit Ihnen spricht. Und damit meine ich jetzt nicht die bewusst inszenierten Momente, wo er möglicherweise wieder seine Position festigen möchte und Sie dafür um den Finger zu wickeln versucht, sondern den Alltag.

Sprechen Sie mit ihm über seine Pläne und finden Sie heraus, wie stark er Sie darin ernsthaft eingebunden hat. Provozieren Sie immer wieder Reaktionen, die sein wahres Gesicht zeigen. Prägen Sie sich all sein Verhalten von Egozentrik und Abweisung ein. Legen Sie in Ihrem Computer ein Tagebuch an, wo Sie all Ihre Beobachtungen eintragen, um sich immer wieder von seinem Raster überzeugen zu können. So sterben Sie nach und nach viele kleine Tode, die Ihnen am Ende helfen, den großen Tod der Trennung nicht mehr zu fürchten. Und was Ihre eigene Person betrifft: Beginnen Sie schrittweise schon während der Beziehung so zu leben, als wären Sie allein. Treffen Sie Entscheidungen, als wären Sie in keiner Beziehung, bleiben Sie innerlich bei sich. Berechnen Sie Ihren Partner nicht mehr als Stütze ein. Teilen Sie sich nicht mehr mit und üben Sie sich darin, sich selbst Ihr bester Freund und Vertrauter zu sein. Verabreden Sie sich mit Freunden usw.

Wenn Sie langsam damit aufhören, ihm stets etwas Edles zu unterstellen und einfach nur die Fakten sprechen lassen, dann wird Ihr Blick geschulter und auch Ihr Herz wird auf Dauer leichter nachziehen. Erst wenn Sie völlig desillusioniert sind, kann der nötige Lebensimpuls erwachen, der Sie zu einer gesunden Entscheidung bewegen kann. Denn das Einzige, was schön an ihm war – mit Ausnahme seiner perfekten Maske am Anfang der Freundschaft –, war Ihre schöne Sicht der Dinge. Sie haben das Gute in ihm gesehen. Sie haben das Gute in die Beziehung eingebracht und Sie haben für Gemütlichkeit, Sicherheit und Stabilität gesorgt. Sie waren es, die die Emotionen gebracht hat. Alles Echte war in Wirklichkeit ohnehin immer nur von Ihnen. Er hatte sich dessen nur geschickt bedient, weshalb es Ihnen lange nicht auffiel, dass das, was Sie vermissen, größtenteils von Ihnen selbst beigesteuert worden war.

Natürlich gibt es unzählige Gründe, an einer destruktiven Beziehung festzuhalten. Beispielsweise die Angst vor Einsamkeit oder die Angst auf eigenen Füßen zu stehen usw. Stellen Sie sich Ihren Ängsten und arbeiten Sie sie mit therapeutischer Hilfe stufenweise ab. Ihr Leben ist zu schade und zu wertvoll, als es dauerhaft in Gefangenschaft zu verbringen.

Fazit:

Treten Sie innerlich zur Seite und betrachten Sie aus der Perspektive eines neutralen Beobachters ungeschönt die Maskerade Ihres Partners.

Wir Menschen fürchten uns so lange vor einer Veränderung, solange die Angst vor dem Neuen noch größer ist als der Schmerz, den wir aushalten müssen. Wir neigen von Natur aus dazu, den Weg des geringsten Widerstands zu gehen – doch die Entscheidungen, die wir auf diesem „einfachen Weg" treffen, sind oftmals ausschlaggebend dafür, dass wir nie wirklich glücklich werden können. Respektieren Sie Ihre Ängste durchaus, aber folgen Sie konsequent Ihrer Sehnsucht in ein besseres Leben. Es lohnt sich.

Zum Schluss möchte ich noch die Gruppe der Betroffenen erwähnen, die sich von ihrem Psychopathen in keiner Weise bedrängt, aber dafür ausgenutzt fühlen. Das sind meist jene Menschen, bei denen der Psychopath mir nichts, dir nichts eingezogen ist, die die Miete weiterhin allein bezahlen, die Wäsche waschen, den Einkauf tätigen, gemeinsame Besuche im Restaurant bezahlen usw. Auch diese ausgeplünderten Menschen neigen dazu, ihrer Einschätzung zu misstrauen und zweifeln an ihrer Wahrnehmung. Solchen Betroffenen rate ich, ihren Partner mit einer anderen Taktik herauszufordern: Drehen Sie den Spieß einfach um. Erläutern Sie ihm, dass Sie die ganze Zeit für alles aufgekommen sind, aber nicht möchten, dass er weiterhin wie ein Bittsteller vor Ihnen steht, da er auf diese Weise seine Ehre verlieren würde. Deshalb soll er nun für den gleichen Zeitraum alle Kosten und Tätigkeiten, die Sie bis dahin gestemmt haben, übernehmen.

Danach wollen Sie sich Geld und Aufgabengebiete teilen. Er wird Sie dann beschuldigen, geizig zu sein und Dinge aufzurechnen, die man nicht aufrechnen kann. Er wird Ihnen vorhalten, dass Sie eine armselige Anschauung besitzen und er es bedauert, dass Sie so tief gesunken sind usw. Psychopathische Charaktere haben außerdem das Gefühl, dass andere durch ihre bloße Gegenwart schon reich beschenkt sind. Und sie glauben folglich weiter, dass dieses Lohn genug sei.

Auf jeden Fall wird er keine Verantwortung übernehmen. Beginnen Sie deshalb gleich mit der Umsetzung, wo immer sie möglich ist: Kochen Sie nur noch für sich selbst, waschen und bügeln Sie seine Hemden und Hosen nicht mehr. Leihen Sie ihm den Wagen nicht mehr. Bestimmen Sie das Fernsehprogramm. Teilen Sie ihm mit, dass Sie sich mit Freundinnen über sein Verhalten beraten werden, um mehr Klarheit zu finden usw.

Fazit:

Lernen Sie, für sich zu sorgen. Ihr Psychopath wird es jedenfalls nicht tun. Sie haben nichts Hilfreiches zu erwarten.

Der Psychopath trennt sich

Wenn ein Psychopath die Zeit gekommen sieht, dass ihm Trennung vorteilhaft erscheint, wird er sein Vorhaben ohne viel Federlesen umsetzen. Und er wird akribisch darauf achten, dass er sich dabei so wenigen Unannehmlichkeiten wie möglich aussetzen wird.

Folglich kommen seine Trennungen überwiegend überraschend und werden nicht lange kommuniziert. Wirklich klärende Gespräche gibt es also nicht. Welche Variante er im Einzelnen bevorzugen wird, hängt ganz von seiner Bedürfnislage ab. Handelt es sich beispielsweise um eine Person, die einen hohen Bekanntheitsgrad hat, oder um jemanden, der seinen Partner später weiter benutzen und deshalb in der Warteschleife halten möchte, wird er sich mit holdseligen und gespielt rücksichtsvollen Ausreden verabschieden. Ich wiederhole Ihnen hier ein paar Originalsätze:

> „Du hast einen besseren Mann verdient als mich. Jemanden, der dich glücklich macht und immer für dich da ist. Ich bin leider ein Herumtreiber und kann dich nie glücklich machen."

> „Du benötigst einen Mann, der dir bei deinem Haus zur Hand geht und dich unterstützt. Ich bin mit meinen beiden linken Händen nicht der Richtige für dich. Ich kann nicht einmal einen Nagel in die Wand schlagen."

> „Ich bin von Beruf Pilot. Aber ich kann es nicht mehr aushalten, dass ich um die halbe Welt fliege, während du allein zu Hause bist."

„Ich sehe, wie sehr du unter der Beziehung leidest. Ich kann es nicht mehr mitansehen, dass du mittlerweile in deinem Kummer schon Psychopharmaka nehmen musst. Du hast ein Recht auf ein gesundes Leben und es ist meine Pflicht, dir dies zu ermöglichen."

„Du hast dir so sehr Kinder gewünscht. Aber ich bin kein Familienvater. Ich darf dir nicht länger im Wege stehen. In ein paar Jahren würdest du mich dafür hassen."

„Mit jeder festen Beziehung endet die Liebe. Wir beide würden uns in ein paar Jahren nur noch langweilen und anöden. Deshalb sollten wir unsere Freundschaft an diesem Punkt beenden, um dieses heilige Andenken zu bewahren."

Wer mit solchen schamlosen und auch billigen Lügen auffährt und dabei noch Adjektive wie heilig, wunderschön oder glücklich verwendet, der schöpft wahrlich aus tiefen seelischen Abgründen. Es gibt einfach nichts, das diesen Charakteren zu schade wäre. So wühlen sie noch in den Wunden, die sie ihren Partnern zugefügt haben.

Marie hat das Folgende erlebt: Sie war sechs Monate mit ihrem Freund zusammen und dachte, dass sie beide im siebten Himmel der Liebe angekommen wären. Er ist von Beruf Heilpraktiker. Er bat sie, die Beziehung so lange geheim zu halten, bis sie zusammenleben würden. Doch dann kam der Tag, wo er sie abends für höchstens drei Minuten besuchte und ihr kurzerhand erklärte, warum sie keine gemeinsame Zukunft hätten:

M.: „Ich habe heute gar nicht mit deinem Besuch gerechnet. Wie schön, dass du mich überrascht hast."

Er: „Ich wollte nur kurz hereinschauen, weil ich dir etwas mitteilen muss: Ich kann dir unsere Beziehung nicht länger zumuten. Die Scheidung wird sich noch eine Weile hinauszögern und du hast es verdient, dass du einen Mann hast, der sich mit dir in der Öffentlichkeit zeigen und stolz auf dich sein kann."

M.: „Aber ich warte gerne auf dich und wenn ich mein ganzes Leben damit zubringen muss. Ich will dich nicht verlieren."

Er: „Du weißt doch auch noch, wie sehr du darunter gelitten hast, dass ich abends oft so spät aus der Praxis kam und nicht mit dir zusammen sein konnte. Und manchmal warst du so traurig, weil ich keine Zeit hatte, mich tagsüber bei dir zu melden. Das darf ich dir nicht weiterhin antun."

M.: „Ja, ich war traurig, weil ich dich schrecklich vermisst habe. Aber das ist doch kein Grund, die Beziehung zu beenden. Ich habe mich doch nie bei dir darüber beklagt."

Er: „Marie, bitte weine nicht. Du weißt doch, dass ich das nicht mag. Ich denke dabei nur an dich. Erinnerst du dich noch, wie enttäuscht du warst, als du krank warst und ich dich nicht besucht habe? Ich bin Heilpraktiker und habe mein Liebstes nicht besucht, als es mich am dringendsten gebraucht hatte. Das war so schlimm von mir. So etwas sollst du nie mehr erleben müssen."

Marie erzählt weiter: „Dann küsste er mich noch einmal und ging. Er hat sich nie mehr gemeldet. Er hatte mich aus seinen Kontakten gelöscht und war verschwunden. Einige Tage danach hatte ich nach der Sprechzeit in der Nähe seiner Praxis geparkt. Ich wollte ihn sehen und wissen, wo er nun hingeht. Da kam er mit einer anderen Frau händchenhaltend heraus. Ich hätte es verstanden, wenn auch unendlich bedauert, wenn er mir gestanden hätte, dass er sich in eine andere Frau verliebt hätte. Aber dass er mich auf so lächerliche Weise absorviert hatte, das hat mich noch mehr verletzt, und ich konnte mich kaum gegen das Bedürfnis wehren, mich dafür zu rächen."

So ungefähr sehen die Trennungen der sanften Variante aus. Wie gesagt aber nur, wenn der Psychopath bemüht ist, keine Rachegefühle zu erzeugen und die Sache keine Wellen schlagen soll.

Das wird davon abhängen, wie viele Leichen er im Keller hat, von denen er nicht möchte, dass sie von den Toten auferstehen, bzw. ob er befürchten muss, seinen guten Ruf zu verlieren oder dass der verlassene Partner eine Rückforderung geltend macht oder Ähnliches.

Schuld ist immer der Partner

In allen anderen Fällen versucht er, seinen Partner so erfolgreich wie möglich zu erniedrigen und in die Knie zu zwingen. Eine beliebte Vorgehensweise sind Angriffe auf das bereits massiv attackierte Selbstwertgefühl des anderen. Generell ist für einen Psychopathen uneingeschränkt der Partner schuld daran, dass es zu einer Trennung kommen musste. Ganz gleich, welche Grausamkeiten er ausgelebt hat, er findet Wege, sich dies selbst gegenüber so zurechtzulegen, dass er das arme Opfer ist und sein Partner ihm nicht ansatzweise gerecht werden konnte. Und sei es nur, dass dieser zu langweilig oder zu unscheinbar für sein ach so spannendes Leben war. Wählt er für seine Argumentation diese Variante, so wirft er mit vollkommen vom Boden der Tatsachen losgelösten Beschuldigungen um sich. Hier einige Kostproben meiner Klientinnen:

„Schau dich doch mal an, du siehst schon aus wie deine Mutter."

„Du stehst mit deinen maßlosen Forderungen meiner Karriere im Weg. Ich muss nun meinen Weg allein weitergehen. Du warst immer nur ein Klotz am Bein."

„Deine Eltern haben es nicht fertiggebracht, aus dir einen selbstständigen Menschen zu machen. Das werde ich nicht ausbaden."

„Ich bin ein sehr ästhetischer Mensch. Ich kann dich nicht mehr ansehen, ohne dass mir schlecht wird."

Ihr Repertoire an gemeinen Vorhaltungen ist unerschöpflich. So berichtete mir eine Klientin, dass ihr Mann sich getrennt und die Familie verlassen hatte, weil die Kinder ihn angeblich bei seiner Arbeit (er hatte sein Büro im Haus) gestört hätten. Er stand eines Tages morgens auf, packte ein paar Kleidungsstücke in eine Tasche und verabschiedete sich. Das war alles. Im Hinausgehen schrie er sie an, dass sie besser auf die Kinder hätte aufpassen können, aber sie wäre ja nie bereit gewesen, Opfer zu bringen. Und weg war er. Ohne Erklärungen, ohne Gespräch, aber mit heftigen Schuldzuweisungen. Das ist in der Tat ein bis auf die Spitze perfektionierter Minimalismus. Viel einfacher geht's wirklich nicht mehr.

Auch nach solchen Trennungen stehen die Opfer verständlicherweise noch lange unter Schock. Bei manchen folgt eine lange Zeit der Lähmung und Hilflosigkeit. Das fühlt sich an, als hätten sie aus dem Nichts heraus einen Schlag auf den Kopf erhalten, der sie zu Boden geschmettert und ihnen die Besinnung geraubt hätte.

Gerne wählen Psychopathen auch die Foltermethode, ihre Partner langsam und grausam aus dem Hause zu ekeln. Dieses Spiel beschert ihnen offensichtlich noch ein letztes Mal den Kick absoluter Überlegenheit. Sie setzen ihre Partner so lange unentwegt Enttäuschungen aus, bis diese vollkommen in sich zusammengebrochen aufgeben. Dazu schrauben sie ihre vermeintlichen Erwartungen so hoch, dass sie nicht einmal im Ansatz erfüllbar sind. Das besonders Tragische daran ist, dass die Gequälten diese Misshandlung nicht durchschauen und sich bis zur Selbstaufgabe bemühen, ihre Anstrengungen zu erhöhen, um seine unhaltbaren Erwartungen zu erfüllen. Anschließend werfen diese infamen Individuen den geschundenen Seelen vor, sich keine Mühe gegeben bzw. kein Interesse an der Beziehung zu haben. Wieder stellen sie sich als die Unschuldigen dar.

Nach außen erleiden die Psychopathen keinen Gesichtsverlust, da sie in diese Dynamik ihr Umfeld von Anfang an miteinbeziehen und sich als Opfer präsentieren, das alles Menschenmögliche investiert hat, um die Beziehung zu retten.

Leider ist es fast nie so, dass diejenigen verlassen werden, die unter Gewaltandrohungen leiden und sich nach Freiheit sehnen. Eher verhält es sich umgekehrt. Wer frei sein möchte, wird geknebelt, und wer an der Partnerschaft festhalten möchte, fallen gelassen. So sind die Menschen mit psychopathischen Mustern: Sie sehen, was der andere benötigt, und verweigern es ihm.

Sicher ist jedoch, dass die Opfer nach langen Beziehungen und den schmerzhaften Trennungen noch lange Zeit unter diesen Traumatisierungen leiden und es ohne professionelle Hilfe nicht schaffen, sich aus diesem Netz von Lügen, Enttäuschungen und Verstrickungen wieder zu befreien.

Zum Abschluss möchte ich Ihnen aber auch noch von einer anderen Geschichte berichten, bei der der Plan des Psychopathen nicht ganz aufgegangen ist. Glücklicherweise gibt es auch immer wieder solche Erlebnisse. Wir freuen uns deshalb mit Evelyn.

„Mein Mann ist seit vielen Jahren Hobbyfotograf. Anstatt Freizeit mit der Familie zu verbringen, zog er in jeder freien Minute los, um Aufnahmen von Wasserpfützen, Kanaldeckeln, Asphaltschäden an Straßen, verrosteten Bahnschranken usw. zu machen. Seine Bilder waren für ihn hochwertige künstlerische Exponate. Von Zeit zu Zeit trieb ihn der Gedanke an eine Ausstellung um, die ihn bekannt machen und ihm einen offiziellen Künstlerstatus bestätigen sollte. Aber letztendlich hatte er nie die Energie, sein Vorhaben in die Tat umzusetzen. Das Einzige, was er zuwege brachte, war, dass er in seiner Eckkneipe ein paar Fotos zum Verkauf aushängen konnte. Aber mich setzte er immer wieder unter Druck, meinen Bekannten und Kollegen seine Künstlermappe vorzulegen, was ich aber kategorisch abgelehnt hatte. Er hielt sich in seinem Bekanntenkreis natürlich vollkommen zurück. Er wusste nur zu gut, dass er mit Absagen nicht umgehen konnte. Jetzt bei der Trennung warf er mir vor, dass ich sein künstlerisches Wirken von Anfang an sabotiert und absichtlich ungünstige Verhältnisse geschaffen hätte, um seinen Erfolg zu verhindern. Ohne mich wäre er seit Langem ganz groß herausgekommen. Auf die Idee, dass niemand seinen Wohnbereich mit Gullydeckeln und Wasserpfützen schmücken und dafür noch viel Geld bezahlen möchte, kam er natürlich nicht.

Der wirkliche Grund der Trennung war jedoch, dass er eine Beziehung mit einer neuen Arbeitskollegin eingegangen war. Aber dafür konnte er nicht einfach die Verantwortung übernehmen, denn dann hätte der Lügner ja einmal die Wahrheit sagen müssen. Das Witzige war, dass ich nicht im Geringsten die

Absicht hatte, ihn zurückzuhalten. Ich hatte vielmehr ein Gefühl, als wäre mir ein zweites Leben geschenkt worden. Ich entgegnete ihm deshalb freudig, dass dies seine erste konstruktive Entscheidung im Leben sei und er selbstverständlich entscheiden dürfe, mit wem er leben möchte. Und ich wünschte ihm viel Glück, dass er nun eine Frau gefunden hätte, die seine künstlerische Kreativität zur gänzlichen Entfaltung bringen und seinen lang ersehnten Ruhm ermöglichen würde. Es wäre also gar nicht nötig gewesen, dass er mit Schuldzuweisungen um sich schlug. Aber er konnte nicht anders. Er hatte sich seine Strategie schon zurechtgelegt und seinen Text gelernt und konnte sich nicht auf die aktuelle Situation einlassen. Er hatte sich von mir ein richtiges Drama gewünscht, das er leidenschaftlich hätte abschmettern können. Aber den Gefallen konnte ich ihm nach sechzehn Jahren Selbstaufgabe nicht tun. Nun ist er weg und kommt ab und zu die Kinder besuchen, was ihnen allerdings nichts bedeutet. Ich bin mir ganz sicher, dass ihm seine Entscheidung leidtut. Aber ich lasse keine einzige Möglichkeit aus ihm zu signalisieren, dass es uns jetzt viel, viel besser geht, und dass wir viel miteinander lachen und die neuen Freiheiten genießen. Und selbstverständlich vergesse ich nie nachzufragen, was denn die Karriere macht. Denn zu sehen, wie er ins Schwimmen kommt und um Ausreden ringt, das ist meine größte Genugtuung."

Aufteilung der Vermögensmasse

Bei der Verteilung des gemeinsamen Eigentums geht der Kampf weiter. Erinnern Sie sich an das Beispiel von Mareike, deren Mann sich bemühte, seinen Oldtimer, die Yacht und andere Vermögenswerte „verdunsten" zu lassen, und sie ihm deutlich signalisierte, dass es so einfach nicht geht? Ich möchte Ihnen raten, Ihrem Partner nie das Gefühl zu geben, dass er mit seiner hinterhältigen Strategie Erfolg haben würde. Einzig und allein eine sichere Haltung und ein stringentes und unbeeinflussbares Auftreten bringen ihn aus dem Gleichgewicht und verunsichern ihn in seiner Taktik. Suchen Sie sich einen guten Rechtsanwalt, der Ihre Ansprüche vertreten wird, und verhandeln Sie nie auf privater Ebene. Dass Sie dabei nur verlieren können, muss Ihnen klar sein.

Vor wenigen Tagen berichtete mir eine Klientin, dass ihr Mann, der Geschäftsführer mehrerer Firmen ist, vor Gericht seine Vermögensverhältnisse und seine zu erwartende Rente beinahe auf null heruntergerechnet hatte, sich aber von einem der renommiertesten und teuersten Anwälte von Hamburg vertreten ließ. Niemanden schien das zu interessieren. Da wäre doch in der Verhandlung einmal die Frage erlaubt, aus welcher Kasse er die horrende Anwaltsrechnung bezahlt, und dazu könnte ein berechtigter Zweifel an seiner Glaubwürdigkeit geäußert werden.

Kommunikation nach der Trennung

Ist eine Trennung vollzogen, heißt das für einen Psychopathen noch lange nicht, dass er sich daran hält und ab nun sein eigenes Leben führt. Das kann vorübergehend so sein, vor allem, wenn er selbst die Trennung herbeigeführt hat. Sie müssen aber immer noch jederzeit mit verschiedenen Überraschungen rechnen. Ihr Ex-Partner wird sich irgendwann wieder bei Ihnen melden. Selbst dann, wenn die Trennungsphase von seiner Seite aus hoch aggressiv war. Er hat ja nichts mehr zu verlieren und kann nur noch gewinnen. Er wird sich zu späterer Zeit an die Annehmlichkeiten erinnern, die er genossen hat. Deshalb wird er seinen „Wirt" nicht wirklich entlassen. Manche melden sich nach dem schlimmsten Terror bereits wenige Tage nach der Trennung: „Komm, lass' uns wie erwachsene Menschen miteinander umgehen. Ich besuche dich heute Abend. Wir können eine Kleinigkeit essen (die Opfer sollen kochen) und einmal in Ruhe über alles reden." Und schon haben sie wieder einen Fuß in der Tür und ganz vorbildlich für sich gesorgt. Viele der Betroffenen lassen sich darauf ein. Entweder weil sie verlassen wurden und unter Liebeskummer leiden, oder weil sie sich vor möglichen Bestrafungen fürchten, oder weil sie immer noch so gutgläubig sind und glauben, dass sich ihr Psychopath an Absprachen hält.

Solche Kontaktaufnahmen müssen aber nicht zwingend bedeuten, dass Ihr Ex-Partner Sie wirklich besuchen möchte. Sehr oft erleben die Opfer, dass er mit allen Mitteln eine Verabredung erkämpft, um dann nicht zu erscheinen. Das ist dann der Fall, wenn er lediglich sondieren möchte, wie hoch seine Chancen stehen, bzw. wie beeinflussbar oder abhängig der Ex-Partner noch ist. Kommt er aber wirklich zur Verabredung, dann nur, um seinen Stand zu festigen, Abhängigkeiten zu verstärken oder weil er einen Auftrag für Sie hat usw. Aber ganz sicher nicht um Ihretwillen.

Kommunikation nach hoch konflikthaften Trennungen

Zu Ihrem eigenen Schutz sollten Sie einige notwendige Maßnahmen beherzigen:

Versuchen Sie, so viel Abstand wie möglich aufzubauen. Holen Sie sich einen neuen Handyvertrag und eine neue Festnetznummer. Geben Sie Ihre Nummer nur noch an Personen, denen Sie vertrauen können und wissen, dass sie sie nicht weiterreichen. Und ändern Sie Ihre E-Mail-Adresse.

Kommunizieren Sie nie über das Telefon. Das gesprochene Wort kann noch viel mehr als nur Inhalte transportieren. Ihr Ex-Partner kann Sie allein durch seine Stimmlage in Erregungszustände oder Panik versetzen. Und er kann Sie anhand Ihrer Stimme sofort einschätzen und beurteilen, ob er Sie da hat, wo er Sie haben möchte, oder ob er noch weiter Druck aufbauen oder sich geschmeidig zeigen muss. Jedenfalls wird er immer so weit gehen, bis er sicher sein kann, dass er Sie aus der Fassung gebracht bzw. sein Ziel erreicht hat. Geschriebene Worte hingegen vermögen diesen Umfang der Einflussnahme nicht und können außerdem öffentlich zugänglich gemacht werden.

Wenn sich Gespräche nicht vermeiden lassen, dann zeichnen Sie auch diese auf und informieren Sie Ihren Ex-Partner zu Anfang des Gesprächs darüber. Legen Sie sich ein kleines Aufzeichnungsgerät bereit oder erwerben Sie ein Telefon mit eingebauter Aufnahmefunktion. Wenn er sich dann immer noch in Gemeinheiten oder Drohungen verliert, können Sie das Gespräch unter Umständen beim Jugendamt, dem Verfahrensbeistand, den Freundinnen, dem Psychologen oder Mediator vorspielen. So besteht die Möglichkeit, dass am Ende die Gewaltandrohungen zu konkreten Einschränkungen für den Psychopathen führen. Schließlich erstellen auch Psychologen oder das Jugendamt und andere Gutachter Einschätzungen für das Gericht. Dabei spielt deren persönliche Beurteilung eine tragende Rolle. Ansonsten haben Sie unter Umständen keine Möglichkeit, sein böses Spiel zu beweisen.

Wenn es Ihnen irgendwie möglich ist, verlieren Sie sich nicht in Schuldzuweisungen. Denn sich gehen zu lassen, ist das schönste Geschenk, das Sie Ihrem Angreifer bereiten können. Je heftiger Sie reagieren, desto erfolgreicher war er.

Lassen sich persönliche Begegnungen nicht vermeiden, dann sollten Sie auch hier strategisch vorgehen. Es ist der einzige Schutz, den Sie sich selbst zukommen lassen können. Bemühen Sie sich, nach außen hin so ruhig und geordnet zu erscheinen wie möglich. So kommt er schnell ins Stolpern und verliert eher sein Konzept. Sie wissen ja, dass es allein auf Ihrer Unsicherheit aufgebaut ist.

Legen Sie sich am besten ein paar Sätze bereit, die inhaltlich nicht viel aussagen und ihn nebenbei ins Leere laufen lassen, bzw. ihm seinen Lustgewinn nehmen. Wählen Sie einen besorgten Ton und setzen Sie eine ebenso besorgte Miene auf:

> „Es tut mir leid, dass es dir so schlecht geht. Hoffentlich sehen dich die Kinder nicht in diesem hilflosen Zustand. Das würde ihnen sicher Sorgen bereiten. Ich lass dich jetzt lieber wieder allein, damit du dich nicht noch zusätzlich aufregen musst."

> „Ja, das überrascht mich nicht, dass du dich so verhältst. So kenne ich dich. Du bleibst dir wirklich treu dabei. Da ich sehe, dass ich dich ganz verwirre, beende ich lieber das Gespräch, bevor du mir noch zusammenklappst."

> „Ich glaube, du hast in letzter Zeit viel Schlim-
> mes erlebt. Du wirkst so durcheinander auf
> mich."

Stellen Sie sich einmal vor, wie es auf ihn wirken muss, wenn
er sich vor Ihnen aufbaut und Sie niederbügeln möchte und
von Ihnen kommt ein ganz gelassener Spruch, der ihn ent-
waffnet und klein erscheinen lässt, woraufhin Sie sich umdrehen und ihn stehen lassen.

Mit solchen Strategien vermasseln Sie ihm die ganze
Freude und Erfüllung, die er sich von Ihnen versprochen
hat. Sie können zwar nicht bestimmen, was Ihr Psychopath
tut, Sie können aber bestimmen, was Sie damit machen und
wie Ihre Reaktionen ausfallen. Sie müssen nicht in seiner
Spur gehen. Unterbrechen Sie seine perfide Streitkultur und
versuchen Sie es einmal anders. Sie werden überrascht sein,
wie schnell er sich verwirren lässt, wenn etwas Unvorherge-
sehenes eintritt.

E-Mail-Verkehr

Wir wissen, mit welcher Sorte von Menschen wir kommunizieren, also wissen wir auch um die Qualität ihrer Mitteilungen. Wenn ich die Mails meiner Klientinnen von ihren
Psychopathen lese, dann erscheint mir eine wie die andere.
In bester psychopathischer Manier sind die Mitteilungen
mit selbstgefälligen Monologen, Beleidigungen, Vorwürfen
oder Drohungen gespickt. Natürlich ist das nicht immer auf
den ersten Blick erkennbar.

Gerade in solchen Fällen, wo Gerichte oder Jugendämter
eingeschaltet sind, versuchen sie, mit Heuchelei echtes Bemühen vorzugaukeln, und verpacken ihre Regelverletzungen

in besorgtes Verhalten. Vieles ist möglich; sicher ist nur, dass ihre Mails entweder Angriffe, Denunzierungen, Verunsicherungen, Machtspiele oder mindestens Lügen oder Intrigen beinhalten. Kein Wunder, dass es die Betroffenen schon vor Sorge oder Unbehagen schüttelt, wenn sie allein den Posteingang ihres E-Mail-Faches öffnen oder auf dem Display ihres Handys einen Nachrichteneingang finden.

Es bleibt Ihnen nichts übrig, als zu lernen, mit diesen psychopathischen Kampftechniken umzugehen, um so wenige Blessuren wie möglich davonzutragen. Das macht es notwendig, Fähigkeit zu entwickeln, Ihre Nachrichten wissend um das, was Sie erwartet, zu öffnen und leidenschaftslos zu analysieren bzw. das Geschriebene in die einzelnen Botschaften zu zerlegen.

Vergessen Sie nie, dass alles, was Sie an Beleidigungen lesen, den eigenen Abgrund des Absenders spiegelt und letztendlich nicht das Geringste mit Ihnen persönlich zu tun hat. Das bedeutet nicht, dass Sie den Inhalt nicht ernst nehmen. Es bedeutet aber, dass Sie alle gegen Sie gerichteten Angriffe, wie gut sie auch immer verpackt sein mögen, nicht mehr annehmen und sie dort lassen, wo sie hergekommen sind.

Der buddhistische Weg zeigt für solche Gelegenheiten eine sehr schöne Möglichkeit, mit negativen Energien umzugehen. Und zwar spricht man zu sich selbst das Mantra:

„Ich bleibe bei mir und lasse dich bei dir."

Wenn Sie das beherzigen möchten, sollten Sie folgendermaßen vorgehen: Lesen Sie die Nachricht so, als wären Sie ein Dolmetscher. Gehen Sie sie Absatz für Absatz durch und übersetzen Sie jeden Textteil in eine neutrale Sprache und deren Inhalt.

Zwei Klientinnen haben mir Auszüge ihrer E-Mails von ihren Ex-Partnern als Beispiel zur Übung für Sie überlassen. Im ersten Fall geht es um das Umgangsrecht und Unterhaltszahlungen. Die Nachricht lautete:

> „Liebe Sandra,
> falls es dein Zustand zulässt, irgendeine Vereinbarung einzuhalten, oder sich an irgendetwas zu erinnern, dann bitte ich dich zur Kenntnis zu nehmen, dass ich Susi bereits am Donnerstagabend um 19:00 Uhr abholen werde. Ich habe meine Gründe dafür, die dir zu erklären dein Vorstellungsvermögen überschreiten würden."

Ihre Übersetzung von diesem Absatz würde so aussehen:

Seine Botschaft/sein Ziel:	Er möchte Susi einen Tag früher abholen.
Meine Meinung:	Er hat nicht das Recht dazu – das ist gerichtlich geregelt.
Meine Entscheidung:	Ich bin nicht einverstanden. Ich lehne es ab.

> „Dann möchte ich dich fragen, wie du es als so unglaublich rechtschaffener Mensch schaffst, so viel Unterhalt von mir einzufordern, obwohl du Susi an deinem Wohlstand nicht teilhaben lässt. Wenn du schon keine Mutterliebe hast, so weißt du doch aber wenigstens, was du unserer Tochter schuldest. Wie möchtest du unsere Tochter zu einem sozialen Menschen erziehen,

wenn du selbst ein Herz aus Stein hast, nur an dein eigenes Vergnügen denkst und von Habgier zerfressen bist? Sandra, Sandra, ich mache mir ernsthafte Sorgen um dich. Wie kann ich dir in deinem Dilemma nur helfen?

Ich schicke dir sonnige Grüße, Udo"

Die Übersetzung zum zweiten Absatz:

Seine Botschaft/sein Ziel:	Er möchte mich demütigen und beleidigen.
Meine Meinung:	Er zahlt den rechtmäßigen gesetzlichen Unterhalt. Seine Worte dokumentieren seine tiefe Verzweiflung, dass er die Kontrolle verloren hat. Er leidet unter dem Gefühl, etwas geben zu müssen, wofür er nichts zurückbekommt. Das macht ihn rasend.
Meine Entscheidung:	Ich gehe nicht auf sein Spiel ein und fange den Ball, den er mir zugeworfen hat, nicht mehr auf. Ich lasse allen Schmutz bei ihm.

Auf den zweiten Absatz sollte nicht eingegangen werden. Ein angemessenes Antwortschreiben wäre also:

„Hallo Udo,
wir haben, um Spannungen zu vermeiden, das Umgangsrecht gerichtlich geregelt. Dabei werde ich es belassen. Freitagabend um 19:00 Uhr kannst du Susi abholen. Sandra"

Die zweite E-Mail stammt von einem erst kürzlich verlassenen Psychopathen. Seine Frau hatte ihm mitgeteilt, dass sie am Wochenende ihre persönlichen Besitztümer aus der gemeinsamen Wohnung abholen werde.

Sie hatte ihn darauf rechtzeitig hingewiesen, falls es ihm lieber wäre, ihr nicht zu begegnen. Aus Respekt zu ihm wollte sie allein kommen, obwohl es für sie mit ihren Freundinnen wesentlich angenehmer wäre. Aber Anstand wurde wie immer nicht quittiert.

> „Meine liebe Sabine,
> in dem Wissen, dass du zu allem fähig bist und ich am Wochenende leider verreist bin, kann ich dir den Zutritt in meine Wohnung leider nicht erlauben. Ich verspüre keine Lust, nach deinem Besuch mein Eigentum wieder gerichtlich herausfordern zu müssen. Wie du weißt, hattest du schon immer Probleme mit dem Unterschied zwischen Mein und Dein. Doch um der guten Ordnung willen setze ich dir zwei mögliche Termine: (beide lagen mehrere Wochen in der Zukunft). Solltest du dir dennoch gewaltsam Zutritt verschaffen, sollst du wissen, dass es sich um Hausfriedensbruch handelt.
> Viele Grüße von deinem Jürgen, den du noch sehr vermissen wirst."

Ihre Übersetzung könnte in diesem Fall lauten:

Seine Botschaft/sein Ziel: Er möchte sich an mir rächen, indem er es mir verwehrt und erschwert, meine Sachen zu holen.

Meine Meinung:	Es ist ebenso meine Wohnung und ich benötige keine Erlaubnis von ihm, mein Eigentum zu betreten und meine Sachen zu holen.
Meine Entscheidung:	Ich werde am Wochenende meine Sachen abholen. Aber nunmehr in Begleitung.

Ihre Nachricht könnte so aussehen:

„Hallo Jürgen,
am Wochenende hole ich um 10 Uhr meine Sachen in Begleitung ab. Eine Erlaubnis benötige ich nicht, da es genauso meine Wohnung ist wie deine. Sabine"

Solch ein abgeklärtes Verhalten tut nicht nur Ihnen gut, sondern es ärgert Psychopathen über alle Maßen, wenn ihre boshaften Angriffe ins Leere laufen und sie keine Bestätigung finden können, dass sie ihren Opfern einen seelischen Tiefschlag versetzt haben. Über einen derartigen Machtverlust kommen sie nur sehr schwer hinweg.

Es gilt also wieder einmal, so wenige Emotionen wie möglich zu zeigen. Je mehr psychopathische Charaktere davon überzeugt sind, dass ihre Angriffe heftige Emotionen ausgelöst haben, desto mehr werden sie auf jede noch so kleine Schwäche regieren und ihr weiteres Vorgehen darauf aufbauen. Keine emotionalen Reaktionen nach außen zu transportieren, ist daher ein hilfreicher Schachzug auf Ihrem ohnehin sehr schwierigen Weg. Zumindest dürfen Sie sich darüber freuen, dass Sie Ihrem Psychopathen wenigstens keine Erfolgserlebnisse für seine verbalen Angriffe mehr schenken.

Gemeinsame Kinder

Kinder mit einem psychopathischen Elternteil leben in einem emotionalen Ausnahmezustand. Sie müssen sich auf ein Leben mit anhaltenden Enttäuschungen einstellen und lernen, mit einschränkenden bis sehr schmerzhaften Erfahrungen umzugehen. Dazu zählt, für den psychopathischen Elternteil nie gut genug zu sein, nicht wirklich geliebt zu werden, keinen eigenen Willen besitzen zu dürfen, eigene Befindlichkeiten hintanstellen zu müssen beziehungsweise zu unterdrücken und vieles mehr.

Merkmal einer wertschätzenden Erziehung ist jedoch, Kinder emotional so gut zu versorgen, dass sie ein gesundes Selbstvertrauen, Stabilität, wachsende Unabhängigkeit und Selbstständigkeit erlangen.

Für Kinder ist es somit unentbehrlich, dass sie in ihrer eigenen Individualität wahrgenommen und bedingungslos akzeptiert und geliebt werden. Der freie Wille für altersentsprechende Entscheidungen gehört genauso dazu wie die Selbstbestimmung über ihre Gefühle, über ihren Körper sowie die jeweilige Nähe, die sie unterschiedlichen Menschen entgegenbringen mögen. Doch wie gehen Kinder mit dieser Diskrepanz um, wie bewältigen sie die verdrehten Erwartungen und die Anforderung, wenn ein Elternteil (im schlimmsten Falle sogar beide) nur fordert, selbst keine Pflichten kennt und sich an keine Zusagen hält; wenn ihre berechtigten Bedürfnisse geleugnet und sie genötigt werden, dem übersteigerten, krankhaften, nicht selten wahnhaften Begehren eines Elternteils zu huldigen? Denn dass die Erwartungen eines Psychopathen keine Kompromisse zulassen und an erster Stelle stehen, das müssen wir hier nicht diskutieren.

Eines haben diese Kinder gemeinsam: Sie sehnen sich dennoch nach der Liebe und Anerkennung dieses Elternteils. Vielleicht gesteht sich das nicht jedes gequälte Kind ein und versucht, dieses Bedürfnis zu leugnen, aber existent ist es dennoch. Nur im Umgang mit ihren Niederlagen verhalten sich Kinder unterschiedlich.

Manche, wenn auch nicht viele, reagieren aufgrund dieser Anforderungen aggressiv und widerspenstig und lehnen sich gegen ihren Aggressor auf. Andere wiederum schämen sich für ihre vermeintlichen Schwächen und verurteilen sich, dass sie den Erwartungen des Psychopathen nicht gerecht werden. Sie quälen sich mit Selbstvorwürfen und suchen nach Lösungen, die es nicht gibt. Wieder andere werden traurig, resignieren oder entwickeln Ängste. Und manche erbringen eine hohe Überanpassung und belügen sich selbst, dass der Wille des maßlosen Elternteils zufällig auch der eigene sei, oder suchen nach Rechtfertigungen, die das unerwünschte Verhalten erklären. Es gibt viele Möglichkeiten der Verdrängung. Und diese machen auch durchaus Sinn. Auf jeden Fall müssen sie das Handeln dieser psychisch kranken Menschen erleiden und mittragen.

Die Vorhaltungen und Überforderungen durch einen Psychopathen überfordern ein Kind. Deshalb greift es in der Regel intuitiv auf Verdrängung zurück und rechtfertigt oft noch das verwerfliche Betragen, unter dem es zu leiden hat. Es ist für den liebenden, nicht-psychopathischen Elternteil schwer zu ertragen, wenn das schäbige Verhalten genauso wertgeschätzt wird wie seine aufrichtige Liebe und Fürsorge. Nur wer das am eigenen Leib erfahren hat, kann diesen unermesslichen Kummer nachvollziehen. Ich kann diesen Eltern nicht genug Respekt entgegenbringen, dass sie daran nicht zerbrechen und unermüdlich und selbstlos bleiben in der Sorge um ihr Kind. Es bedarf echter Größe, die eigene Enttäuschung hinten anzustellen und dem Kind die Rückmeldung zu geben, dass es so sein und fühlen darf, wie es ist. Umgekehrt wäre es fatal, die Gefühle der Kinder herunterzuspielen oder als falsch abzutun. Und genauso schlimm wäre es, ihre Wut oder ihre Enttäuschung aufzubauschen und zu dramatisieren. Aber nur weil die gesunden Elternteile die Kinderseelen schützen, können sie immer noch ein inniges Leben mit Vertrauen und Liebe erfahren.

Eine Klientin schrieb mir folgende Mail:

> „Für mich ist es sehr, sehr schwierig, meine Selbstbeherrschung zu wahren, wenn mein Mann mit seinen psychopathischen Verhaltensweisen die Kinder terrorisiert, demütigt und verletzt. Aber ich weiß, wie wichtig es ist, die eigenen Gefühle nicht auf die Kinder zu übertragen, sie gegen den eigenen Vater aufzuhetzen oder schlecht über ihn zu reden. Wie gerne würde ich meiner Wut, meinem Schmerz und meiner Frustration freien Lauf lassen. Aber dann würde ich die Kinder noch trauriger machen. Und ich weiß, dass sie im letzten, kleinsten Winkelchen ihres Herzens sich nach einem Vater sehnen, der sich ihnen wohlwollend und freundlich zuwendet. Und diese Hoffnung geben sie trotz der Demütigungen und der Schläge nicht auf.
>
> Wie sollte es bei den Kindern auch anders sein als bei mir. Auch in meinem Herzen gibt es noch immer diesen kleinen Funken, der sich trotz allem Schrecklichen nach ihm sehnt."

Die Kinder solcher dysfunktionaler Familien müssen nun lernen, dass ein Elternteil sehr eigentümliche Eigenschaften besitzt, die nichts mit ihnen selbst zu tun haben. Nach meiner Erfahrung hat es vielen schon sehr geholfen, wenn sie für sich eine Erklärung fanden, die sie persönlich von den unhaltbaren Ansprüchen und niederträchtigen Übergriffen des Psychopathen freisprechen. Natürlich benötigen diese Gespräche eine hohe Sensibilität und viel sprachliches Geschick.

Denn schließlich sollen die Kinder nicht bei der nächsten Gelegenheit dem Vater vollmundig erklären, dass er nicht alle Tassen im Schrank hat.

Bei jüngeren Kindern wäre ein möglicher Einstieg, mit ihnen über die Vielschichtigkeit des Lebens zu sprechen. Eine Variante wäre: Es gibt große und kleine Menschen, dünne und dicke, langsame und schnelle, mutige und ängstliche, lustige und ernste, Menschen, die viel sprechen und andere, die stiller sind. Es gibt Menschen, die sich schnell ärgern und andere, die gelassen reagieren. Für manche ist es wichtig, dass Regeln eingehalten werden, und für andere nicht usw. So könnten Sie sich langsam in die Richtung Ihres Psychopathen vortasten und seine Eigentümlichkeiten herausarbeiten. Das Kind sollte dabei mehr und mehr verstehen lernen, dass die Natur ihn so geformt hat und es nichts mit seiner eigenen Person zu tun hat.

Je nachdem, wie alt das Kind ist, können Sie in Rollenspielen alle aufgezählten Eigenschaften, genauso wie die der Menschen, die Sie gut kennen, durchspielen. Dann kann es in die verschiedenen Charaktere hineinschlüpfen und die Unterschiedlichkeiten besser begreifen. Kinder lieben diese Spiele und gehen sehr in diesen Rollen auf.

Eine weitere Hilfestellung: Bieten Sie Ihrem Kind jede aktive Unterstützung der eigenen Selbstwirksamkeit an. Das heißt, dass Sie ihm unterschiedliche Gelegenheiten anbieten, die es Vertrauen in seine Fähigkeiten und Möglichkeiten entwickeln lassen. Dies kann durch Teilnahme in einem Sportverein sein, möglicherweise sogar ein Kampfsport, der das Gefühl von körperlicher Stärke hervorhebt. Es kann das Erlernen eines Musikinstruments sein, Teilnahme an Freizeitaufenthalten, Stadtranderholungen usw. Fragen Sie Ihr Kind, was ihm Freude bereiten würde, bzw. womit es sich stärker fühlen könnte. Fördern Sie nebenher ein stabiles soziales Netzwerk durch Freundschaften. Und natürlich, aber das werden Sie ohnehin schon tun, sprechen Sie mit ihm über seine Befindlichkeiten so oft und so lange es sein Bedürfnis ist. Nur machen Sie ihm keine Hoffnungen, die sich vonseiten des Psychopathen nicht erfüllen werden. Man sagt ja schnell einmal Sätze wie: „Beim nächsten Mal wird es bestimmt besser" oder Ähnliches. Das verzögert nur die Heilungschancen des Kindes.

Aber es gibt auch Kinder, die den Psychopathen lieben und verehren, weil sie nicht in der Lage sind, sein destruktives System zu durchschauen. Sie empfinden lediglich die problematische und angespannte Beziehung der Eltern als Belastung. Sie möchten keine Seite enttäuschen und fühlen sich in einem Loyalitätskonflikt gefangen, der sie verleitet, ihre eigenen Gefühle zu verraten. Sie versuchen, beide Erwachsene nach ihren Wünschen zu bedienen, bzw. das zu liefern, was sie als deren Bedürfnisse vermuten. Die Anpassungsleistungen gehen nicht selten so weit, dass sie beispielsweise nach einer Trennung jedem Elternteil versichern, dass es bei ihnen am schönsten wäre und sie am liebsten bei ihm leben würden. Im ersten Moment mag sie dies entlasten.

Dieser emotionale Spagat erzeugt beim Kind dennoch schwere Schuldgefühle. Hier ist es normalerweise die klare Aufgabe beider Eltern, dem Kind zu versichern, dass sie sich wünschen, dass es Mutter und Vater lieb hat, und niemand möchte, dass es anders sei und dass es darüber hinaus keine Verantwortung für sie übernehmen muss. Natürlich bleibt diese Aufgabe wieder bei dem gesunden Menschen hängen, der allerdings auch auf der Hut sein muss, dass das System nicht zu kippen droht.

Trennung mit gemeinsamen Kindern

Viele Mütter oder Väter wagen keine Scheidung, weil sie sich fürchten, dass es bei den Umgangswochenenden zu Gewaltaktionen oder anderen Übergriffen kommen könnte und sie ihre Kinder dann nicht mehr beschützen können. So halten sie aus der Not heraus die Beziehung so lange aufrecht, bis die Kinder alt genug sind, um sich einigermaßen zu wehren oder glaubhaft von ihren Erlebnissen berichten können. Das ist eine selbstlose und große Bürde, die sie zu tragen bereit sind und die viel Respekt verdient. Eine Mutter formulierte es so:

> „Ich muss in einer für mich existenziellen Lebenssituation, die mich über die Grenzen meiner Belastbarkeit bringt und ein hohes Maß an Klugheit, ‚Gewieftheit‘, Taktik und Überlegenheit erfordert, durchhalten und übermenschliche Fähigkeiten an den Tag legen."

Für alle Betroffenen, für die ein Zusammenleben nicht mehr realisierbar ist, beginnt die nächste Phase, die Nachtrennungsbeziehung, in der der Psychopath noch einmal mit allen Kräften versuchen wird, seine Interessen zu sichern und dem getrennten Partner mit seinen typischen Machtspielen das Leben schwer zu machen. Im Folgenden ein Auszug aus der Palette seiner Handlungsmuster.

Das Umgangsrecht

Wenn Sie mit einem Psychopathen gemeinsame Kinder haben, bringt eine Trennung leider noch nicht den ersehnten Abstand, bzw. ein Leben ohne diesen widrigen und giftigen

Einfluss. Durch sein Recht, die Kinder zu sehen, hat er immer noch indirekten und gewichtigen Zugriff auf das gesamte Familienleben, den er in aller Regel nutzen wird. In sehr vielen Fällen ist es leider so, dass er die Kinder benutzen wird, um sich am Ex-Partner zu rächen, ihn zu quälen, aber auch, um immer wieder aufs Neue seine Macht (das Recht, das ihm der Gesetzgeber einräumt, interpretiert er fälschlicherweise als Macht über andere) zu demonstrieren und genießen. Das versucht er auf vielfältige Weise in die Tat umzusetzen.

Psychopathen selbst macht es nichts aus, die Kinder leiden zu sehen, bzw. für ihre Zwecke zu missbrauchen. Der massive Druck, den diese kranken Menschen dadurch aufbauen, ist unerträglich. Mir sind einige extreme Fälle bekannt, wo psychopathische Väter ihre kleinen Kinder zum Umgangswochenende abholen, um sie direkt zu einem fremden Babysitter zu bringen. Ihre Befriedigung besteht darin, dies den Müttern voller Häme in allen Einzelheiten zu berichten. Nur um deren Verzweiflung auszukosten, sind sie bereit, viel Geld in ihre Vernichtungsfeldzüge zu investieren. Oder sie reichen die Kinder wahllos herum; zu ihren Großeltern, anderen Familienmitgliedern, Freunden und Bekannten, ohne Rücksicht darauf, ob sie willkommen sind, sich dabei wohlfühlen, oder ob sie bereits eine vertraute Beziehung zu diesen Menschen aufbauen konnten.

Kein Wunder also, wenn sie nach solchen Odysseen vollkommen durch den Wind, aggressiv, niedergeschlagen oder verängstigt nach Hause kommen. Und wem geben die Kinder, wenn sie etwas älter sind, oft genug die Schuld daran? Nicht ausschließlich dem schlechten Elternteil. Sie rechnen es nicht selten jenem an, der sie, obwohl er um ihre Qual wusste, nicht beschützt und weggegeben hat.

Zwar ist der getrennte Partner in aller Regel froh darüber, den Vater der Kinder so selten wie möglich zu sehen, aber im Fall der Kinder ist das nicht immer so eindeutig. Viele verehren den psychopathischen Elternteil und sehen in ihm das starke Vorbild. Oder sie kämpfen mit allen Mitteln darum, geliebt und wertgeschätzt zu werden. Wenn sie dann vom Vater nicht anerkannt werden, leiden sie große Seelenqualen. Kinder, die sich nicht durch zuvor genannte Verdrängungsmodelle schützen, ziehen nicht selten den Elternteil, bei dem sie leben, dafür zur Verantwortung. Dann kommen Beschuldigungen wie: „Du bist schuld, dass der Papa/die Mama so ist, weil ihr immer streitet." Und wieder wird dem unschuldigen Elternteil die Verantwortungslosigkeit des Ex-Partners angerechnet.

Psychopathen lassen sich also auch dadurch typisieren, dass sie Gefährdungen und Schädigungen des Kindeswohls durch ihr Handeln bewusst und billigend in Kauf nehmen und ein konstantes Konfliktniveau aufrechterhalten.

Möglicherweise können Sie mit einer kleinen List die Sache etwas entschärfen und ein Stück weit seinen bösen Plan vereiteln: Lassen Sie ihn glauben, dass Sie sich darauf freuen, dass er die Kinder holt. Wenn Sie ihm dann gestylt in schönen Kleidern entgegentreten und aufgeregt erwähnen, dass Sie gleich eine wichtige Verabredung haben oder einen Kurzurlaub übers Wochenende unternehmen, dann wird er sich sehr darüber ärgern. Es wird ihm jede Genugtuung nehmen, wenn er meint, dass gerade er Ihnen den Rücken frei hält für angenehme Dinge. Dafür wird er sich nicht langfristig zur Verfügung stellen. Das haben viele meiner Klientinnen erlebt. Das ging teilweise so weit, dass der Psychopath die Kinder nicht mehr sehen wollte.

Besonders hässlich wird es, wenn die Kinder große Angst vor dem psychopathischen Elternteil haben. Auf solche „un-

wichtigen" Befindlichkeiten nehmen diese Individuen nämlich keine Rücksicht. Anstatt sich die Frage zu stellen, was
die Kinder abhält oder ängstigt, wird uneingeschränkt dem
Elternteil, bei dem die Kinder leben, eine Manipulation mit
dem Ziel, das Umgangsrecht zu beschränken, unterstellt. Lassen Sie sich dadurch nicht verunsichern und nehmen Sie die
Ängste und Befindlichkeiten Ihrer Kinder ernst und geben
Sie ihnen das Gefühl, verstanden zu werden. Eine Klientin
schrieb mir:

> Die Ängste meiner Kinder zeigten sich durch
> das Ausreißen von Wimpern und Zehennägeln,
> Pavor Nocturnus, später kamen Asthma und
> Aufkratzen der Haut, Verstopfung, Durchfälle
> und andere psychosomatische Erscheinungen
> sowie Schulangst und Schulversagen hinzu.
>
> Zunächst verdrängte ich die Gedanken, dass
> dies mit dem Verhalten des Vaters zu tun haben
> könnte. Auch ich versuchte, die Ängste der Kin-
> der als „Überempfindlichkeiten" abzutun, spiel-
> te die Aussagen und damit die Gefühle meiner
> Kinder herunter, nahm sie nicht ernst und ver-
> suchte abzuschwächen, was mein Mann meinen
> Kindern gegenüber sagte und tat. Er tat die Nöte
> der Kinder als „Animositäten" und „Hirnfürze"
> ab und bezeichnete dies als Ergebnis meiner Er-
> ziehung, die die Kinder zu „Weicheiern" mache.
> Ein Burn-out oder eine „Erschöpfungs-Depres-
> sion", die mich in die Berufsunfähigkeit brachte,
> öffnete mir die Augen. Ich hielt ein Konstrukt
> aufrecht, das zutiefst verachtend war – in erster
> Linie den Kindern und mir selbst gegenüber.

Begleiteter Umgang

Wenn also Ängste im Spiel sind, könnten Sie, falls es nicht vom Gericht selbst verfügt wird, auf einen begleiteten Umgang hinarbeiten. Dies ist natürlich keine Dauerlösung, aber es schafft für das Kind für einen gewissen Zeitraum eine Entlastung. Dann finden die Treffen in einem zeitlich begrenzten Rahmen von wenigen Stunden statt und das Kind ist ihm und seinen Ausfällen nicht allein und auch nicht ein ganzes Wochenende lang ausgesetzt. Ihr Kinderarzt wäre eine gute Anlaufstelle, um einen ersten Bericht für das Jugendamt bzw. Gericht zu erstellen. Falls das Kind bei einem Therapeuten in Behandlung ist, sollte natürlich auch dieser verbindlich Stellung beziehen.

Doch Vorsicht: Geben Sie dieses Terrain nicht leichtgläubig aus den Händen. Wo ein Psychopath mitmischt, muss man immer mit Überraschungen rechnen. Durch geschicktes Taktieren und Vorpreschen kann er versuchen, am Verfahren Beteiligte wie Gutachter, Therapeuten und Mitarbeiter des Jugendamts zu seinen Gunsten zu beeinflussen. Zur Vorsicht möchte ich Ihnen ein Beispiel mit auf den Weg geben.

Für Erik, einem Jungen von zehn Jahren, wurde vom Gericht der begleitete Umgang angeordnet. Entgegen den Anweisungen des Gerichts, erlaubte der Betreuer ohne Rücksprache mit dem Kind oder der Mutter dem psychopathischen Vater, seinen erwachsenen Sohn aus erster Ehe mitzubringen. Besonders grotesk ist dabei, dass dieser zwei Wochen zuvor eine eidesstattliche Versicherung bei Gericht abgegeben hatte, worin er Erik und die Mutter der Lüge bezichtigte.

Der Betreuer kannte diesen Umstand. Aber er hatte ihn vergessen, wie er sagte. Und er habe vergessen, von der Mutter das Einverständnis einzuholen. Somit wurden ein weiteres Mal die Gefühle und die Wertschätzung von Kind und Mutter übergangen. Dieses Verhalten ist erschreckend unprofessionell und nicht zu entschuldigen; man darf so einen Vorfall weder dem Gericht noch dem Jugendamt verschweigen. Durch den begleiteten Umgang sollte Erik geschützt und nicht ein weiteres Mal vorgeführt und belastet werden. Sollten Sie in eine ähnliche Situation geraten, dann lassen Sie Ihrem Betreuer jedenfalls kein Versäumnis durchgehen und zwingen Sie ihn, die nötige Sensibilität aufzubauen.

Umgangspfleger

Sollte in Ihrem Fall der Psychopath das Aufenthaltsbestimmungsrecht besitzen und sich regelmäßig oder zeitweise weigern, die Kinder zu Ihrem rechtmäßigen Umgangswochenende bzw. zu den Ihnen zustehenden Zeiten herauszugeben, gibt es in Einzelfällen noch die Möglichkeit, beim Familiengericht einen Umgangspfleger zu bestellen. Seine Aufgabe besteht darin, den gerichtlich geregelten Umgang und reibungsfreie Übergaben zu gewährleisten. Holen Sie sich bei Ihrem Rechtsanwalt dahingehend Rat.

Pflichten verweigern

Die Behauptung, dass der Psychopath in der Nachtrennungsbeziehung seinen Pflichten meist nicht nachkommt, wird Sie nicht überraschen. Das war mit Sicherheit auch vor der Trennung der Fall, sodass Sie die Funktion eines Puffers zwischen ihm und den Kindern übernommen hatten, um Pflichtverletzungen, Aggressionen oder Gleichgültigkeit abzufedern.

Dieser Aufgabe können Sie nach einer Trennung nur noch zu einem bestimmten Teil nachkommen. Dies gibt Grund zur

Sorge, denn für die kindliche Entwicklung ist es von großer Bedeutung, dass Absprachen eingehalten werden und ein sicherer Rahmen gewährleistet ist. Gerade nach einer Scheidung ist es wichtig, dass beide Elternteile Interesse an der guten Entwicklung des Kindes zeigen. Dazu gehört beispielsweise, sich für Freunde und Hobbys zu interessieren und der Besuch von Elternabenden und Schulfesten. Aber auch andere Verantwortungsbereiche müssen abgedeckt werden, wie das Lernen für bevorstehende Klassenarbeiten während des Umgangswochenendes usw. All das wird der psychopathische Elternteil in der Regel ignorieren oder torpedieren und die Schuld am Versäumnis dem Ex-Partner zuschieben. Dabei fühlt er sich ganz und gar als verantwortungsvoller Mensch. Nur glaubt er, intelligent genug zu sein, um zwischen wichtig und unwichtig unterscheiden zu können, Ihnen hingegen spricht er diese Intelligenz ab.

Psychospiele

Ganz ähnlich setzen viele psychopathische Individuen ihre Kinder für ihr intrigantes Spiel mit dem getrennten Partner ein. Meistens wird das so geschickt kaschiert, dass weder das Kind, noch das Umfeld diesen Missbrauch als solchen erkennt. Ein typisches Beispiel erlebte ich kürzlich, als ein Vater seinem Töchterchen sagte, dass er ihr so gern ihren Herzenswunsch erfüllt und ihr einen eigenen Hund geschenkt hätte, wäre die lieblose Mama nicht dagegen gewesen. Natürlich hätte er ihr den Hund in Wirklichkeit nie gekauft. Er zahlte ja nicht einmal den Unterhalt. Aber er wusste, dass dieses Versprechen auch nie realisierbar wäre, da die Mutter mit dem Kind mitten in der Stadt lebte, wo kein grünes Fleckchen in der Nähe war und sie sich weder zeitlich noch finanziell ein Haustier leisten konnten. Das Kind fühlte sich in seinen Bedürfnissen von ihm verstanden und geliebt und von der Mutter übergangen. Diesen perfiden Angriffen wirksam zu begegnen, erfordert viel Einfühlungsvermögen und Geduld. Hier hilft nur verständnisvolles Erklären der Situation, auch wenn das Kind (noch) nicht alle Aspekte verstehen kann. Dass einen Hund zu halten aus mehreren Gründen nicht möglich ist, wird es irgendwann genauso akzeptieren wie die guten Argumente, die die Mutter immer wieder dafür anbringen kann.

Hilft all das nichts und der psychopathische Elternteil weitet seine Taktik aus, sollten Sie unbedingt anwaltliche Hilfe in Anspruch nehmen (siehe auch Abschnitt „Denunzierungen").

Kinder vereinnahmen

Es gibt bei psychopathischen Individuen Extreme in alle Richtungen und somit auch groteske Fälle. Manche verschaffen sich einen fragwürdigen Kick, indem sie ihr Kind ganz für sich vereinnahmen und emotional vom anderen Elternteil abtrennen. Sie fixieren es regelrecht auf sich. Dadurch wird das Kind instrumentalisiert; es tritt quasi als verlängerter Arm des Psychopathen auf und begegnet dem anderen Elternteil mit Verachtung und Widerstand. Psychopathen sind in vielerlei Richtungen Seelendiebe. Und sie kennen keine Scheu, ihr eigenes Kind sozial zu entwurzeln und ihm der Liebe und Geborgenheit eines Elternteils zu entreißen. Leben in solch einer Familie mehrere Kinder, überträgt sich die Spaltung auch auf die Geschwister. Für die vereinnahmten Kinder geht das in der Regel mit dem Verlust ihrer Fröhlichkeit und Unbeschwertheit einher; sie werden instrumentalisiert und auf Funktionen reduziert. Die meisten von ihnen werden leider erst viel später erkennen, dass sie eines sehr wichtigen Teils ihrer Kindheit und ihres Lebens beraubt und missbraucht wurden. Doch wenigstens dann kann für sie die Zeit der Auseinandersetzung und Heilung beginnen.

Die Umgangszeiten

Ohne Übertreibung darf ich wohl behaupten, dass Sie dieses Thema begleiten wird, solange das Umgangsrecht besteht, bzw. praktiziert wird. Feste Umgangszeiten empfinden Psychopathen als gewaltsam angelegte Handschellen. Es beschneidet ihr Recht auf Selbstbestimmung, ihren Wahn, die eigenen Bedürfnisse egozentrisch auszuleben usw. Deshalb werden sie immer wieder versuchen, die Umgangszeiten aufzuweichen.

Gerade weil es unglaublich aufreibend und kräftezehrend ist, fortwährend mit Enttäuschungen und Provokationen umgehen zu müssen und dennoch zum Wohl der Kinder um eine praktikable Koordination zu kämpfen, dürfen sie keinen Deut von der vereinbarten Regelung abweichen. Viele meiner Klientinnen haben sich zumindest ein wenig Entlastung von der angespannten Situation versprochen, wenn sie ihrem Ex-Partner etwas entgegengekommen sind. Doch jedes kleine Zugeständnis brachte nur weitere Konflikte, denn sie leiteten aus jeder zusätzlichen Kleinigkeit ein bestehendes Recht ab, das sie immer, wann sie möchten, einfordern können. Also keine unnötigen Annehmlichkeiten für gewaltbereite Menschen.

Bleiben Sie auch bei Verstößen konsequent und dokumentieren Sie diese an offizieller Stelle. Wenn Sie es sich zutrauen, dann können Sie den nächsten Umgang verweigern mit der

Begründung, dass sie sich nicht für Spielchen einspannen lassen und den Kindern ein reibungsfreies Wochenende sicherstellen wollen. Verlieren Sie dabei nie aus den Augen, dass er
mit Ihrer Schwäche oder Unsicherheit rechnet. Ohne diese
Kalkulation würde er sich nichts zutrauen.

Reflexion:

Wie oft sind Sie seinen unberechtigten Forderungen entgegengekommen? Was erhofften Sie sich damit? Wie hat er es
Ihnen gedankt?

Die Ferienregelungen

Selbst Absprachen, die gerichtlich angeordnet sind, werden
von Psychopathen missachtet, da es nicht in ihrer Natur liegt,
sich etwas „aufoktroyieren" zu lassen.

So wird nicht selten von Ferien zu Ferien ebenfalls neu
diskutiert, verhandelt und gedroht. Eine Klientin hatte es
klug angegangen und ihrem Ex-Mann eine Auflistung mit
ihren zeitlichen Wünschen gesendet. Sie wusste, dass er ihr
grundsätzlich keinen Millimeter entgegenkommen und für
das Gegenteil kämpfen würde. Also hatte sie um die Zeiten
gebeten, die sie auf keinen Fall haben wollte. Und am Ende
bekam sie genau das, was sie von Anfang an beabsichtigt hatte. Das war clever und vorausschauend gehandelt.

Auch das Boykottieren von Urlauben zählt zu den typischen Verhaltensweisen psychopathischer Charaktere. Hat
z.B. der Elternteil, bei dem die Kinder leben, für die Umgangszeit eine Reise geplant, ist die Verlockung für ihn sehr hoch,
gerade dann die Kinder nicht abzuholen. Plötzlich gibt es eine
unvorhergesehene Geschäftsreise, eine Krankheit wird vorge-

täuscht, der Urlaub wurde angeblich gestrichen, ein fingierter Wasserschaden wird vorgeschoben oder Ähnliches. Im umgekehrten Fall, wenn die Kinder bei dem Psychopathen leben und der andere Elternteil mit ihnen eine Reise gebucht hat, wird auch diese nicht selten vereitelt. Da ist dann plötzlich der Kinderausweis verschwunden, der Gesundheitszustand des Kindes unsicher etc.

Eine gute Lösung gibt es für solche Fälle leider nicht, weil die Verstöße vonseiten der Justiz oder Jugendämtern im Allgemeinen nicht so ernst genommen werden, wie sie sind. Im nachweislich wiederholten Falle könnten Sie mit Hilfe Ihres Rechtsanwalts vielleicht noch einmal gerichtliche Hilfe suchen. Aber wie aussichtsreich das wird, kann man nie vorhersehen. Was ich Ihnen allerdings sehr ans Herz legen möchte, ist Folgendes:

Zeigen Sie auch hier Ihrem Ex-Partner nie Ihre wahren Emotionen. Je mehr er spürt, wie er Sie also damit packen kann, desto härter wird er zupacken. Wenn Sie also selbst eine Reise für sich allein buchen, solange die Kinder bei ihm sind, dann halten Sie das, wenn möglich, vor ihm geheim. Sollten Sie durch einen von ihm erzwungenen Reiserücktritt Geld verloren haben, befragen Sie auch hier Ihren Anwalt, wie Sie den wirtschaftlichen Schaden bei ihm geltend machen können.

Was Ihnen jedoch in solchen Fällen unbenommen bleibt ist, das Jugendamt, Verfahrensbeistände, usw. schriftlich zu informieren. Somit kann er wenigstens nicht durchgängig sein Bild als fürsorglicher Vater in vollem Glanz aufrechterhalten. Die Psychologen sind möglicherweise gern bereit zu attestieren, dass die Kinder unter Zurückweisungen gelitten haben. Natürlich nur, wenn dies der Fall war, denn sehr viele Kinder jubeln, wenn sie in den Ferien nicht zu ihrem tyrannischen Vater müssen.

Übergabe der Kinder

Sie sollten damit rechnen, dass sich Übergabesituationen als perfekter Zeitpunkt anbieten, um schwere verbale Anschuldigungen und Beleidigungen loszuwerden und emotionale Schmerzen zuzufügen. Jedenfalls müssen Sie zumindest theoretisch darauf vorbereitet sein. Zunächst sollten Sie sich ernsthaft überlegen, ob Sie dem Psychopathen gestatten, Ihre Wohnung zu betreten. Ich kenne keine Person, die davon je einen Vorteil gehabt hätte. Ganz im Gegenteil. Jedoch haben es die meisten Opfer aus Angst vor weiteren Repressalien nicht gewagt, ihm diese „Selbstverständlichkeit" zu verweigern. Ich möchte Ihnen wieder versichern, dass ich dieses Verhalten verstehen kann. Ich glaube nur nicht, dass es zu einer Reduktion der Konflikte beiträgt. Hat er erst einmal Zutritt zu Ihrem neuen Zuhause, wird er jede noch so kleine Situation zum Anlass nehmen, Ihr Glück und Ihren Frieden zu stören. Und Ihr Gefühl der Geborgenheit und Sicherheit in Ihrem Zuhause wird, je nachdem, was Sie durchlitten haben, schon allein durch seine Gegenwart beeinträchtigt. Betrachten Sie Ihre Wohnung als heiligen Raum, der für Sie und Ihre Kinder zu einem beschützten, sicheren und schönen Ort werden und frei von den destruktiven Zugriffen des Ex-Partners sein soll. Grenzen schränken diese Individuen ein. Aber nicht Höflichkeit und Anstand.

Verbale Übergriffe

Ihre mögliche Vorbereitung ist wieder: Stellen Sie Ihr Handy auf Aufnahmefunktion und kommunizieren Sie das offen. Schlüpfen Sie ebenfalls in eine Maske und zeigen Sie sich von seinen verbalen Entgleisungen unbeeindruckt. Betrachten Sie ihn aufmerksam und beobachten Sie seine Körperhaltung, die bei Ihren Interventionen Veränderungen zeigen wird.

Sie könnten sich beim ersten Anzeichen von Aggressionen in folgenden oder ähnlichen Äußerungen üben:

„Ich habe mein Handy zu meinem und zu deinem Schutz auf Aufnahme gestellt. Es soll dir helfen, sachlich zu bleiben. Ansonsten ist es meine Aufgabe, die Verletzung deiner Fürsorgepflicht den Kindern gegenüber an offizielle Stellen weiterzuleiten."

„Falls du die Übergabezeiten für einen weiteren emotionalen Missbrauch gegen meine Person nutzen möchtest, muss ich dir mitteilen, dass ich mich dafür nicht mehr zur Verfügung stelle. Sollte sich das noch einmal wiederholen, werde ich entsprechende Maßnahmen ergreifen müssen. Ich habe bereits eine Beratungsstelle eingeschaltet."

„Es tut mir leid, dass mein Anblick dich so sehr aus der Fassung bringt. Vielleicht könnte dir ein Therapeut helfen zu lernen, deine Emotionen zu regulieren und zu beherrschen. Bis dahin gilt jedoch: Sollte noch einmal etwas Ähnliches geschehen, werde ich die Übergaben in dieser Form verweigern. Die entsprechenden Aufzeichnungen deiner Beleidigungen und Drohungen reichen dafür allemal aus."

„Ich sehe, dass du sehr aufgekratzt und zappelig bist. Bitte reiß dich zusammen. Ich kann keine Achtung mehr vor dir haben, wenn du selbst nicht mehr Herr deiner Sinne bist. Wann immer du dieses Verhalten wieder zeigst, musst du die Verantwortung dafür übernehmen. Nicht bei mir, aber an offiziellen Stellen. Mein Rechtsanwalt ist bereit und wartet nur noch auf meine Anweisung."

Die Information über die Sprachaufzeichnung sollte immer am Anfang stehen, dann können Sie das entsprechende persönliche Statement loswerden. Das ist ein guter Weg, sich nicht mehr in Gegenwart der Kinder schlecht behandeln und die Kinder diese Spannungen aushalten zu lassen. Sie haben auch die Möglichkeit, am Vortag der Übergabe ihn sachlich anzuschreiben und nachzufragen, ob er gewillt ist, ein spannungsfreies Begegnen zu gewährleisten. Im positiven Falle seien Sie gern dafür bereit. Ansonsten werde es vorerst das letzte Treffen sein, bis es zu akzeptablen Lösungen gekommen ist.

Was immer Sie ankündigen, Sie müssen, auch wenn es Ihnen sehr schwerfällt, die Sache durchziehen. Sie können ruhig einmal den Umgang ausfallen lassen. Er muss merken, dass Sie es ernst meinen.

An dieser Stelle möchte ich Ihnen das verwegene Vorgehen von Dagmar auf keinen Fall vorenthalten. Ihr Ex-Mann hatte sie bei jeder Übergabe vor dem kleinen Sohn dermaßen beschimpft und gedemütigt, dass sie aus ihrer Wut heraus die Kraft zu einem Gegenschlag gefunden hatte. Als er eines Freitagabends wieder verbal aggressiv und ordinär auf sie einschlug und dabei wie Rumpelstilzchen vor dem Hause hin und her sprang und wild gestikulierte, hatte ihre Mutter heimlich die ganze Szene gefilmt. Als er das Kind am Sonntag wieder brachte, winkte sie mit der Kamera und sagte ganz ruhig und selbstbewusst: „Meine Mutter hat dich am Freitag gefilmt. Wenn du dich noch einmal ein winziges Bisschen in deinem Ton vergreifst, wird diese Aufnahme im Postfach deines Arbeitgebers landen. Dann kannst du dir eine gute Ausrede für dein abscheuliches Verhalten ausdenken, wo du doch so ein verantwortungsvoller Vater bist, Herr Sozialpädagoge. Ich bin mal gespannt, ob dich dein Vorgesetzter dann noch auf einen einzigen Menschen loslässt."

Das hat gesessen. Aus dem starken, überheblichen Macho wurde mit einem Mal ein kleiner, unscheinbarer Wicht. Wenn Dagmar das früher gewusst hätte, dann wäre es nie so weit gekommen. Sie sehen wieder einmal, komplizierte Herausforderungen benötigen kreative Lösungen. Ich hoffe, dieser Fall schenkt Ihnen etwas Mut und Inspiration!

Erziehungsrechte des Psychopathen

Ein Psychopath besteht selbstverständlich auf seinen Rechten. Das heißt jedoch nicht, dass er diese auch sinnvoll wahrnehmen möchte. Beim gemeinsamen Sorgerecht hat er beispielsweise das Mitbestimmungsrecht, welche Schule seine Kinder besuchen sollen. Das wird er vielleicht schamlos ausnutzen. Er wird sich nämlich nicht dafür interessieren, was für das Kind das Beste ist, sondern eher, wie er den Partner durch die Verweigerung seiner Zustimmung verletzen, hinhalten, verunsichern, erpressen usw. kann. Möglicherweise wird er seine Zustimmung von der Entfernung der Schule zu seinem Zuhause abhängig machen, falls er sie nach dem Umgangswochenende dorthin bringen muss, oder für eine Zusage Vergünstigungen aushandeln. Das ist nur ein Beispiel von vielen. Jede Unterschrift oder Zustimmung, die Sie von ihm benötigen, wird ihren Preis haben.

Denunzierungen

Bindungstoleranz ist den Psychopathen fremd, d. h. sie werden die Bindung der Kinder zum anderen Elternteil nicht fördern oder respektieren, sondern aktiv attackieren.

Ihnen ist also klar, dass Psychopathen nach einer Trennung schlecht über das andere Elternteil sprechen und ehrabschneidende und diffamierende Lügen ganz beiläufig, aber konsequent einstreuen. Das dient der Festigung ihrer Machtposition und lässt sich nicht ohne Weiteres verhindern. An Vernunft braucht man erst gar nicht zu appellieren.

Um die Kinder vor noch größeren emotionalen Belastungen zu bewahren und sie nicht in weitere tiefe Konflikte zu stürzen, vermeiden es liebevolle Elternteile weitgehend, die Lügen und wahren Absichten der Täter zu entlarven und zeigen immer noch eine hohe Dialogbereitschaft. Einerseits ist das eine wundervolle und heroische Rücksichtnahme, andererseits stärkt gerade das Zulassen der Unwahrheit die Position des Täters und erzeugt bei den Kindern langfristig möglicherweise ein offenes oder unbewusstes Ablehnen des verleumdeten Elternteils. Wenn nicht, so müssen die Kinder mindestens mit dem Schmerz leben, den die Herabsetzung mit sich bringt.

Deshalb ist die Abwägung, ob man diese Lügen über die eigene Person duldet in der Hoffnung, dass das Kind bald selbst die Wahrheit erkennen kann, bzw. ob man gegen dieses niederträchtige Verhalten vorgeht, eine Gratwanderung. Doch bedenken Sie: Wann immer einem Psychopathen das Feld allein überlassen wird, wird nichts Gutes darauf wachsen. Wenn er sieht, dass seine Taktik erfolgreich ist, wird er sie verstärken. Und das Kind wird ihm möglicherweise Glauben schenken, wenn seine Behauptungen nicht widerlegt werden.

Die einzige Möglichkeit, die ich sehe, ist eine gerichtliche Verfügung anzustreben, die dies unter Strafandrohung verbietet.
Manche Richter greifen bei Verhandlungen zum Umgangsrecht diese Thematik auf und ordnen ein einwandfreies Benehmen an. Den Kindern wird dann eine Vertrauensperson
genannt, möglicherweise der Verfahrensbeistand, den sie bei
einem Verstoß informieren können. Sollte der Verfahrensbeistand allerdings vom Psychopathen vereinnahmt sein, müsste
Ihr Rechtsanwalt intervenieren, dass eine andere Person bestimmt wird, die beiden Eltern gleichermaßen Respekt ent-
gegenbringt. Und der Richter müsste darum gebeten werden
sicherzustellen, dass die Kinder im Falle einer Aussage vor Bestrafungen geschützt sind. Ansonsten macht das Ganze auch
wieder keinen Sinn.

Reflexion:

Setzen Sie sich intensiv mit dieser Dynamik auseinander und
versuchen Sie herauszufinden, was das kleinere Übel für Ihr
Kind ist. Was muss das Kind durch Ihr Schweigen und was
durch Ihre Aufklärung aushalten?

Verletzen durch Verwöhnen

Eine andere Form, den Ex-Partner zu bestrafen und zu entmutigen, kann durch extremes Verwöhnen initiiert werden.
Ist der Psychopath vermögend, dann genießt er es möglicherweise, seine Kinder an seinen Umgangswochenenden
mit Luxus zu überschütten.

Er wird exklusive Urlaube planen und nichts wird ihm zu
viel sein, um eine große Kluft zwischen seinem Wohlstand
und dem Alltagsleben mit all seinen Pflichten und Aufgaben

bei dem erziehenden Elternteil zu reißen. Wenn die Kinder nach solch einem Wochenende oder Urlaub nach Hause kommen, berichten sie voller Stolz von den teuersten Anschaffungen und den vielen Verlockungen, die die Zukunft ihnen noch bereithält.

Wie müssen sich da die Menschen fühlen, die hier nicht mithalten können (es in der Form aber auch nicht wollen), die ihre Kinder allein erziehen und sie zum Lernen, zur Mithilfe im Haushalt und vielem anderen anhalten müssen – die durchweg damit beschäftigt sind, sie zum Sport, zum Musikunterricht oder zu Freunden, Therapiestunden und vielen anderen Terminen zu begleiten und für sich selbst keinen Freiraum mehr haben? Ja, auch da leistet der Psychopath große Arbeit. Denn Kinder können diesen bösen Plan nicht durchschauen. Sie glauben nur zu gern daran, dass sie geliebt und verehrt werden, und können nicht ahnen, dass sie lediglich Mittel zum Zweck sind.

Einen ähnlichen Effekt erreichen diese Menschen, wenn sie ihren Kindern an den Umgangswochenenden oder in den Ferien jede Freiheit einräumen und dies als Wertschätzung deklarieren: „Bei mir musst du nicht im Haushalt helfen. Du darfst selbst entscheiden, ob du für die Schule lernen möchtest, wann du zu Bett gehen magst." Usw.

Ein Hoffnungsschimmer ist allerdings, dass die Kinder dennoch meistens die Wärme des gesunden Elternteils nicht aufgeben und ihr Zuhause dort beibehalten möchten. Es kommt zwar immer wieder vor, dass Kinder mit einem Wechsel zum anderen Elternteil drohen, aber nach meiner Erfahrung schrecken sie in der Konsequenz gewöhnlich vor diesem Schritt zurück, wenn man ihnen tatsächlich die Wahl anbietet. Denn Liebe und das Gefühl der Geborgenheit kann man eben nicht kaufen.

Unterhaltszahlungen/Ehegattenunterhalt

Psychopathische Menschen gehören nicht zu der Spezies, die kampflos eine Leistung erbringen, von der sie nichts haben. Außerdem unterstellen sie grundsätzlich, dass die Unterhaltszahlungen nicht für die Kinder verwendet, sondern vom getrennten Partner verjubelt werden. Ausgerechnet von ihrem Geld soll sich nun die meistgehasste Person ein schönes Leben machen? Ein absolutes No-Go. Unterhaltszahlungen zu verweigern, zu verschleppen oder nach eigenem Gutdünken zu kürzen ist deshalb eines ihrer Spezialgebiete. Am niederträchtigsten wird es bei Selbstständigen, die von einem Tag auf den anderen an unerklärlichem Gedächtnisverlust leiden und ihre Vermögens- und Besitzverhältnisse vollkommen aus den Augen verlieren. Da bedarf es immer wieder der geistigen Unterstützung durch die Geschädigten.

Meist schauen die Betroffenen diesem Schauspiel lange zu, bevor sie sich trauen, gerichtliche Hilfe in Anspruch zu nehmen. So stürzen sie ungewollt ihren neuen Alltag ohne den Psychopathen in die nächste Schieflage. Der Grund ist wieder einmal: Sie hoffen, dass sie in Ruhe gelassen werden, wenn sie sich nur ruhig verhalten. Doch der Verzicht auf Unterhaltszahlungen kann in vielen Fällen bedeuten, dass die Kinder ein Leben an der Armutsgrenze führen müssen. Aber Ihre Kinder haben nicht nur das Recht auf ein gewaltfreies Leben, ihnen sollen auch die bestmöglichen Entwicklungschancen gegeben werden. Dazu gehört auch ein angemessenes Leben in unserer Gesellschaft mit der Teilnahme an Klassenfahrten, Sport- und Musikunterricht, einer gesunden Ernährung und vielem mehr, das eine finanzielle Flexibilität voraussetzt.

Bedenken Sie das bitte, falls Sie geneigt sind, auf Ihre und die Ansprüche Ihrer Kinder zu verzichten. Ein Verzicht sieht auf den ersten Blick möglicherweise hilfreich aus. Aber der bittere Alltag wird folgen. Ihr nachgiebiges Verhalten wird nur seine Position stärken und er wird noch weniger als zuvor auf seine Rechte verzichten, weil er Ihren Rückzug als das deuten wird, was er im Grunde auch ist: eine Kapitulation. Schließlich sind genau diese Reaktionen von ihm angestrebt. Mit hoher Wahrscheinlichkeit wird irgendwann der Tag kommen, wo Sie sich diese selbstlose Haltung nicht mehr leisten können und Ihre Ansprüche einklagen müssen. Dann haben Sie nichts gewonnen, aber bis dahin viel Geld und Lebensqualität verloren.

Denken Sie immer daran, dass psychopathische Charaktere nur so lange mutig sind, solange sie keinen Gegenwind spüren und sich auf sicherem Terrain wissen. Ich möchte es wieder und wieder für Sie wiederholen: Es sind Menschen, die vorwiegend aus der Ohnmacht ihrer Opfer ihre Kraft beziehen. Je ängstlicher die Opfer sind, desto stärker werden sie. Zum Manipulieren oder zum Gewaltausüben, zum Beschimpfen usw. gehören immer mindestens zwei. Weigern Sie sich, deren Lebensquell zu sein.

Und während Ihr Psychopath ganz allein seiner eigenen Bosheit ausgesetzt ist, schenken Sie Ihren Kindern Geborgenheit und Liebe und Vertrauen. Das sind die wichtigen Säulen in ihrem Leben. Und sie werden es Ihnen danken!

Der Kampf mit Institutionen

Recht haben und Recht bekommen sind zwei verschiedene Dinge. Volksmund

Umso mehr sind Eigeninitiative, Entschlossenheit und Kreativität gefragt. Überraschen Sie doch Ihren Partner mit einer Haltung, die er Ihnen nie zugetraut hätte.

Gerichtsverhandlungen

Gerichtliche Auseinandersetzungen mit Psychopathen sind etwas sehr Spezielles und konfrontieren die Betroffenen nicht selten mit neuen Dimensionen von Ohnmacht. Ich möchte Sie nicht verunsichern, doch dürfen Sie nicht grundsätzlich davon ausgehen, dass Sie vor Gericht endlich Gehör und Gerechtigkeit finden werden. Natürlich glaubt man, dass Richter, Anwälte, Verfahrensbeistände, Gutachter usw. auf neutrale Instanzen schließen lassen, die sehr wohl zwischen Recht und Unrecht entscheiden können. Zumindest sollte man es glauben dürfen, doch das ist oft weit gefehlt. Deshalb sollten Sie zumindest darauf vorbereitet sein, dass Ihre Vorstellungen von Gerechtigkeit nicht automatisch Anklang finden.

Meines Wissens werden Richter nicht zum Thema psychopathisches Verhalten ausgebildet. Und zu glauben, dass ein gesunder Menschenverstand oder eine langjährige Berufserfahrung automatisch die nötigen Befähigungen mitbringen, ist ein Irrtum. Schon etliche Frauen haben mir berichtet, dass ihre Ex-Männer vor Gericht eine überzeugende Show veranstaltet hätten, die alle Anwesenden glattweg für sie eingenommen haben, und sich danach dann darüber lustig gemacht hätten, wie lächerlich und einfältig doch die Richter und Gutachter gewesen sind. Unvermeidbar löst solch eine Erfahrung in den noch unter Schock stehenden Frauen eine weitere Hilflosigkeit aus. Sie wissen, dass niemand ihnen auch nur ein Wort dessen glauben würde, was ihnen gerade hinter vorgehaltener Hand zugeflüstert wurde. So in etwa endet eine Sache, wenn diese kranken Menschen ungesehen und unerkannt die Strippen ziehen.

Ich möchte Ihnen zum Thema perfekte Manipulation zwei klassische Beispiele nennen:

Der Wolf im Schafspelz

Einer Klientin erging es folgendermaßen: Als sie mit ihrer Anwältin den Gerichtssaal betrat, eilte ihr Ex-Mann, der schon im Saal war, auf sie zu und rückte ihr vor aller Augen wie ein vollendeter Gentleman den Stuhl zurecht, damit sie sich setzen konnte. Dann fragte er mit freundlichem und ruhigem Blick, ob es ihr gut ginge und ob er noch irgendetwas für sie tun könne. Vielleicht ein Glas Wasser bringen? Und dabei legte er beruhigend seine Hand auf ihre Schulter.

Die Anwesenden, auch der Richter, waren von ihm ganz eingenommen und lächelten ihm wohlwollend zu. Meine Klientin war dermaßen vor den Kopf gestoßen, dass sie vollkommen unfähig war, auf diese Situation zu reagieren. Sie wusste, dass ihr in diesem Raum niemand mehr glauben würde. Sie war so niedergeschmettert von diesem Auftritt, dass sie vollkommen in sich zusammenbrach. Auch ihre Rechtsanwältin fühlte sich überrumpelt und war unfähig, konstruktiv auf die Situation einzugehen.

In diesem Fall hatte der Richter wohl das Denken vergessen. Wenn er seine Akte richtig studiert oder ernst genommen hätte, so wäre ihm nicht entgangen, dass dieser Mann von einer regelrechten Prozesssucht besessen war und einen Prozess nach dem anderen gegen seine Frau und in Unterhaltssachen auch gegen seine Kinder führte. Und dass auch jedes Anwaltsschreiben hoch aggressiv und in vernichtendem Ton gehalten war. Er hätte die Tatsache, dass die ganze Familie sich von ihm bedroht fühlt und die Kinder unter Ängsten und Schlafstörungen litten und sich vor den Wochenenden, an welchen sie zu ihrem Vater sollten, Selbstverletzungen zufügten, nicht so bagatellisiert. Schließlich lagen hierfür Stellungnahmen des Therapeuten der Kinder und des Kinderarztes vor.

Doch all das konnte offensichtlich mit einer einzigen kleinen, gut inszenierten Schmierenkomödie vom Tisch gefegt
werden. Der Vater fühlte sich erst einmal bestätigt, bekam
geradezu einen Höhenflug und zog sein Spiel durch. Er ver-
gaß auch nicht, an den richtigen Stellen Reue zu zeigen, sich
einsichtig und betroffen darzustellen, eben die ganze Palette
aufzufahren. Der Richter konnte nach dieser Verhandlung
der Frau einen geläuterten und einsichtigen Menschen zu-
rückgeben. Das glaubte er zumindest.

Zweiter Fall: Nach einer Verhandlung, in der dem Vater aufgrund einer Erkrankung das Umgangsrecht erweitert wurde
(wobei zu fragen wäre, warum Kinder zu einem Vater müssen,
vor dem sie sich fürchten, nur weil er krank ist? Warum muss
nicht der Vater die Konsequenzen für seine schweren Entgleisungen übernehmen?), hatte er seinen großen Auftritt. Und
der war perfekt inszeniert, waren doch alle wichtigen Menschen anwesend: der Richter, Verteidiger, Gutachter, die Vertretung vom Jugendamt und der Verfahrensbeistand.

So ging dieser Mann direkt nach der Sitzung vor allen Anwesenden auf sein Töchterchen zu, nahm es in die Arme und
sagte: „Na sag mal, mein Schatz, wer hat dir denn die Haare
geschnitten? Das passt ja gar nicht zu einem so hübschen Mädchen wie du es bist. Aber weißt du was, der Papa wird dich zu
einem richtig tollen Frisör einladen." Alle Umstehenden, und
ich meine alle – auch die Rechtsanwältin meiner Klientin –,
waren berührt von seiner herzlichen Art, sagten Dinge wie:
„Ach, ist das süß!" und blickten sich gegenseitig zustimmend
an. Dass das Kind nicht regelmäßig zu einem „tollen Frisör"
konnte, lag allein daran, dass der Vater keinen Unterhalt zahlte und die Mutter verschuldet war, was jeder wusste, aber niemanden interessierte. Es war keiner da, der sagte: „Ja, Ihr Kind

ist wegen der seit Jahren ausstehenden Unterhaltszahlungen unterversorgt." Das wäre eine korrekte Aussage von den Anwesenden gewesen, aber nein, sie waren richtig im Herzen angerührt von dieser Farce. Und es war für diesen Menschen kein Problem, sein Kind ein weiteres Mal für seinen Auftritt zu missbrauchen. Denn dass es nie zu dem tollen Frisör kam und die Kleine ein weiteres Mal enttäuscht wurde, muss ich an dieser Stelle natürlich nicht besonders hervorheben. Sie haben es mit Recht erwartet.

Anregung:

An dieser Stelle möchte ich alle Betroffenen bitten, darüber nachzudenken, ob Sie selbst nicht die Qualifizierung zum Verfahrenspfleger in Angriff nehmen möchten. Sie wären prädestiniert dafür. Denn Sie haben aufgrund Ihrer schmerzhaften Erfahrungen die höchsten Chancen, psychopathisches Wirken zu erkennen, und können den Kindern dadurch adäquat beistehen.

Die Macht der Aggression ...

Aber selbst wenn Psychopathen sich nicht nur eloquent und überzeugend, sondern auch aggressiv, denunzierend und verletzend gegenüber ihren Partnerinnen verhalten, was sehr häufig geschieht, rennen sie damit unerklärlicherweise ebenfalls sehr oft offene Türen ein. Macht, auch wenn sie sich in Rücksichtslosigkeit und Niedertracht äußert, wird augenscheinlich gern mit Rechthaben assoziiert. Das ist ein Phänomen, das in allen gesellschaftlichen Bereichen vertreten ist. Blender und Hochstapler haben wesentlich mehr Erfolg als ehrliche und bescheidene Menschen.

Geht es bei Gerichtsverhandlungen um Sorgerechtsausei-
nandersetzungen, steigt durch diese Mischung aus bösartigen Angriffen, der Lawine erfundener und erlogener Verleumdungen sowie der Tendenz der Beteiligten, dem Psychopathen zu glauben, die Angst der Mütter, ihre Kinder zu
verlieren.

Sie erleben die ganze Bandbreite ohnmächtiger Gefühle
von völliger Verzweiflung bis hin zur totalen Lähmung. Und
der Anblick ihrer Verzagtheit und Trostlosigkeit verstärkt
wiederum den allgemeinen Eindruck von Schuld oder Unver-
mögen.

Warum ängstigen solche aggressiven Auftritte eigentlich niemanden?

Wie kann man das Sorgerecht von Kindern ruhigen Ge-
wissens einem Menschen zusprechen, der im Gerichtssaal, wo
er unter besonderer Beobachtung steht und extrem bemüht
ist, ein makelloses Bild von sich abzugeben, vollkommen die
Beherrschung verliert und ein höchst aggressives Verhalten zeigt? Warum erkennt denn in solchen Fällen niemand
das Ausmaß dieser Destruktivität und nimmt entsprechend
daran Anstoß? Oder glaubt man wirklich, dass der gleiche
Mensch bei seinen Kindern nur Güte und Verständnis kennt?
Wie jeder sehen kann, sind doch diese Persönlichkeitsanteile
wie Wut und Gewaltbereitschaft, verbunden mit mangelnder Impulskontrolle, in ihm vorhanden. Das kann man doch
nicht weg reden.

Jeder gesunde Mensch, der Zeuge solcher Entgleisungen
wird und der auch nur ansatzweise vorausschauend denken
kann, muss wissen, was geschieht, wenn die Kinder zu Hause
nicht seinen Erwartungen entsprechen und sich seinen Anordnungen widersetzen. Sie waren doch höchstpersönlich

Zeuge handfester Aggressionen. Solchen Menschen Kinder zuzusprechen ist, als würde man einem Fuchs den Hühnerstall anvertrauen.

Es ist ein unerklärliches Phänomen, das im Dunstkreis psychopathischer Charaktere sehr oft zu beobachten ist: Sie beherrschen jede Situation und alle Beteiligten scheinen in einen mysteriösen geistigen Ausnahmezustand zu fallen, ohne sich darüber auch nur ansatzweise im Klaren zu sein. Deshalb ist es unbedingt erforderlich, den unwahren Behauptungen psychopathischer Charaktere immer wieder Einhalt zu gebieten und damit versuchen zu verhindern, dass sich solch eine Dynamik überhaupt erst entwickeln kann.

Ich habe mit meinen Klientinnen zwangsläufig darüber gesprochen, warum sie nicht aufgestanden sind und falsche Aussagen dementiert haben? Die Antwort ist eigentlich ganz einfach: Sie wollten vor Gericht keinen schlechten Eindruck abgeben, wollten nicht das Bild aufkommen lassen, dass sie unhöflich sind oder etwas nur behaupten, um ihrem Gegenüber am Zeug zu flicken; dass sie gerne streiten oder dass ihnen, wenn sie sich wehren, aggressives Verhalten unterstellt werde usw. Und genau dieses „sich in die Gedanken anderer hineinzuversetzen und zu interpretieren, was sich alles gegen sie richten könnte", hat am Ende verhindert, dass sie erfolgreich die psychopathischen Ausschweifungen stoppen und sich für sich selbst, oder für ihre Kinder, einsetzen konnten.

Nehmen Sie Abstand von Besorgnissen, was man gegen Sie verwenden könnte, und setzen Sie sich lieber vehement für Ihre Interessen ein. Nur dann haben Sie eine Chance, ernst genommen zu werden. Vornehme Zurückhaltung in psychopathischer Gesellschaft ist eine Sackgasse.

... und ihre Grenzen

Als Beispiel für einen wehrhaften und couragierten Einsatz möchte ich Ihnen von Sibel berichten, der Ihnen Mut machen und Zuversicht schenken soll. Ihr Verhalten war bewunderns-wert.

Während der Gerichtsverhandlung, die über das Umgangs-rechts des Vaters für das gemeinsame Kind entscheiden soll-te, forderte der Richter Sibel mehrfach auf, die Strafanzeige, die sie gegen ihren Ex-Mann bei der Polizei gestellt hatte, als Zeichen eines Neubeginns zurückzunehmen.

Sibel war dazu nicht bereit, wusste sie doch, dass sie da-mit ihre Glaubwürdigkeit aufs Spiel setzen würde. Doch der Richter verstärkte seinen Druck, bedrängte sie heftig und gab ihr zu verstehen, dass er das von ihr erwarte, und zwar sofort. Dies gipfelte in der Aufforderung, dass sie ihr Handy heraus-holen und ihren Rechtsanwalt für Strafsachen sofort und vor allen Beteiligten mit der Rücknahme der Anzeige beauftragen solle.

Sibel stand mit dem Rücken zur Wand. Nicht nur der Richter, auch der Verfahrensbeistand und die Vertretung des Jugendamts sowie der gegnerische Anwalt pflichteten dem Vorschlag bei und bedrängten sie. Diese Dynamik war offen-sichtlich dem perfekten Auftritt ihres psychopathischen Ex-Mannes zu verdanken, der mit seinen überzeugenden Lügen-geschichten alle Beteiligten für sich eingenommen hatte. Kein Wunder also, dass Sibel das verzweifelte Gefühl durchlebte, nun auch noch Opfer einer Nötigung werden zu sollen. Denn was sie hier erlebte, hatte nichts mehr mit einem Rat oder einer Empfehlung oder einem Wunsch zu tun, sondern war für sie ein Gewaltakt. Sie sollte ihres Rechts, sich gegen eine massive Drohung zur Wehr zu setzen, beraubt werden. Sibel ist türkischer Abstammung. Und in jenem Moment fühlte sie sich nicht nur als Mutter und als Frau, sondern auch aufgrund ihrer Nationalität diskriminiert, war sie doch die einzige Person mit Migrationshintergrund im Gerichtssaal. Sie hatte das Gefühl, dass in ihrem Fall Justitia jedenfalls keine Augenbinde getragen zu haben schien.

Dennoch, oder gerade wegen dieses massiven Drucks, machte Sibel genau das Richtige: Sie beharrte auf ihrem Recht. Sie wusste nur zu gut, dass ein Zugeständnis von ihrem psychopathischen Ex-Partner als Ängstlichkeit und Ohnmacht gedeutet werden würde. Und nichts anderes wäre es ja auch gewesen. Es war ihre Pflicht, sich und ihr Kind vor den Gewaltandrohungen zu schützen. Warum der Richter glaubte, dass eine Rücknahme der Anzeige die Parteien versöhnen könnte, bleibt wohl sein Geheimnis. Schließlich lagen ihm die Polizeiakten vor, die eindeutig belegten, dass der Vater kein unbeschriebenes Blatt war. Außerdem konnte sich der Richter sowohl durch die Vorgeschichte als auch während der Gerichtsverhandlung persönlich davon überzeugen, dass die Beziehung hoch konflikthaft und die Zerrüttung nicht mehr zu überwinden war. Die These, dass ein weiterer Druck auf die Mutter des Kindes echte Entspannung bringen sollte, widerspricht jeder Logik.

Doch Sibel hatte entgegen ihrer eigenen Erwartung mit ihrer Haltung Erfolg, denn das Urteil wirkte sich nicht zu ihrem Nachteil aus. Und das ist eine wichtige Erfahrung. Die Opfer gehen, wie gesagt, in aller Regel davon aus, dass schon der Versuch, für sich einzustehen, bestraft wird. Deshalb halten sie still und hoffen, dass ihr gutes Benehmen gewürdigt wird. Doch in dieser Zeit übernimmt der Psychopath das Zepter. So nachvollziehbar die Haltung der Betroffenen auch ist, so wenig wird sie ihnen helfen, Recht zu bekommen.

Sibels Erfahrung ist deshalb für alle in ähnlichen Situationen von großer Bedeutung. Auch sie hatte Angst, die falsche Entscheidung zu treffen, und fühlte sich unter diesem Beschuss vollkommen verwirrt. Aber sie vertraute mit letzter Kraft ihrer Intuition und ihrer langjährigen Erfahrung, nämlich dass sich jedes Entgegenkommen dem Vater gegenüber immer zu ihrem Nachteil ausgewirkt hatte. Und sie wusste genau, dass er, sollte sie jetzt einbrechen, sie unter Dauerbeschuss nehmen und die Schlagzahl erhöhen würde. Und er wäre für seine Bedrohungen noch belohnt worden. Der Richter hätte zufrieden seine Akte geschlossen, aber Sibel wäre mit einer neuen Dimension psychischer Gewalt konfrontiert worden. So aber hatte ihr Ex-Mann großen Respekt vor ihr bekommen und wusste nun, dass sie nicht ihren Ängsten, sondern ihrem Ziel folgen wird. Und das war für ihn eine sehr wichtige Erfahrung.

Die wenigsten Menschen hätten geschafft, was Sibel geschafft hat. Deshalb muss sich niemand schlecht fühlen, der diese Kraft nicht aufbringen kann. Wir alle können nur mit den Möglichkeiten agieren, die wir besitzen. Doch bleibt uns jederzeit der Blick nach vorn, und in vielen kleinen Schritten kann sich jeder langsam, aber konstant seinem eigenen Ziel nähern. Jede noch so bedrängte Situation bietet Entwicklungsmöglichkeiten. Die Voraussetzung dazu ist lediglich, dass Sie Ihre jetzige Opferrolle satt haben und einer Vision folgen, die jenseits von Gewalt und Dunkelheit liegt.

Fallbeispiel: Ein unbegreifliches Drama

Ich muss Ihnen leider auch exemplarisch einen Fall schildern, der jede Vorstellung einer gerechten Realität sprengt und kein Einzelfall ist. Wie denkende und gebildete Menschen im

Gerichtssaal dermaßen ihres gesunden Menschenverstandes verlustig gehen können, ist erschütternd. Mia hat für Sie ihre Geschichte niedergeschrieben in der Hoffnung, dass Sie sich aufgerufen fühlen, nichts dem Zufall zu überlassen und im Falle eines Falles alle möglichen Hebel in Bewegung zu setzen.

„Mein Name ist Mia, ich bin 35 Jahre alt und lebe in München. Im Jahr 2006 heiratete ich meinen damaligen Freund André, der aus Hessen stammt. André wollte seine Heimat nicht aufgeben und überredete mich, zu ihm zu ziehen. Da ich damals noch an die große Liebe glaubte, hatte ich nachgegeben, meine Wohnung aufgelöst und meine Freunde und Familie hinter mir gelassen. Ich hätte alles für ihn getan.

Im September 2010 kam unser Kind auf die Welt und damit änderte sich alles grundlegend. Für meinen damaligen Mann gab es ab dann nur noch seine kleine Prinzessin, die nun sein Eigentum war und nur ihm ganz alleine gehören sollte. Ich wurde von ihm und seinen Eltern nicht nur ignoriert, sondern in der Familie ausgegrenzt. Ich konnte plötzlich nichts mehr richtig machen und musste ,von der Erziehung befreit werden', wie sie es nannten.

Egal, was ich versuchte, um eine Bindung zu unserem Kind aufzubauen, es wurde durch ihn vereitelt. Er konnte es nicht aushalten, wenn Lina auch zu mir wollte. So begann er, mich in allem zu übertrumpfen. Ein Beispiel von vielen war folgendes: Ich war mit Lina auf dem Spielplatz, was sowieso ohne seine Beaufsichtigung nur sehr selten möglich war, und wir hatten viel Spaß miteinander. Da er dies nicht aushalten konnte, zog er mit unserer Tochter los, um ihr ein Trampolin zu kaufen. Mir verbot er mitzugehen, denn ‚sie soll wissen, dass ich ihr das Trampolin gekauft habe,‘ sagte er. Dass er gar kein eigenes Geld verdiente, war dabei nebensächlich.

Dieses besitzergreifende und entfremdende Verhalten meiner Person gegenüber zeigte seine Wirkung. Das Kind hatte z. B. das Wort Mama schon gar nicht in seinem Sprachgebrauch. Dafür war das Wort Papa übermächtig und allgegenwärtig. Und um das zu verfestigen, mussten alle Gegenstände mit dem Wort Papa beginnen: Papakuh, Papakatze, Papahund, Papateller usw.

Wenn er beispielsweise von einem seiner gelegentlichen Jobs nach Hause kam, was selten geschah, da ich ja den Familienunterhalt verdienen musste, weil er die Erziehung übernahm (wohlgemerkt die Erziehung, aber nicht den Haushalt), musste die Kleine unverzüglich antreten und ihm ihre Liebe versichern. Seine Begrüßungsworte waren dann: ‚Du musst dem Papi sagen, dass du ihn lieb hast und dass du ihn vermisst hast.‘ Aber wehe, Lina war gerade mit ihrer Aufmerksamkeit woanders. Dann rechnete er sofort mit ihr ab: ‚Was, du kommst nicht? Hast du denn den Papi nicht mehr lieb? Na, wenn du den Papi nicht mehr lieb hast, dann geht der Papi jetzt wieder und kommt nicht mehr.‘ Ebenso verhielt es sich bei jeder

Willensäußerung, die nicht seinen Vorstellungen entsprach. Sie wurde mit Drohungen und Vorwürfen quittiert.

So lernte Lina von Anfang an, dass nur der Papa wichtig ist und dass die Mama lieb haben böse ist und mit Liebesentzug bestraft wird.

Natürlich konnte er sie nachts auch nicht unbeaufsichtigt lassen. So schlief er mit der Kleinen gemeinsam im Ehebett und ich musste auf einer Matratze im Kinderzimmer schlafen. Das Kind war ja die Prinzessin ‚und was die Prinzessin will, muss schließlich gemacht werden', rechtfertigte er sich ganz unschuldig. Ja, er verstand und versteht es immer noch, seine krankhafte Fixierung auf unser Kind als Selbstlosigkeit darzustellen. Und das kann er nach außen mit so schönen Worten verkaufen, dass ihm alle Menschen noch zu Füßen liegen.

Auch seine Eltern erkannten in mir das ideale Opfer und mischten sich mit Begeisterung in alles ein, was sie nichts anging, solange es nur gegen mich gerichtet war. So hatten sie und mein Ex-Mann zum ersten Mal im Leben eine Gemeinsamkeit. Die Bosheit, mit der sie sich ansonsten immer aufs Heftigste angegriffen und verletzt haben, richtete sich zur Abwechslung gegen jemand anderen. Sie erlebten ein falsches Gefühl von Gemeinschaft, eine wohl berauschende Erfahrung für drei gestörte Menschen. So wurde mir in Bezug auf Lina von vornherein jedes noch so kleine Mitspracherecht verwehrt.

Ich konnte mich nicht einmal durchsetzen, mit der Kleinen regelmäßig zu meinen Eltern zu fahren. Das hatten mir die drei aufs Strengste untersagt. Und eine Zuwiderhandlung sollte ich sehr bereuen, wurde mir unmissverständlich vor Augen geführt.

Ich hielt das alles nicht mehr aus, wurde Anfang 2012 sehr krank und mein Immunsystem war stark angegriffen. Mein Arzt sagte mir, dass meine schlechte gesundheitliche Verfassung und der enorme seelische Stress mich in eine Burn-out-Erkrankung getrieben hätten und eine Kur notwendig sei. Aber genau das wollte ich unter allen Umständen vermeiden. Denn ich hatte Angst, große Angst, dass sich in den Wochen meiner Abwesenheit Lina ganz von mir entfremden würde. So war ich wenigstens noch räumlich anwesend.

Als Kompromiss schlug mir der Arzt alternativ eine Mutter-Kind-Kur vor, die ich auch erleichtert annehmen wollte. Doch da hatte ich die Rechnung ohne den Wirt gemacht. Mein Ex-Mann stimmte der Kur nur unter der Voraussetzung zu, dass er im gleichen Kurhaus wohne und sich ganz um Lina kümmern werde. Da ich den Lebensunterhalt verdiente, konnte er sich das natürlich leisten. Es versteht sich von selbst, dass ich den Gedanken an meine Kur unter diesen Umständen wieder verworfen habe.

Vielleicht fragen Sie sich nun, warum ich das alles so mitgemacht habe und über mich ergehen ließ?

Außenstehenden ist diese Dynamik wohl nie zu erklären. Aber ganz sicher Frauen, die auch mit einem psychopathischen Mann zusammengelebt haben. Es sind schleichende Prozesse, die geschickt eingeleitet werden, um das Selbstvertrauen zu zerstören, und die den eigenen Verstand in die Irre führen.

Aber dennoch, eines Tages war ich so verzweifelt, dass ich endlich die Trennung in Betracht zog und vorübergehend mit Lina bei meinen Eltern Zuflucht suchte. Mein Ex-Mann war aus allen Wolken gefallen. Er rief Lina täglich an und wollte sie natürlich zurückhaben. Ich bot ihm an, sie jedes zweite Wochenende zu holen, was er kategorisch ablehnte. Dafür stellte er sofort einen Eilantrag bei Gericht; er argumentierte, dass ich sein Kind entführt habe und es bei mir misshandelt werde. Glücklicherweise wurde diesem Antrag nicht entsprochen.

Daraufhin klagte er das Sorgerecht ein. Und kein Mittel war ihm zu schade, um seine Ziele zu erreichen. Nichts ließ er aus, um meinen Ruf zu zerstören. Er animierte Nachbarn und Leute, die mich gar nicht kannten oder nur ein oder zwei Mal gesehen haben, Zeugnisse über mich ans Gericht zu schreiben. Wie er sie dafür gewinnen konnte, weiß ich nicht. Aber Menschen zu manipulieren und für seine Zwecke einzuspannen, war schon immer seine Spezialität. Und ich bin überzeugt davon, dass sich seine Auserwählten sehr gerne einspannen ließen, eine Falschaussage zu unterschreiben, wenn sie damit ein kleines Kind vor angeblichem Missbrauch schützen konnten. Am Ende sah alles so glaubhaft aus, als wäre ich der schlechteste Mensch auf der Welt und eine Gefahr für mein Kind.

Wie gesagt, verstand er es, Lina auf subtilste Weise zu manipulieren. Immer wenn ich den Versuch unternahm, das bei Gericht zu verdeutlichen, wurde ich verunglimpft. Selbst wenn ich glaubhaft berichten konnte, dass Lina sagte, sie wolle zu mir, hieß es, ‚Kinder lügen, um sich beim jeweiligen Elternteil einzuschmeicheln.' Lina war zu dem Zeitpunkt noch nicht einmal drei Jahre alt und ganz sicher noch nicht in der Lage zu lügen. Und vom Jugendamt hörte ich immer nur, es wären keine verifizierbaren Aussagen. Aufnehmen durfte ich aber auch nichts, weil das eh nicht gerichtsverwertbar war.

So wurde ein Sachverständiger eingeschaltet. Diese Begutachtung war der Höhepunkt der ganzen Absurdität. Dass der Gutachter nicht ‚Pro Vater' auf der Stirn stehen hatte, war ein Wunder. Er sagte mir, dass ich mich als 100%iges Opfer hinstellen würde, ich aber keines wäre, da mein Ex-Mann ja das Opfer sei und zwei Opfer könne es nicht geben. Ich habe ja schließlich meinen Ex-Mann verlassen.

Er schrieb in seinem Gutachten, dass ich mein Kind misshandle und vernachlässige, weil mein Kind eine ambivalente Bindungsstörung zu mir hätte. Später stellte sich heraus, wie er zu dieser Annahme gelangt war. Grundlage war eine Situation, in der mein 3-jähriges Kind gemeinsam mit mir und einer uns völlig fremden Person in einem Raum voller Spielsachen (mit denen sie aber nicht spielen durfte, sie musste sich auf einen Teppich setzen) saß und ich diesen Raum verlassen musste (der sogenannte Fremde-Situations-Test). Lina wollte das zunächst nicht, ich musste ihr etwas zureden, aber irgendwann klappte es.

Auch sonst lief alles gegen mich. Ich hörte immer nur, wie toll mein Ex-Mann sei, wie super er alles gemacht habe und was ich für eine unfähige Mutter sei. Für das Gutachten wurden nur Leute ‚interviewt', die zum Dunstkreis meines Ex-Mannes gehörten, von meiner Seite wurde keiner angehört, die konnten ‚nicht erreicht werden'. Alles, was für mich positiv war, wurde einfach unter den Teppich gekehrt. Und alles, was für meinen Ex-Mann negativ hätte sein können, wurde nur schöngeredet. Mein Rechtsanwalt stellte einen Befangenheitsantrag gegen den Gutachter – er wurde abgelehnt.

Aufgrund des Gutachtens wurde meinem Ex-Mann das Aufenthaltsbestimmungsrecht mit sofortiger Wirkung zugesprochen, mir lediglich ein 14-tägiges Besuchsrecht. Er gab mir dann erwartungsgemäß erst einmal das Kind nicht mehr heraus. Er sagte, er wolle sich erst mit dem Jugendamt beraten und dann entscheiden, wie er es halten möchte. Also nicht, den Anordnungen des Gerichts Folge leisten, sondern wie er es richtig fände. Er hatte aber erst drei Wochen später einen Termin, was bedeutete, dass ich mein Kind vier Wochen nicht sehen konnte. Das hat weder das Jugendamt noch sonst wen interessiert. Mein Ex-Mann war doch so verantwortungsvoll, da darf man auch ein Urteil ignorieren. Und alle haben mitgemacht und zugesehen. Er ließ mich nicht mal mit ihr telefonieren. Die Tinte unter dem Beschluss war noch nicht mal trocken, da hatte ich schon eine E-Mail von ihm, in der er mich aufforderte, ihm Unterhalt zu zahlen, meine Gehaltsabrechnungen offenzulegen und auch alle Spiel- und Kleidungsstücke meines Kindes herauszugeben.

Ich stellte einen Eilantrag bei Gericht auf Regelung des Umgangs und ich ging in Beschwerde. Bis es beim Oberlandesgericht zu einer Entscheidung kam, war Lina noch keine vier Jahre alt. Anfang September, also kurz vor dem 4. Geburtstag meiner Tochter, war die Anhörung vor dem OLG. Meine Tochter wurde angehört, sie soll gesagt haben: ‚Ich will bei meinem Papa wohnen und meine Mama nur alle zwei Wochen besuchen.‘ Meine Anwältin sagte, dass meine Tochter viel zu klein sei, um zu wissen, wie viel zwei Wochen seien. Da sagte der ‚nicht befangene‘ Gutachter, der auch geladen war, dass ‚der Wille, des Kindes selbst wenn er vom Vater beeinflusst‘ wäre, echt sei, d. h. dem Bedürfnis des Kindes entsprechen würde. Wenn dieser Wille nicht beachtet oder gebrochen würde, würde dies das Kind verunsichern und ihm in seiner späteren Entwicklung schaden. Denn dies würde zwangsläufig dazu führen, dass das Kind unter einem schwachen Selbstwertgefühl leiden würde, weil es die Erfahrung gemacht habe, dass sein Wille nicht zähle, dies wurde so auch in den Beschluss übernommen. Wie gesagt, mein Kind war noch keine 4 Jahre.

Ich ließ übrigens das Gutachten von einem anderen Gutachter überprüfen, der vermutete, dass mein Kind ein sogenanntes PAS-Kind sein könnte und dass dies genauer untersucht werden müsse. Das sah man aber bei Gericht ganz anders, denn der Gutachter sagte, dass meine Tochter für PAS viel zu jung sei. Zu jung für PAS, aber alt genug, um eine eigene Meinung zu haben?

Zur Erläuterung: PAS bedeutet Parental Alienation Syndrome und kann am besten mit Eltern-Kind-Entfremdung übersetzt werden. In diesem Fall wäre der Bezug darin zu sehen, dass Lina durch die Indoktrinierung des Vaters, was sich durch die Trennung noch verstärkte, in einen Loyalitätskonflikt geraten war und eine Anpassungsleistung gegenüber dem Vater erbringt und die Mutter herabsetzt.

Einen anderen grotesken Auftritt meines Ex-Mannes und seines Gutachters vor Gericht möchte ich Ihnen auch nicht vorenthalten: Lina hatte ihrem Papa ein Bild mit einer Wiese geschenkt. Sie malte zuerst mit ihren Buntstiften das Gras und die Blumenstiele und klebte dann aus Stoff gefertigte Blütenblätter darauf.

Es war sehr schön anzusehen. Doch um ein weiteres Mal meine Kompetenz als Mutter zu untergraben und mich zu demütigen, missbrauchte mein Ex-Mann unsere Tochter erneut. Er hielt das Bild unvermittelt in die Luft und echauffierte sich lauthals darüber, dass Lina in der Zeit, in der sie bei mir gelebt hatte, erhebliche geistige Rückschritte gemacht hätte. So dozierte er: ‚Andere Kinder in Linas Alter malen Häuser und Bäume, und Lina malt so etwas!' Der Verfahrensbeistand sagte zwar noch, dass er Lina mehrmals bei mir zu Hause gesprochen und erlebt habe und er sie weiterhin für sehr weit entwickelt hält und dass er gar nicht bestätigen könne, dass sie geistige Rückschritte gemacht habe.

Doch sowohl meine Einwände, als auch die des Verfahrensbeistands wurden in keiner Weise zur Kenntnis genommen. Der Auftritt meines Ex-Mannes wurde als glaubhaft betrachtet und mein Kind wurde mit Zustimmung des Gutachters und trotz meiner ausdrücklichen Ablehnung zur psychologischen Begutachtung gebracht. Dass ich aber von meinem Ex-Mann nichts über das Ergebnis erfahren hatte, machte mich natürlich stutzig. Schließlich wäre es für ihn ja eine wichtige Bestätigung und eine weitere Waffe gewesen, die er gegen mich eingesetzt hätte. Und da mir auch weder vonseiten des Gerichts noch des Gutachters etwas zu Ohren kam, nahm ich selbst Kontakt zu der Psychologin auf und erfuhr, dass Lina überhaupt keine Defizite hatte, sie im Gegenteil sogar sehr aufgeweckt sei.

Aber am Ende sind diese Entgleisung und die ungerechtfertigten Vorwürfe gegen mich für meinen Ex-Mann ohne Folgen geblieben und von seinem perfekten Gesamteindruck überdeckt worden.

Ich war und blieb die Schuldige. Immer wieder wurde mir vorgeworfen, dass ich doch gegangen bin, das Kind mitgenommen habe und die Trennung mit meinem Kind (das damals zwei Jahre alt war) nicht besprochen habe. Der Richter warf mir ernsthaft vor, dass ich das mit meinem Kind hätte besprechen und vorbereiten müssen. Außerdem hatten sie vollkommen negiert, dass, selbst wenn Lina dem rational gewachsen gewesen wäre, was natürlich nie und nimmer sein kann, sie es ihrem Papa erzählt und er sofort dagegen intrigiert hätte. Man hat ja im Nachhinein gesehen, wie er auf die Trennung reagiert hatte. Da war keine Rede von wegen ‚meine Frau hat mich mit dem gemeinsamen Kind verlassen‘, da hieß es: ‚Meine Frau hat mein Kind entführt.‘

Damit wurde das Urteil bestätigt und ich bekam mein Kind nicht wieder.

Inzwischen darf ich Lina alle zwei Wochenenden sehen. Mein Ex-Mann möchte sie eigentlich nur alle vier Wochen hergeben, aber dazu hat er bisher nicht die Zustimmung des Jugendamtes bekommen. Er wollte auch nicht, dass Lina mit mir telefoniert, doch das muss er nun auch sicherstellen. Aber das klappt nicht so gut. Entweder hat sie dann, wie er behauptet, keine

Zeit oder keine Lust oder er sagt ihr, was sie mir zu sagen hat. Ich höre ihn im Hintergrund die Sätze leise vorsprechen.

Ich habe noch einen weiten Weg vor mir. Aber dank Frau Mechler bin ich endlich aus meiner ‚Opferrolle' herausgekommen und versuche nun das System auf diese Fehler, die da gemacht wurden, aufmerksam zu machen und am Ende vielleicht den Kampf doch noch zu gewinnen. Danke dafür!"

Das Fallbeispiel unter die Lupe genommen

Zum Sachverständigen:

Es ist mir unverständlich, dass dem Sachverständigen, der das Kind sowohl bei der Mutter als auch beim Vater besucht hat, nicht aufgefallen war, dass das Kind nur „Papa-Wörter" kennt. Denn das ist ein erstes und deutliches Zeichen eines stark manipulativen Einflusses. Zumindest bei dem angeblichen Fachmann hätten alle Lampen aufleuchten müssen.

Es ist unfassbar, Lina mit ihren drei Jahren zu unterstellen, dass sie vorausschauend denken und abschätzen könne, was es bedeute, die Mama nur noch alle zwei Wochen für ein Wochenende zu sehen, und dass sie dazwischen nicht mehr für sie da sein würde. So etwas einem Kind zuzumuten, ist grob fahrlässig und pädagogisch nicht nur sinnlos, sondern gefährlich.

Dreijährige Kinder sind von ihrem Entwicklungsstand überhaupt nicht in der Lage, ihre Bedürfnisse theoretisch zu beschreiben. Diese Erkenntnis findet sich schon bei Jean Piaget[3], dem berühmten Entwicklungspsychologen, und wird von der modernen Hirnforschung und der aktuellen Entwicklungspsychologie bestätigt. Dazu kommt, dass Kinder in diesem Alter keine praktische Vorstellung von Zeitbegriffen haben. Die Verwendung von Formulierungen wie „alle zwei Wochen" oder „zwei Mal im Monat" belegt eindeutig die Einflussnahme Dritter auf das Kind. Es plappert nach, was ihm beigebracht wurde. Die emotionale Abhängigkeit des Kindes macht es einem Elternteil leicht, solche Aussagen beim eigenen Kind zu erreichen. Überflüssig zu erwähnen, dass es sich nicht im Mindesten der Konsequenzen seiner Aussage bewusst sein kann. Über diese Grundkenntnisse sollte ein Gutachter verfügen.

Auch die Tatsache aufgrund nur eines Bildes, das ein Kleinkind gemalt hat, einer psychologischen Abklärung zuzustimmen, ist zumindest stark kritikwürdig, die Interpretation selbst unhaltbar: Selbst wenn ein Kind in einem bestimmten Alter schon Bäume und Häuser malen kann, bedeutet das noch lange nicht, dass es ab diesem Zeitpunkt nur noch Bäume und Häuser malen müsste. Dieses Bild als Beweis für eine elterliche Vernachlässigung zu deuten, gleicht einer absichtlichen Missinterpretation. Abgesehen von der Fachkompetenz, die hier ganz offensichtlich gefehlt hat, gibt es noch immer so etwas wie einen gesunden Menschenverstand. An dieser Stelle hätte nur ein Funke davon ausgereicht, um zu wissen, dass Kinder spontan und leidenschaftlich kreativ sind und sich nicht beim Spielen die Fragen stellen, ob ihre Tätigkeit auch wirklich ihren kognitiven Möglichkeiten entspricht und altersgerecht ist.

Man sollte deshalb solch einen Menschen in die Pflicht nehmen und darauf bestehen, dass er seine Thesen pädagogisch fundiert erklärt. Er muss ja seine eigenen wissenschaftlichen Quellen kennen, aufgrund derer er seine Argumentation aufbaut. Die Opfer haben ein Recht darauf, dass ihnen ihre Kinder nicht aufgrund eines persönlichen Gefühls weggerissen werden, sondern müssten das Recht haben, eine glaubhafte, nachprüfbare Erklärung zu erhalten. Denn wenn Aussagen auf der Basis von Lügen und Manipulationen beruhen, könnte Fachwissen und pädagogische Stringenz dies entlarven und verhindern, dass krasse Fehlentscheidungen getroffen werden. Leider fehlt es im Bereich der richterlichen Begutachtung aber oftmals an Professionalität. Darauf komme ich gleich noch ausführlicher zurück.

Nicht nur Mia, sondern auch Lina hat das Leben eine große Aufgabe gestellt. Ihr Vater schadet ihr nicht nur elementar dadurch, dass er die Kleine seiner Mutter beraubt, er okkupiert sie auch, wie Sie gehört haben, auf krankhafte Weise und wird verhindern, dass sie ein stabiles eigenes Selbstbewusstsein aufbauen kann. Dem Vater fehlt offensichtlich das geistige Vermögen oder zumindest die Einsicht, um zu erkennen, dass ein Kind kein Eigentum ist, das man nach Herzenslust für sich selbst beanspruchen und jeder Selbstbestimmung berauben kann. Aber Mia übernimmt außerdem noch eine wichtige Funktion für ihn: Er muss sich nicht als arbeitsloser Versager sehen, da er ja angeblich seine Berufstätigkeit opfert, um die wichtige Rolle des Erziehers zu übernehmen.

Zum Familienrichter:
An dieser Stelle sei bemerkt, dass Familienrichter zumindest über ein rudimentäres Wissen der Entwicklungsstadien von Kindern und Jugendlichen verfügen sollten, wenn sie wichtige Entscheidungen über das Kindswohl treffen.

Richter fällen schwerwiegende und zukunftsweisende Urteile über Familien. Doch sie sind Juristen, die Gesetze anwenden, und sie besitzen nicht die pädagogischen Kenntnisse, die für die richtige Einschätzung der kindlichen Entwicklung notwendig sind. Hier Fehler zu machen, hat immer fatale Folgen. Natürlich sagen Richter, dass sie deshalb Gutachter hinzuziehen, um eine Basis für ihr Urteil zu erlangen. Werden dann Gutachter wie im obigen Fall gewählt, ist das Verhängnis unausweichlich. Aber Richter vernehmen auch selbst Kinder. Und meiner Meinung nach sollte von ihnen ausreichendes pädagogisches Wissen gefordert werden, um das Gehörte einordnen zu können. An obigem Beispiel haben wir ja gesehen, dass einem Kind kognitive Fähigkeiten unterstellt wurden, die es entwicklungsbedingt gar nicht haben kann.

In einem anderen Prozess zum Umgangsrecht wurde ein achtjähriges Kind in einem kleinen Zimmer vom Richter befragt, während der Vater draußen vor der Tür wartete. Es sagte mir später, dass es sehr große Angst gehabt hatte, über den Vater wahrheitsgemäß auszusagen. Es müsse ihm nämlich berichten, was es gesagt habe. Und falls es weiterhin an den Wochenenden zu ihm müsste, würden die sonst üblichen Quälereien und Bestrafungen noch heftiger ausfallen. Folglich ging das Kind nicht näher auf seinen Kummer ein. Der Vater nahm das Kind nach der Befragung in psychopathischer Manier freundlich und verständig in Empfang. Der Umgang wurde vom Gericht daraufhin nicht eingeschränkt, sondern um einen Tag in der Woche erweitert. Das war für das Kind eine weitere traumatische Erfahrung.

Dass einem Kind, das vor Gericht von seiner Angst und Gewalt berichten soll, kein geschützter Rahmen für seine Aussagen angeboten werden kann, ist skandalös. Solche Vorgehensweisen sind weit davon entfernt, den Schutz vor direkter und indirekter Beeinflussung zu gewährleisten und deshalb nicht hinnehmbar. Ein Aspekt, der in unserem Rechtssystem noch viel stärker berücksichtigt werden muss.

Wenn es um psychopathische Persönlichkeitsstörungen geht, ist es folgenschwer für die Opfer, wenn diese Disposition nicht erkannt wird und der Psychopath weiteragieren kann. Wir sprechen hier von teilweise starken psychiatrischen Erkrankungen, die man niemandem auf den ersten Blick ansieht, wenn man nicht bestimmte Indikatoren kennt.

Ich habe in meiner Beratungstätigkeit auch Rechtsanwälte beraten, die Anregungen suchten, wie sie sich vor Gericht gegenüber psychopathischen Attacken verhalten könnten. In mehreren Fällen baten sogar Psychologen und Psychiaterinnen um Hilfe, weil sie am Ende ihrer Weisheit angekommen waren und nicht mehr ein noch aus wussten. Nun sollte man meinen, dass es gerade für diese Menschen kein Problem darstellen sollte, sich zur Wehr zu setzen. Die Juristen haben das Gesetz auf ihrer Seite und die Psychologen und Psychiater die Kenntnisse. Doch auch hier gilt, ich kann es nicht oft genug wiederholen, wie in jedem anderen Lebensbereich: Wer noch nie persönlich in die Schusslinie psychopathischer Angriffe geriet, kann das Ausmaß des Schreckens nicht erfassen. Und er muss zur Kenntnis nehmen, dass alles bisher Gelernte, das gewöhnlich für Problemlösungen erfolgreich war, nicht einmal im Ansatz verwertbar ist.

Selbstverständlich bin ich mir bewusst, dass meine diesbezüglichen Erfahrungen subjektiv und selektiv sind. Aber es sind leider die Erfahrungen, die meine Klientinnen machen mussten. Ich bin nur diejenige, die das beobachtet und wiedergibt. Und dieses Kapitel ist für Menschen gedacht, die aufgrund psychopathischen Vorgehens bei Gericht einen weiteren vernichtenden Tiefschlag befürchten müssen. Es ist mein Anliegen, für sie zu schreiben und die Beispielfälle zu dokumentieren, um sie zumindest nicht unvorbereitet ins kalte Wasser springen zu lassen. Denn wie Sie in den Beispielen gesehen haben, hat nicht jeder das Glück, einen Richter anzutreffen, der das notwendige pädagogische Feingefühl besitzt bzw. sich durch Weiterbildung das entsprechende Wissen angeeignet hat.

Gerichtliche Gutachter

Wie immer möchte ich, wenn ich mich über eine Berufsgruppe äußere, auch hier festhalten, dass das Gesagte selbstverständlich nicht auf alle Gutachter zutrifft, und ich deshalb auf keinen Fall generell ihre Kompetenz infrage stelle. Wie überall gibt es gute und schlechte Vertreter dieser Spezies. Ich muss mich leider mit der schlechten Seite auseinandersetzen und aufzeigen, dass es auch hier Beauftragte gibt, die ihr Geld nicht wert sind, ihr Handwerk nicht beherrschen und dementsprechenden Schaden anrichten. Ich denke, dass dies auch im Sinne all der Gutachter ist, die hohe Qualitätsstandards einhalten.

Gutachter haben oft entscheidenden Einfluss auf das Wohl und Wehe von ganzen Familien. Es kann katastrophale Folgen nach sich ziehen, wenn sie ihrer Aufgabe nicht gerecht werden, deshalb möchte ich Ihnen hier einige Informationen zukommen lassen, die Sie möglicherweise benötigen werden.

Stellen wir uns zuerst die Frage: Wer kann denn alles überhaupt zum Gutachter für Familienrecht beauftragt werden? Natürlich gehen wir davon aus, dass diese Berufsgruppe zumindest eine hinreichende Qualifikation durch ein entsprechendes Studium vorweisen muss. Das würde dann zwar immer noch nichts über die nötige Sensibilität und Erfahrung aussagen, auch nichts über menschliche Qualifikationen wie beispielsweise Einfühlungsvermögen, objektivierte Betrachtung usw., wäre aber immerhin ein Fundament. Schließlich beurteilen sie in ihrem Gutachten und ihren Aussagen vor Gericht nicht nur die Kinder, sondern auch die Persönlichkeitsmerkmale und die sogenannte Erziehungsfähigkeit der Eltern. Ihr Gutachten erstreckt sich also über eine große Bandbreite und schafft relevante Fakten für das richterliche Urteil.

Doch nun kommt das Schockierende: Diese Menschen benötigen keinerlei geeignete Voraussetzungen, um als Gutachter tätig zu werden.

In der Fernsehsendung „Panorama" zu dem Thema: „Gutachter: die heimlichen Richter" kam es ans Tageslicht. In Deutschland kann sich jeder Gutachter nennen. Jeder! So sagte der ehemalige Familienrichter Elmar Bergmann:

> „Gutachter kann der werden, den der Richter zum Gutachter bestellt. Wenn der Richter meint, seine Oma sei sachkundig, und er bestellt seine Oma, dann ist die sachverständig."[4]

Und Prof. Dr. Werner Leitner, Psychologe der Universität Oldenburg, erschreckt uns weiter:

> „Meine Studie hat gezeigt, dass die Qualität vieler familienpsychologischer Gutachten an unseren deutschen Gerichten über weite Strecken geradezu ungeheuerlich schlecht ist."[5]

Die Moderatorin ergänzte, dass schlechte Gutachten kaum einmal aufflögen. Hinterfragen koste den Richter Zeit, daher würden die Gutachten viel zu selten kontrolliert.[6]

Das erklärt manches. Viele meiner Klientinnen teilten mir mit, dass sie sich bei dem Gedanken, dass ein neutraler Gutachter konsultiert wird, erleichtert fühlten. Sie dachten, dass nun endlich eine kompetente Person das Lügengebäude ihres psychopathischen Partners erkennen und zum Einsturz bringen würde. Doch am Ende mussten sie das genaue Gegenteil erleben.

Ihr Rechtsanwalt sollte deshalb im Problemfall die Qualifikation des Gutachters auf mehreren Ebenen hinterfragen und gegebenenfalls beanstanden:

Es sollte bei Weitem nicht ausreichen, wenn Gutachter vor Gericht mit einer Aura der Omnipotenz auftreten und nicht die leisesten Zweifel an ihren Beurteilungen zulassen. Neben der Überprüfung der persönlichen Qualifikation sollte Ihr Anwalt den Nachweis der zugrunde liegenden wissenschaftlicher Standards einfordern und auch die Aktualität der wissenschaftlichen Ansätze hinterfragen. Denn laut einem Urteil des Bundesgerichtshofes gilt:

> „Die Untersuchungsergebnisse von Sachverständigen können in der Rechtsprechung vielmehr nur dann Anerkennung finden, wenn die Methoden, mit denen sie gewonnen werden, nachprüfbar sind ...“ [7]

Das bedeutet, dass ein Gutachten mithilfe wissenschaftlicher Methoden erstellt sein muss und sich die Gutachter nicht mit bloßen Stigmatisierungen eines Elternteils aus der Affäre ziehen können. Sie müssen ihre angewandten Begrifflichkeiten in wissenschaftlichem Kontext erläutern und die angelegten Parameter nachvollziehbar erklären. Dazu gehört für mich auch, dass sie sowohl ihre zugrunde liegenden

Testverfahren differenziert erläutern als auch eine plausible Begründung zur Auswahl der herangezogenen Tests abgeben müssen. Dann wird man unter Umständen schnell feststellen, dass solche anerkannte Testverfahren gar nicht angewendet wurden und man es mit pseudowissenschaftlichen Höhenflügen zu tun hat.

Stellt man den Gutachter vor Gericht auf den Prüfstand, werden die vorhandenen (oder eben nicht vorhandenen) Kompetenzen offensichtlich. Das kann dann Ihre Chancen beträchtlich erhöhen.

Ein weiteres Problem ist, dass Sie wegen eines Streitfalls vor Gericht antreten, den Sie gegen einen Menschen mit psychopathischem Charakter führen, was dem Ganzen eine deutlich erhöhte Brisanz verleiht. Wenn aber ein Gutachter keine Erfahrungen mit dieser Spezies gemacht hat, wie will er dann in der Lage sein, gerade diesen wichtigsten aller Umstände angemessen zu würdigen? Zumindest meine Klientinnen, die in den allermeisten Fällen wegen der Probleme mit ihrem Partner schon einen Psychologen aufgesucht hatten, konnten nicht behaupten, dass sie auch nur ansatzweise verstanden wurden.

Es ist auch für Therapeuten nicht unüblich, dass sie selbst in Dynamiken geraten, die sie nicht durchschauen. Oder andererseits die bestehende Bedrohung für ihre Klientinnen nicht erkennen. Diese wiederum fühlen sich erneut in ihrem Leid nicht ernst genommen und sehen sich als überdrehte Persönlichkeit abgestempelt.

Diese Haltung wird bestätigt durch die Aussage der ehemaligen Therapeutin einer Klientin. Frau K. berichtete ihr, dass sie nun wisse, dass ihr Mann ein Psychopath sei. Darauf die Antwort der Therapeutin:

„Na dann ist es doch alles kein Problem mehr, wenn Sie wissen, dass er ein Psychopath ist ...“

Eben nicht! Niemand kann einfach so mit einem Psychopathen fertigwerden. Diese Aussage ist hochgradig inkompetent und despektierlich, zumal die Therapeutin nicht weiter darauf einging.

Zusammenfassend ist also festzustellen, dass Gutachter – selbst wenn es kompetente und kenntnisreiche Gutachter sind –, die keine Erfahrungen mit diesem Charaktertypus haben, genauso manipulierbar und instrumentalisierbar sind wie alle anderen.

Sie glauben zwar, dass sie aus eigener Wahrnehmung heraus entscheiden, aber in Wirklichkeit werden sie für die Absichten des Psychopathen missbraucht. Bedauerlich daran ist aber, dass die Suppe, die beide kochen, immer die Opfer auslöffeln sollen.

Und natürlich dürfen wir nicht vergessen, dass es auch Gutachter gibt, denen ihrerseits psychopathische Züge anhaften. Das sind ohnehin die letzten, die es für nötig erachten, sich Mühe mit wissenschaftlichen Testverfahren zu machen. Schließlich stellen sie ihre eigene Wahrnehmung über alles andere. Für sie ist das Gericht nur eine willkommene Bühne, um ihre krankhafte Selbstüberheblichkeit auszuleben.

Fazit:

Überrumpeln Sie bei Bedarf den Gutachter vor Gericht und fordern Sie die Offenlegung seiner wissenschaftlichen Grundlagen und die daraus abgeleiteten Anwendungen. Dies muss er wenigstens im Groben erläutern können.

Das alleinige Sorgerecht

Vielleicht haben Sie schon manches Mal mit dem Gedanken gespielt, das alleinige Erziehungsrecht zu beantragen. Das würde natürlich vieles erleichtern. Allerdings ist es nur sehr schwer durchsetzbar und es ist ein langer, kräftezehrender und auch kostenintensiver Weg.

Bei der Vergabe des Sorgerechts dürfen nie die Belange der Eltern im Mittelpunkt stehen. Es geht dabei einzig und allein darum, den Kindern ein Leben in Kontinuität und Sicherheit zu ermöglichen. Im Allgemeinen müssen wegen der Schwere dieser Entscheidungen gravierende Umstände wie Missbrauch, Gewaltausübung, Gesundheitsgefährdung usw. nachgewiesen werden. Unter Umständen kann es jedoch in selteneren Fällen ausreichen, wenn Sie beweisen können, dass die Kooperationsbereitschaft des anderen Elternteils in allen wichtigen Bereichen konsequent verweigert wird, was sich nachweislich negativ auf das Kindeswohl auswirkt. Oder Sie können glaubhaft versichern, dass die nacheheliche Beziehung durch den Ex-Partner so extrem belastet ist, dass Sie nicht verhindern können, dass Ihr Kind zwischen die Fronten gerät und in die elterlichen Konflikte einbezogen wird, was seine Entwicklung nachhaltig beeinträchtigt.

Doch wird die Umsetzung nicht einfach werden und vor den Betroffenen steht ein langer Weg mit Begutachtungen. Ich sehe jedenfalls meine Aufgabe darin, Sie auf mögliche Unwägbarkeiten hinzuweisen, die auf Sie zukommen können, falls Sie sich zu diesem Schritt entscheiden. Dann wird es Ihnen hoffentlich nicht wie einer Mutter ergehen, die vollkommen positiv und unvoreingenommen an diese Situation herangegangen ist und nicht wissen konnte, was auf sie zukommen würde.

Die ganze Prozedur begann für sie damit, dass der vom Gericht bestellte Gutachter sie zu Hause aufsuchte und ihr einen Fragebogen vorlegte, den sie sofort ausfüllen sollte, da er ihn umgehend wieder mitnehmen wollte. Das wäre kein Problem gewesen, wären die Fragen darin nicht derart überraschend gewesen, dass sie sich schon beim Lesen als psychisch krank abgestempelt und stigmatisiert fühlen musste. Hätte er mit ihr darüber gesprochen und sie darauf hingewiesen, dass dieser Fragebogen reine Routine sei und nichts Spezielles mit ihrer Person zu tun habe, wäre das eine große Hilfe gewesen. Aber das war nicht der Fall. Sie wusste nicht, ob der Auswahl des Fragebogens bereits eine gewisse Voreinschätzung ihrer Person zugrunde lag, was sie sehr verunsicherte. Mit ihrem Handy hatte sie jedoch zur Dokumentation ein Foto gemacht. Das Formular befasste sich durchgehend mit Fragen wie:

Hatten Sie in der letzten Woche unter Dingen gelitten wie
→ der Vorstellung, dass Sie für Ihre Sünden bestraft werden sollen,
→ dem Drang, jemanden zu schlagen, zu verletzen oder ihm Schmerz zuzufügen,
→ dem Drang, Dinge zu zerstören oder zu zerschmettern usw.?

Oder hatten Sie
→ Gedanken, sich das Leben zu nehmen,
→ Einsamkeitsgefühle, selbst wenn Sie in Gesellschaft waren,
→ Gefühlsausbrüche, denen gegenüber Sie machtlos waren usw.?

Während sie diese Fragen beantwortete, fühlte sich der Gutachter bemüßigt, ohne sie um ihre Erlaubnis zu bitten, alle

Räume ihrer Wohnung einschließlich ihres Schlafzimmers zu inspizieren und zu filmen. In meinen Augen ist das eine krasse Verletzung der Intimsphäre und des Datenschutzes.

In obigem Fall wäre es nachvollziehbar gewesen, wenn er gefragt hätte, ob sie ihm das Zuhause des Kindes zeigen würde und ob er sich vom Kinderzimmer ein Bild machen dürfte, um zu belegen, dass das Kind in geordneten Verhältnissen lebt und über einen gepflegten und kindgerechten Bereich verfügt. Aber diese Grenzüberschreitung muss man als sehr despektierlich empfinden. Und wer kann sich schon, wenn er sich so überrumpelt fühlt, adäquat gegenüber dem Menschen zur Wehr setzen, in dessen Händen die Zukunft des Kindes liegt. Übrigens wurde die Mutter nicht darüber informiert, wem die Bilder eigentlich vorgelegt werden sollten und was anschließend mit ihnen geschieht, sie wurde also auch über Datenschutz und Persönlichkeitsschutz nicht informiert. Als abschließende Krönung seines bizarren Verhaltens wollte er noch die Telefonnummern von Freunden und Bekannten, um sich über sie „schlau" zu machen.

Dass Gutachter, die bei Kindern und Eltern subtile Strukturen erkennen und bewerten sollen, sich wie ein Elefant im Porzellanladen aufführen, erhöht nicht gerade Zutrauen in deren persönliches Einschätzungsvermögen.

Die Erfahrung meiner Klientin ist ausreichend beispielhaft, um im Bedarfsfall mit dem Unerwarteten zu rechnen und zu reagieren. Sie hatte jedenfalls aus ihrer ersten Überrumpelung gelernt und entsprechende Konsequenzen gezogen, indem sie sich weigerte, den weiteren 18-seitigen Fragebogen mit Ausnahme der Angabe der Personalien auszufüllen. Das stieß zwar nicht auf Verständnis, dennoch wurde ihr am Ende das Sorgerecht zugesprochen. Schließlich zählte letztlich die Entscheidung, was für das Kind das Beste sei.

Sind immer beide schuld?

Was Auseinandersetzungen dieser Art vor Gericht nicht ein-facher macht, ist der Umstand, dass man offensichtlich gerne die Meinung vertritt, dass zu einem Streit immer zwei gehö-ren und nie nur einer schuld sein kann. Für die Psychopathen eine dankbare Erleichterung. Die Opfer werden damit auto-matisch unter Generalverdacht genommen. Dabei gehört es zur normalen Lebenserfahrung, dass man auch ohne eigenes Zutun in Streitereien hineingezogen oder Gegenstand unge-rechtfertigter Angriffe werden kann.

Dieses pauschalisierende Verhalten lässt sich nur schwer nachvollziehen. Haben solche Richter denn noch nie von Ehen gehört, wo der Partner beispielsweise Alkoholiker ist, der vollkommen betrunken nach Hause kommt und Frau und Kinder angreift? Oder ist ihnen noch nie zu Ohren ge-kommen, dass es Menschen mit psychischen Krankheiten, Traumatisierungen usw. gibt, die eine Ehe oder ein Fami-lienleben unmöglich machen? Oder Partner, die an krank-hafter Eifersucht leiden und aus dem Alltag einen Tatort machen, ihre Partner auf Schritt und Tritt verfolgen oder sie gar einsperren? Haben die noch nie von Menschen gehört, die neben der Ehe ständig wechselnde Liebschaften haben, weil es in ihrer Natur liegt, dass sie immer wieder neue se-xuelle Abenteuer suchen müssen? Und dass es psychopathi-sche Charaktere gibt?

Ich habe noch nicht ein einziges Mal erlebt, dass ein Richter zu der Erkenntnis kam, dass ein psychopathischer Mensch für sein asoziales Verhalten ganz allein verantwortlich ist. Ich sage nicht, dass es das nicht gibt. Ich sage nur, dass ich es bei meinen Klientinnen noch nie erlebt habe. Da höre ich nämlich wieder und wieder die Aussage: „Es gehören immer zwei dazu."

Kosten produzieren

Eine infame Strategie, die Opfer zur Verzweiflung zu treiben, sind regelmäßige Verfahren anzustreben und dadurch Kosten zu produzieren. Diese steigen nicht selten für die Opfer in astronomische Höhen. Sie können die finanziellen Mittel irgendwann nicht mehr aufbringen und kommen durch die Streitfreudigkeit ihrer Ex-Partner in große finanzielle Schwierigkeiten. Manche Psychopathen warten bildlich gesprochen nur darauf, bis die Tinte unter einem Urteil trocken ist, um mit fadenscheinigen Behauptungen neue Streitfelder zu eröffnen. Gerade beim Thema Unterhalt versuchen viele, durch Abänderungsklagen immer wieder das Thema neu aufzugreifen. Kommt es dann zum Vergleich, zahlen beide Teile die Kosten. Im Familienrecht wird überhaupt gerne der Grundsatz der Kostenteilung angewandt. So muss jede Partei die eigenen Anwaltskosten tragen, die Gerichtskosten werden geteilt.

Ich habe schon von vielen Betroffenen erfahren, dass ihnen ihre Ex-Partner damit gedroht haben, sie durch anhaltendes Verklagen zu vernichten. Um dann, wenn sie arm geworden sind, die Kinder mit Geschenken für sich zu gewinnen.

Werden Sie deshalb nicht müde, auf diese Missstände hinzuweisen. Hier ein paar Beispiele von skurrilen Strafanzeigen, die von Psychopathen gestellt wurden.

→ Eine Frau wurde von ihrem Mann wegen „Mülldiebstahls" angezeigt, weil sie bei Gericht ein Dokument vorlegte, das er angeblich weggeworfen hatte.

→ Eine Mutter wurde von ihrem Ex-Mann wegen Hausfriedensbruch angezeigt, als sie den Koffer ihres Kindes in seinen Flur stellte.

→ Und denken Sie an Mias Ex-Mann, der nach der Trennung einen Eilantrag wegen „Kindesentführung" gestellt hat.

Psychopathische Strategien vor Gericht

Wie Sie wissen, kennen psychopathische Menschen keine moralischen Grenzen, die sie zu einem Mindestmaß an Menschlichkeit veranlassen. Sie können frei und ohne Gewissensbisse mit einer Bastion von Lügen und Unterstellungen auf ihre Gegner loszugehen. Nichts ist ihnen zu schade, nichts zu peinlich und nichts zu gering, wenn es dem eigenen Vorteil dient. Deshalb ist es wichtig, ihre Schachzüge vorherzusehen und gerüstet zu sein. Stellen Sie sich also besser darauf ein, dass die eine oder andere der nachfolgenden Möglichkeiten auf Sie zukommen könnte, und bereiten Sie sich entsprechend vor.

Manipulierte Zeugen

Psychopathische Zeitgenossen haben keine Probleme damit, Zeugen für Ihre Interessen zu manipulieren. Oft sind sich die Personen dessen nicht bewusst, dass sie gerade für einen hinterlistigen und bösartigen Schachzug mit einer Falschaussage vor seinen Karren gespannt werden. Sie vertrauen hundertprozentig darauf, dass das ihnen Anvertraute die reine Wahrheit ist und dass diese vor Gericht nur mit ihrer Hilfe Gehör finden kann. So empfinden es die Beteiligten auch nicht als Unrecht, dass sie bei dem, was sie so umfangreich und vollmundig schildern, in Wirklichkeit nie dabei gewesen sind. Sie vertrauen dem Täter blind und haben deshalb auch ein authentisches Auftreten. In solchen Fällen ist es ein absolutes Muss, dass Ihr Anwalt versucht, eine Vereidigung zu erzwingen. Denn in aller Regel zeigt sich dann, dass der Wille zu helfen nicht so weit geht, dass die Zeugen Kopf und Kragen riskieren. Das ist übrigens auch sinnvoll. Der Psychopath würde niemals einen Meineid schwören, wenn er sich nicht persönlich zuvor tausendprozentig versichern konnte, dass seine Zeugen nicht eingebrochen sind. Dafür fällt es ihm nicht schwer, diese im Bedarfsfall ins offene Messer laufen zu lassen. Solche Fälle habe ich schon mehrmals erlebt. Sie wissen doch – diese Menschen kennen keine Freunde und ebenso wenig Verantwortung.

Die zweite Gruppe der beeinflussten Zeugen bilden jene Personen, die sich davor fürchten, den Forderungen der Psychopathen zu widersprechen. Das sind dann allerdings lediglich die Zeugen der Kategorie B, da ihnen nicht selten ihre Angst und Unsicherheit ins Gesicht geschrieben steht. Ihre auswendig gelernten Aussagen werden in aller Regel schon nach wenigen Minuten vom Gericht durchschaut.

Falsche Eidesstattliche Versicherungen

Falsche Eidesstattliche Versicherungen sind wesentlich einfacher zu beschaffen als falsche Zeugen. Der Unterzeichner muss nur noch seinen Namen daruntersetzen, ohne für seine Aussage persönlich erscheinen und dem Richter und der gegnerischen Partei in die Augen schauen zu müssen. Auch ist nicht mit lästigen Gegenfragen zu rechnen. Diese falschen Eidesstattlichen Versicherungen werden den Helfern mehr oder weniger beiläufig, mit gespielter Eile wegen Gefahr in Verzug oder mit anderen Überrumpelungstaktiken zum Unterzeichnen vorgelegt.

Bei jeder Eidesstattlichen Versicherung, die ein Psychopath vorlegt, müssen Sie davon ausgehen, dass sie unwahr ist. Die Texte werden meistens von ihm selbst aufgesetzt, da es sich ja um erfundene Beweise handelt, die in sein Lügenkonstrukt passen müssen. Aber nicht selten stolpern diese Menschen dabei über ihren eigenen Größenwahn. Sie geben sich nämlich gewöhnlich nicht viel Mühe mit lästigen Details und verwenden beispielsweise unbemerkt ihre typischen Redewendungen oder hinterlassen die gewohnten Rechtschreibfehler. So konnte kürzlich eine Klientin vor Gericht mühelos nachweisen, dass ihr Ex-Mann eine fremde Eidesstattliche Versicherung selbst aufgesetzt hat. Er war Ausländer und konnte es sich einfach nicht merken, dass man Städtenamen groß und das Wort asozial nicht „asotial" schreibt. Dass das ganze Dokument auf seinem eigenen Mist gewachsen war, war also leicht zu belegen, denn sie konnte dem Gericht mehrere Kurznachrichten und Mails mit den gleichen orthografischen Eigenheiten von ihm vorlegen.

Aber auch so hätte man dem Komplizen, der nämlich Akademiker ist, wohl unterstellen dürfen, dass er über ein Minimum an Rechtschreibkenntnissen verfügt, um wenigstens Städtenamen groß zu schreiben, oder in der Lage wäre, in seinem PC die Rechtschreibfunktion zu aktivieren. Aber wie man bei diesem Beispiel sieht, war sein Vertrauen so groß, dass er nicht einmal durchlesen wollte, was er mit seiner Unterschrift beeidet. Solche Momente sind immer wieder die Highlights, die man auch erleben kann. Und gar nicht so selten. Nur werden die entlarvten Täuschungsversuche vom Gericht nicht immer mit der erforderlichen Härte bestraft.

Klare Zielvorstellungen

Wir wissen, dass psychopathische Charaktere ihr Ziel konsequent, berechnend und emotionslos verfolgen. Ihre Energie ist nur auf den Erfolg gerichtet, während die Opfer ihre Sicherheit in allen vorstellbaren Angstfantasien verlieren:

Sie befürchten, dass
→ man ihnen nicht glaubt, und sie als Lügner bloßgestellt werden,
→ sie in dem, was sie bekunden, nicht einmal ansatzweise verstanden werden,
→ sie denunziert werden,
→ die Wahrheit verdreht wird und sie es nicht beweisen können,
→ sie von ihrem Widersacher bestraft werden, wenn sie die Wahrheit sagen (z. B. durch Einfrieren der Unterhaltszahlungen. Bis diese gerichtlich eingetrieben werden können, stehen zusätzlich monatelange finanzielle Sorgen ins Haus),
→ dass die Kinder gegen sie aufgehetzt werden,
→ sie das Sorgerecht verlieren,
→ sie immer wieder verklagt werden, bis ihre letzten finanziellen Mittel aufgebraucht sind,
→ sie im gemeinsamen Freundes- oder Bekanntenkreis diffamiert werden usw.

Kein Wunder also, dass sie die meiste Energie damit verbringen herauszufinden, wie sie sich vor Gericht verhalten müssten, um glaubwürdig zu erscheinen. Ich erlebe immer wieder in Gesprächen mit Klientinnen, dass sie im Gerichtssaal nicht von der körperlichen und/oder seelischen Gewalt berichten, die ihnen angetan wurde, weil sie, wie gerade dargestellt, Angst davor haben, dass ihnen das als bösartige und verleumderische Attacke unterstellt wird. Schließlich hat der Psychopath in aller Regel ein tadelloses und empathisches Auftreten, bei dem man sich nur schwer vorstellen kann, dass er wirklich der Wolf im Schafspelz ist. Und so nehmen sich die Opfer zurück und hoffen durch ihre sachliche Haltung positiv aufzufallen. Doch das allein genügt nicht. Besonnenheit, Ruhe und ein gewisses Maß an Abgeklärtheit sind sehr gute Voraussetzungen, um positiv aufzutreten. Trotzdem sollte man widersprechen, Widersprüche in Gesagtem aufzeigen usw. Eine passive Haltung ist hier unzureichend.

Deshalb ist die Wahl des Rechtsanwaltes von so großer Bedeutung. Wenn er seine Rolle ernst nimmt, dann kann er auch all das vortragen, was Sie sich nicht zutrauen. Und dafür wird er auch von Ihnen bezahlt. Wir kommen noch näher darauf zurück.

Das psychopathische Faible fürs Lügen

Wie Sie wissen, hat Lügen sehr viel mit Macht und Kontrolle zu tun. Wer lügt, kann sich alles so zurechtlegen, wie es für den Augenblick vielversprechend scheint. Außerdem leben Menschen dieses Schlages ausschließlich aus ihren Bedürfnissen heraus. Um diese zu befriedigen, ist ihnen jedes Mittel recht. Je mehr sie sich selbst bei ihren abenteuerlichen Schilderungen zuhören, umso mehr sind sie von ihren Ausschweifungen berauscht und lassen sich von ihnen faszinieren und überzeugen. In der Kurzfassung heißt es also für sie: Ich darf die Unwahrheit sagen, wann immer ich möchte. Die Geprellten müssen aber, sollten sie dem nicht bedingungslos zustimmen, hart bestraft werden.

Psychopathische Menschen machen sich keinerlei Gedanken darüber, dass ihre Lügen vor Gericht nicht beweisbar sind. Sie schreien sie in den Raum und irgendetwas bleibt immer hängen, ganz nach dem Motto: Wo Rauch ist, ist auch Feuer. Das würden sich die Opfer niemals wagen. Sie haben ja schon Beklemmungen bei dem bloßen Gedanken, mit der Wahrheit herauszurücken. Außerdem befürchten sie, dass sie, im Gegensatz zu ihrem Widersacher, jedes Wort beweisen müssen. Ihr Anwalt muss hier immer wieder mit harter Hand dazwischengehen.

Einflussnahme auf Entscheidungsträger

In vielen Fällen, die ich erlebe, ist es leider eine Tatsache, dass Psychopathen mit geschickten Manipulationen der am Verfahren maßgeblich Mitwirkenden – wie Gutachter, Psychologen, Verfahrensbeiständen usw. – Allianzen schmieden. Ich habe mehrmals miterlebt, dass Beteiligte, beispielsweise Jugendamtsmitarbeiter, ihre eigene offizielle Einschätzung vor Gericht um 180 Grad drehten, nachdem sie den Psychopathen persönlich kennengelernt hatten. Für mich ist in solchen Fällen nicht mehr nachvollziehbar, wie ein Richter diese Widersprüche akzeptieren kann, ohne ihnen ihre fachliche Kompetenz abzusprechen und ihre offensichtliche Befangenheit anzusehen. Jeder „Gutachter" führt sich doch selbst ad absurdum, wenn er sein eigenes Ergebnis mit viel Eifer widerlegt. Ihr Anwalt muss ihn und seine professionellen Einschätzungen an dieser Stelle auseinandernehmen.

Ihre Gegenstrategien vor Gericht

Ihre Situation ist nicht so ausweglos, wie es Ihnen vielleicht jetzt noch scheinen mag. Sie sind möglicherweise ungeübt, aber Sie haben sich entschlossen, die Opferfalle zu verlassen. Und das ist das Entscheidende.

Vorbereitungen zum Gerichtstermin

Sehen Sie sich die Vorgehensweise Ihres Psychopathen an und überlegen Sie sich, in welchen Bereichen Sie ein ähnliches Engagement aufbringen können. Tragen Sie Ihr Wissen über ihn zusammen. Wie tritt er auf, wie ist seine Körpersprache, wie argumentiert er, wie verfolgt er seine Ziele? Versuchen Sie bestimmte Elemente zu übernehmen. Damit meine ich nicht, dass Sie wie er kriminell handeln oder moralische Grenzen überschreiten sollten, sondern das Entfalten einer gewissen Entschlossenheit bzw. Unerschrockenheit und Beharrlichkeit. Ich weiß, wie schwer das ist, und mir ist durchaus bewusst, dass gerade diese Eigenschaften im Zusammenleben mit diesen Tyrannen als Erstes verloren gehen. Aber die Wirklichkeit ist, dass sich zwangsläufig ein starkes Ungleichgewicht aufbaut, wenn auf der einen Seite aktiv mit Lügen und Diffamierungen, Manipulationen, Drohungen usw. gearbeitet wird und auf der anderen mit ängstlicher oder vornehmer Zurückhaltung. Wer da nicht untergehen will, muss auf möglichst vielen Ebenen sehr gut vorbereitet sein und sich sehr viel Selbstdisziplin und Durchsetzungsvermögen abringen, um sein Ziel zu erreichen. Niemand kann Ihnen garantieren, dass Ihre Mühe den gewünschten Erfolg erzielt. Doch Sie müssen es versuchen. Und Sie signalisieren dadurch Ihrem Ex-Partner, dass Sie nicht mehr bereit sind, seine täuschenden Selbstinszenierungen widerstandslos durchgehen lassen.

Also riskieren Sie es. Sie haben nichts zu verlieren, aber viel zu gewinnen. Wenn Sie alles Ihnen Mögliche tun, kann die Summe Ihrer Arbeit am Ende doch das vermeintlich perfekte Bild Ihres Gegners beschädigen.

Erstellen Sie eine eigene Gerichtsakte

Sammeln Sie alles, was Sie entlasten kann und Ihren Psychopathen entmachtet. Bestimmt verfügen Sie über nicht unerhebliches Material an beleidigenden Mails, an Zusagen, die nicht eingehalten wurden, Termine, die nicht stattfanden usw.

Es kann vorkommen, dass Ihre „Beweise" niemanden interessieren. Aber davon gehen wir nicht aus. Vielen meiner Klientinnen konnten gerade durch ihre minutiöse Vorarbeit Ihre Sichtweise als richtig darstellen, bzw. die Lügen ihres Gegners demaskieren.

Strebt Ihr Psychopath beispielsweise ein Verfahren nach dem anderen an, um Sie seelisch zu zermürben und finanziell zu ruinieren, dann legen Sie dem Gericht eine Auflistung der bisherigen Verfahren mit Aktenzeichen vor, um seine Streitfreudigkeit zu dokumentieren. Gerichte zu bemühen, um persönliche Rachefeldzüge zu starten, kommt nämlich nicht gut an.

Lassen Sie eigene Zeugen zum Termin laden

Scheuen Sie sich nicht, selbst Zeugen zu suchen, die Ihre Aussagen bestätigen und für Sie eintreten bzw. haltlose Anschuldigungen widerlegen können. Natürlich ist das für Sie nicht ganz so leicht wie für Ihr Gegenüber. Vielleicht fällt es Ihnen grundsätzlich schwer, jemanden um etwas zu bitten. Doch glauben Sie mir, dass Sie am Ende sehr froh darüber sein werden, wenn Sie die Wahrheit beweisen konnten. Möglicherweise haben auch jene Personen, die Sie zu Ihrer Unterstützung gewählt haben, selbst Angst vor Repressalien. Auch das kann sein. Aber ein Versuch ist es allemal wert.

Bringen Sie Eidesstattliche Versicherungen mit

Nicht jeder ist bekanntlich bereit, vor Gericht zu erscheinen und eine Aussage zu machen. Und Zeugen werden ja auch nicht zu jeder Verhandlung geladen. Deshalb sollten Sie, ganz gleich, ob Zeugen erscheinen oder nicht, so viele Eidesstattliche Versicherungen vorlegen wie Sie können. Das erhöht Ihre Glaubwürdigkeit.

Auch Leumundszeugnisse können sehr hilfreich sein. Vielleicht ist Ihr Arbeitgeber, ehemaliger Ausbilder, Doktorvater oder wer auch immer bereit, Ihnen ein tadelloses und verantwortungsvolles Handeln zu attestieren, das den bösartigen Diffamierungen eindeutig widerspricht.

Verschaffen Sie sich Gehör

Für den Fall, dass Ihr Rechtsanwalt nicht den nötigen Biss, den erforderlichen Durchblick oder genügend Selbstvertrauen mitbringt, möchte ich Ihnen einige bewährte Möglichkeiten nennen, wie Sie positiv das Geschehen mitgestalten können. Nehmen wir als Beispiel, dass Ihr Ex-Partner Sie diffamiert und Lügen verbreitet. In solch einem Fall sollte man nicht unkontrolliert dazwischenrufen und ein Pingpong-Spiel beginnen. Hier ist Format, aber auch die nötige

Präsenz gefragt. So könnten Sie folgendermaßen das Gericht ansprechen bzw. den Richter höflich bitten, Ihnen angemessenes Gehör zu verschaffen:

→ „Ich möchte gern einen Wunsch vorbringen". Warten Sie die Zustimmung ab, und sprechen Sie dann strukturiert weiter. „Das Gesagte entspricht nicht der Wahrheit. Bitte sagen Sie mir, welche Möglichkeiten ich habe, dies glaubhaft zu belegen."

→ Oder Sie haben selbst eine Idee: „Darf ich einen Vorschlag machen?" Vielleicht können Sie anbieten, jemanden telefonisch zu kontaktieren, der Ihre Einwände bestätigt. Oder Sie versichern, dass Sie wichtige Unterlagen oder Zeugenaussagen dem Gericht nachreichen können. „Bitte schenken Sie mir einen Moment Gehör, damit ich etwas, das mir sehr wichtig ist, vorbringen kann."

→ „Ich fühle mich momentan sehr verunsichert. Ich habe nicht das Interesse, meinen Mann schlecht zu machen, ich bin eine Mutter und möchte, dass unsere gemeinsamen Kinder so wenig wie möglich durch uns belastet werden. Aber ich möchte, dass wir bei der Wahrheit bleiben. Wie darf ich hier mit Beschuldigungen, die nicht der Wahrheit entsprechen, umgehen, ohne dass ich den Ablauf störe und als angriffslustig oder rachsüchtig gelte? Bitte nennen Sie mir eine geeignete Möglichkeit."

→ „Ich fühle mich verunsichert, da das Gesagte nicht der Wahrheit entspricht. Können wir gemeinsam einen Weg finden, wie ich das belegen kann?"

→ „Bitte urteilen Sie nicht zugunsten dessen, der überzeugender sprechen kann, sondern zugunsten der Fakten."

→ „Ich möchte etwas bezüglich meines Mannes vortragen, das mich ängstigt. Ich möchte es sachlich vortragen. Bitte korrigieren Sie mich, wenn ich zu persönlich werden sollte."

In dieser Art etwa können Sie Ihre konstruktiven Dialoge eröffnen. Es gibt natürlich keine hundertprozentige Garantie, dass dieses Verhalten das gewünschte Ergebnis bringen wird, aber meine Klientinnen haben sehr gute Erfahrungen damit gemacht.

Bevor Sie mit etwas herausplatzen, was Sie nicht mehr zurücknehmen können und voreilig in eine Schublade gesteckt werden, formulieren Sie lieber zunächst Ihre Bedürfnisse und beenden Ihren Einwand mit einer höflichen Frage. Dieses höfliche und disziplinierte Verhalten wirft jedenfalls ein gutes Licht auf Sie.

Treten Widersprüche auf, die Sie nicht entkräften können, wäre eine hilfreiche Methode, den Richter persönlich einzubinden. Teilen Sie ihm mit, dass das Gesagte für Sie nicht zusammenpasst und er Ihnen bitte mit seinen Worten erklären soll, wie Sie die Gegensätze zusammenbringen können. Denn schließlich hat das Gesagte und somit der Ausgang des Verfahrens einen gravierenden Einfluss auf Ihr Leben. Eine mögliche Formulierung könnte so aussehen:

> „Bitte geben Sie mir Gelegenheit, die Zusammenhänge zu verstehen. Für mein Dafürhalten sehe ich im Vortrag meines Ex-Partners einen eklatanten Widerspruch. Ich werde Ihr Urteil annehmen. Aber bitte lassen Sie mich Ihre Wahrheitsfindung auch verstehen und erklären Sie mir bitte das für mich Unverständliche."

Auf diese Weise geben Sie dem Gericht die Möglichkeit, in der Erläuterung eine Neubewertung der vorgetragenen Argumente vorzunehmen.

Demaskieren Sie Ihren Gegner

Zerstören Sie seine tadellose Maske, wo immer Sie können. Haben Sie Kenntnisse von Vorstrafen Ihres Ex-Partners, dann sprechen Sie diese an, um sein Bild als Biedermann und verantwortungsvollen Bürger zu zerstören. Wenn Sie von Straftaten Kenntnisse haben, wie z. B. Schwarzgeldkonten im Ausland, Betrügereien oder Ähnliches, dann wäre spätestens dies der richtige Zeitpunkt, es vorzutragen bzw. anzukündigen. Lassen Sie ihn zumindest durch Ihren Rechtsanwalt diesbezüglich unter Druck setzen. Existieren polizeiliche Akten, dass Sie von Ihrem Ex-Partner geschlagen oder misshandelt wurden, dann fordern Sie durch Ihren Anwalt das Gericht vor der Verhandlung auf, Einblick zu nehmen.

Gehen Sie unkonventionelle Wege

Nehmen Sie frühzeitig Kontakt zu den Sachverständigen, Verfahrensbeiständen usw. auf, bevor es Ihr Gegenüber macht, und beziehen Sie diese in Ihre Entscheidungen ein. Zeigen Sie sich kooperativ und streben Sie eine gemeinsame, wohlwollende Zusammenarbeit an.

Eine Klientin hatte eine mutige Idee: Sie wollte sich dieser unseligen Dynamik, die sich immer wieder gegen sie und die Kinder richtete, nicht mehr tatenlos ausliefern. Deshalb schrieb sie den gegnerischen Anwalt an und informierte ihn dahingehend, dass ihr Ex-Mann in der Vergangenheit immer wieder ähnliche Rechtsstreitigkeiten gegen sie oder die Kinder (wegen Unterhaltskürzungen) geführt habe. Sie ließ ihm die jeweiligen Aktenzeichen zukommen und forderte ihn auf, sich den Kleinen gegenüber in diesem Verfahren zumindest anständig zu verhalten. Denn schließlich sind die Unterhaltskürzungen keine bloßen Zahlenspielereien, sondern haben unmittelbar Auswirkungen auf ihren Lebensalltag. Und sie schrieb weiter, dass die Kinder durch die Scheidung und ihre eigene lebensbedrohliche Krankheit viel durchgestanden und die Grenze ihrer seelischen Belastbarkeit überschritten haben. Sie legte obendrein noch Bilder von ihnen bei, damit er nicht umhinkam, auch die Gesichter von jenen unschuldigen, kleinen Menschen, die er so verbittert angriff, vor Augen zu haben.

Natürlich schrieb der Anwalt sofort zurück, dass er sich solche Briefe verbitte. Mit nichts anderem hatte sie gerechnet. Aber dennoch hatte er nun ein Bild von den Kindern im Kopf, das sich nicht mehr löschen ließ. Und er wusste auch, dass sein Mandant ihm in vielen Punkten nicht die Wahrheit gesagt hatte. Das würde er ihm sicherlich übelnehmen und sich vielleicht nicht mehr vor jeden Karren spannen lassen.

Was außerdem wichtig ist: Der Ex-Mann wurde sich mit dieser Attacke bewusst, dass seine ehemalige Frau die Opferrolle verlassen hat und nicht mehr so einfach zu unterdrücken ist wie in den vergangenen Jahren.

Die Energie macht's

Wenn also zwei das Gleiche tun, ist es im Ergebnis noch lange nicht dasselbe. Für mich hat sich deutlich gezeigt, dass bei gleicher Konstellation mit verschiedenen Herangehensweisen zwischen den erzielten Ergebnissen Welten liegen können.

Der Psychopath glaubt nun einmal fest daran, dass er grundsätzlich im Recht ist, und strahlt das auch überzeugend aus. Sicherlich ist er sich bewusst darüber, dass er lügt und manipuliert, aber dies läuft unter dem Kapitel „Der Zweck heiligt die Mittel". Und durch die Tatsache, dass ihm nichts heilig oder peinlich ist, bremst ihn auch nichts ein in seiner grenzenlosen Selbstüberschätzung. Merkt er dann, dass er mit seinen Geschichten ankommt, schöpft er daraus noch mehr Kraft und Überzeugungsfähigkeit und läuft zu Hochform auf. Denn wenn Psychopathen etwas nicht zu unterscheiden vermögen, dann ist es der Unterschied zwischen Bedürfnissen und Recht. Hierzu nenne ich Ihnen noch drei von unzähligen ähnlichen Situationen, die jedoch zu sehr unterschiedlichen Ergebnissen führten.

Unerschrockenheit überzeugt

Eine Klientin war lebensgefährlich erkrankt. Sie musste mehr als 20 Operationen, Chemotherapien, eine Transplantation, Bestrahlungen und immer wieder monatelange Kranken- haus- und Reha-Aufenthalte über sich ergehen lassen. Und selbstverständlich hatte sie danach große gesundheitliche Be- einträchtigungen. Als sie nun ihrem Rechtsanwalt von ihrer Geschichte berichtete, wurde sie sofort zurechtgewiesen, dass sie nicht mit ihrem Leid hausieren gehen solle und auf jeden Fall bei Gericht Abstand davon nehmen muss, auf Mitgefühl zu hoffen. Das Gericht würde es mit Sicherheit als Schwäche auslegen und an der Fähigkeit, ihren Erziehungsaufgaben nachzukommen, starke Zweifel anmelden.

Ein ähnlicher Fall, bei dem der Psychopath der Kranke war: Während der gerichtlichen Auseinandersetzung bezüglich des Umgangsrechts erkrankte der Ex-Mann einer Klientin. Selbstverständlich warf er diesen Umstand in die Waagschale und berichtete theatralisch, dass er nicht wisse, wie lange er noch zu leben habe, und deshalb die kurze ihm verbleiben- de Zeit so gern mit seinen Kindern verbringen möchte, die er über alles liebe.

Und schwups, sofort wurde der betreute Umgang angeordnet, obwohl entsprechende Gutachten vorlagen und die Zwillinge vor Gericht glaubhaft vorgetragen hatten, dass sie zu Recht Angst vor ihrem Vater haben mussten und ihn deshalb nicht sehen wollten.

Gleichzeitig wurde der Mutter jegliche Menschlichkeit abgesprochen, als sie auf eine regelmäßig Vorlage von Arztgutachten bestand. Schließlich handelte es sich laut dem damals vorliegenden ärztlichen Attest um eine Krebserkrankung im Anfangsstadium. Aber das spielte keine Rolle, sie war die Böse.

In einem anderen Fall erklärte eine Mutter vor Gericht, dass sie ihre Kinder, wenn sie beim Vater sind, nur auf der Straße abholen kann, da sie in der Wohnung des Ex-Mannes immer heftig beleidigt und beschimpft wurde. Als Zeuge benannte sie ihren neuen Ehemann, der sie regelmäßig zu ihrem Schutz begleitete. Der Richter lehnte den Ehemann als Zeugen ab, da zwischen ihnen, wie er sagte, ein gemeinsames Interesse bestehe.

Anders ging es in einem ähnlichen Verfahren zu. Der Psychopath legte seiner Ex-Frau zur Last, dass sie, wenn sie die Kleinen zum Umgangswochenende bringe oder abhole, ihn nie grüßen würde und dass dies für die Kinder sehr belastend sei. Als Zeuge benannte er seine neue Ehefrau, die außerdem Psychologin ist. Das Gericht schenkte der Aussage dieser Frau vollen Glauben und ermahnte die Mutter.

Und das dritte Ereignis: Eine Klientin wurde vor Gericht vom gegnerischen Anwalt mit allen ihm zur Verfügung stehenden Mitteln fertiggemacht. Weder sie, noch ihr Anwalt konnten dem Bollwerk an Verdrehungen, Unterstellungen und Verleumdungen etwas entgegensetzen. Sie war nach dieser Verhandlung vollkommen am Ende. Sie fragte mich verzweifelt, warum immer die Psychopathen die tollen Verteidiger hätten. Wenn die Opfer so vertreten wären, kämen die Psychopathen nicht zum Zug und würden das bekommen, was sie verdienten.

Daraufhin habe ich die Daten dieses aggressiven Anwalts an eine andere Klientin weitergegeben und den Sachverhalt beschrieben. Sie war Feuer und Flamme von dieser Empfehlung und konsultierte ihn unverzüglich. Sie erzählte ihm, was ihr angetan wurde, und wünsche sich auch jemanden, der konsequent für sie einstehen würde. Er versprach ihr per Handschlag, sie „herauszuhauen", wie er es nannte. Die Ernüchterung ließ jedoch nicht lange auf sich warten. Er meldete sich nicht, war telefonisch so gut wie nie erreichbar, antwortete auf Schriftwechsel erst in letzter Minute und vollkommen unbeteiligt und zeigte auch in der Verhandlung kein nennenswertes Interesse. Offensichtlich war meine Klientin nicht in der Lage, ihn entweder zu begeistern oder so in die Pflicht zu nehmen, wie es für einen Psychopathen ein Kinderspiel ist.

Was lernen wir also daraus, wenn die „böse Seite" immer zum Zuge kommt – und zwar ganz gleich, um was es geht – und die Opfer immer auf der Verliererseite stehen? Eben dass jede Dynamik sehr viel mit Überzeugungskraft und Unerschrockenheit zu tun hat.

Fazit:

Nehmen Sie Ihren ganzen Mut zusammen, und kämpfen Sie für die Wahrheit.

Kurzes Plädoyer einer Betroffenen

Mit den folgenden „Ansichten einer Überlebenden" hat eine meiner Klientinnen kurz und einprägsam ihre Erfahrungen und Tipps für Sie zusammengefasst. Sie sind gedacht für Frauen nach Beginn oder mitten in einer Trennung von einem Psychopathen:

> „Es sind drei Meilensteine, die ich hier mit auf den Weg geben möchte – nach dem Motto: ‚Ex, Du hast mir Steine in den Weg gelegt, aber ich habe daraus ein Haus gebaut!'
>
> 1. Egal, was ich innerhalb der Auseinandersetzung mit einem Psychopathen tue oder sage, es hat keinen Einfluss auf die Konflikttiefe.

Schwer war die jahrelange Arbeit an der bleiernen Erkenntnis, dass kein Verhalten, das ich zeigen würde – egal ob kooperativ oder kämpferisch – irgendeinen Einfluss auf die Konflikttiefe haben würde. Zu akzeptieren, dass es ‚nimmermehr gut wird', trifft eine wohlerzogene Tochter und gesittete Frau schwer. In meiner Erziehung habe ich gelernt, dass es gut ist, Streit beizulegen und sich zu vertragen. Seit dem Kindergarten hallt der Satz im Ohr: Kommt, vertragt Euch doch.

Damit zu leben, dass sich der Status von hämischer Verachtung des Ex-Partners wie ein Etikett auf einen legt, egal, was man tut, hat mich wie ein chronisches Mal innerlich gezeichnet. Räumt man z. B. a) dem Kindesvater viel Umgangszeit mit den Kindern ein, ist man die schon immer ich-zentrierte egoistische Frau, die Zeit für sich haben will. Möchte man b) den Kontakt wegen grober Handlungen gegen das Kindeswohl mit gewissen Regeln oder Einschränkung versehen wissen, ist man die nervige, bevormundende Mamaglucke, die dem Ex Vorschriften machen will.

Aber wir leben mit dem Etikett: Nichts ist gut gemeint. Dabei stört es die psychopathische Logik keinesfalls, dass man innerhalb einer Stunde auch beides sein kann.

Der große Meilenstein für mich war das innere Gleichgültigwerden mit einer einhergehenden Entspannung: Wenn es egal ist, was ich tue, weil es immer schlecht ausgelegt wird, brauche ich auch nicht mehr wie bisher jeden meiner Schritte und Briefe tausend Mal zu überprüfen. Welch eine Befreiung.

Ergo: Loslassen und freiwerden. Nach Hermann Hesse formuliert: ‚Nimm Abschied, Herz, und gesunde.'

2. Die Neuauflage des Quälens durch den Unglauben an das Geschehene. Die Retraumatisierung durch das persönliche Umfeld, die Behörden und Justiz.

Eine große Verletzung war es, akzeptieren zu müssen, dass man meist vom sozialen Umfeld wie Freunden und Familie, aber auch – und das wiegt noch schwerer – in gerichtlichen Prozessen gegen den Menschen, der einen jahrelang systematisch gequält und destabilisiert hat, keine gesunde Reaktion Dritter auf die erlittenen Verletzungen im Sinne von echter Opferakzeptanz und Unterstützung erhält, sondern dass man erneut verletzt wird unter einem Etikett, das da heißt: ‚Wann hört ihr endlich auf zu streiten?' Oder in der juristischen Welt: ‚Sie sind halt Teil eines hochkonflikthaften Ex-Paares.'

Mein Rat: Wiederhole vor Gericht, beweisbare, wenige Fakten wie ein Mantra – das ist nicht nur die einzige Sprache, die Juristen verstehen, es schützt dich auch vor den emotionalen Knöpfen, die der Psychopath gerne drückt, um dich öffentlich aus der Fassung zu bringen. Rechtfertige dich nicht auf das hin, was der Psychopath sagt, er will nur Nebenkriegsschauplätze eröffnen, bleib bei deinem Mantra. Er hat sein ganzes Leben lang sein Wirken auf andere trainiert, es ist klar, dass Dritte (Gerichte, Gesellschaft, Freunde) auf das Schauspiel hereinfallen. Du hast gerade eben erst alle Scherben sortiert und verstanden, was da läuft; logisch das er besser von ‚seiner' Wahrheit überzeugen kann.

Gräm dich deswegen nicht und verlass dich nicht zu sehr auf die Hilfe von vemeintlich professionellen Instanzen. Ich habe mich beraten und coachen lasen und mit eigener Kraft meine spezielle Strategie entwickelt. Deine Lobby liegt außerhalb von Justiz und Familie!

3. Beobachte die Maus, die mit dir im dunklen Turm sitzt; sie findet einen Ausgang!

Du kannst die Umgebungsvariable eines quälenden Ex-Partners und vielleicht Vaters deiner Kinder – wie eine körperliche Behinderung – nicht mehr ändern. Aber deine Einstellung dazu, die ist veränderbar. Jahrelang ließ ich mich quälen mit all den Wortbrüchen, verschobenen oder verspäteten Abholterminen der Kinder meines psychopathischen Ex-Mannes. Den ausgefallenen Ferien trotz Gerichtsurteilen und der Wut darüber, dass ich meine Pläne wieder umwerfen musste.

Wenn man jedoch versteht, dass die Kinder keine echte Liebe aus diesem Elternteil schöpfen können und es allein an uns liegt, ihnen dies zu geben, ist die Erkenntnis nah, dass man jede Minute mit diesen Kindern ‚schön' gestalten sollte und man der einzige Mensch ist, der ihnen echte Wärme geben kann. Wenn ich den Schalter umlege, eine Planung erst dann mache, wenn die Kinder wirklich abgeholt sind, erfordert das zwar Kreativität, etwas zu organisieren, was mir Spaß macht, aber es macht auch frei. Frei von Willkür.

Die Situation ist trotzdem noch unklar und wie in einem dunklen Turm, aber ich verschiebe jede Planung und mache einfach spontan das Beste aus freier Zeit – egal, wann sie beginnt. Wir sind Überlebenskünstlerinnen, und wir können das."

Mediation

Mediationen sind konstruktive Verfahren, durch die mit Hilfe eines Mediators Meinungsverschiedenheiten und Konflikte bearbeitet und möglichst aufgelöst werden. Eine gute Sache, wäre da nicht der Psychopath ...

Gerichtliche angeordnete Mediationen

Nach Überzeugung vieler Richter sollen beide Partner gemeinsam an einer Verbesserung des Verhältnisses zueinander arbeiten, da sie auch beide die aktuelle Situation verschuldet haben (siehe oben Abschnitt „Es sind immer zwei schuld?"). Und folglich werden sie nicht selten zu Mediationsgesprächen verdonnert. Das Ergebnis kennen wir schon. Der Psychopath nutzt die Möglichkeit für den Versuch, den Mediator für sich einzunehmen; oftmals hat er damit auch Erfolg.

Aber nicht immer. Ein Richter wird beispielsweise von ihm als Autorität anerkannt, weil dieser über ihn urteilen kann. Doch geht es um Psychologen, Sozialarbeiter usw., so darf man davon ausgehen, dass psychopathische Charaktere sich für die besseren „Durchblicker" und somit für schlauer als diese Fachleute halten. Deshalb tun sie sich besonders schwer damit, wenn sie sich von einem „kleinen Psychologen" ihre Psyche erklären, den rechten Weg aufzeigen lassen sollen. Können sie also den Mediator nicht für sich vereinnahmen, verraten sie sich durch nicht enden wollende Belehrungen, Desinteresse, Entgleisungen, Terminabsagen usw. An dieser Stelle sind gottlob schon sehr viele an ihrem eigenen Wahn gescheitert. Immerhin ein kleiner Trost für die bis dahin verkannten Opfer, die durch die Anordnung einer „Zwangsmediation" wieder mit ihnen in einen Topf geworfen wurden.

Natürlich ist eine Mediation grundsätzlich freiwillig. Doch nicht selten geben Richter eindeutig zu verstehen, dass sie die Mediation zwingend wünschen und die Betroffenen ansonsten mit sehr unangenehmen Konsequenzen rechnen müssen. Ich würde so etwas durchaus als eine gutgemeinte Drohung verstehen.

Tipps für die Mediation

Kommt also eine Mediation auf Sie zu, habe ich folgende Ratschläge für Sie:

→ Seien Sie offen für diese Erfahrung und geben Sie dem Mediator die Chance, gute Arbeit zu machen.

→ Bekunden Sie Ihre Bereitschaft, aktiv und positiv an einer erfolgreichen Mediation mitzuarbeiten.

→ Sehen Sie während des Gesprächs keinen roten Faden, bitten Sie den Mediator, mit Ihnen gemeinsam ein Ziel festzulegen, das zukunftsorientiert und gewinnbringend ist.

→ Erörtern Sie gemeinsam die Frage, wie dieses Ziel schrittweise erreicht werden kann. Besprechen Sie dafür gemeinsam verschiedene umsetzbare Möglichkeiten. z. B. gegenseitiges Entgegenkommen oder einen achtsameren Umgang. Ein Wunsch könnte sein:
„Ich hätte gerne nach jeder Sitzung ein kleines Ergebnis. Etwa, dass der E-Mail-Verkehr ohne Beschuldigungen erfolgen soll, dass Mails in einem bestimmten Zeitfenster beantwortet werden usw."

Es kommt natürlich häufig vor, dass der Psychopath seinen Verpflichtungen, d. h. den Absprachen, die in der Mediation getroffen werden und die zu befolgen er zugesichert hat, nicht nachkommt. Dann geht er nicht besonders darauf ein

und erklärt sein Versäumnis mit anderweitigen, unaufschieb-
baren Verpflichtungen. Viele der Mediatoren übergehen dieses unschickliche Verhalten kommentarlos, auch wenn es ihnen gegenüber nicht gerade respektvoll ist. Aber sie möchten
vielleicht nicht riskieren, dass durch eine Thematisierung
des Verstoßes ein neuer Konflikt heraufbeschworen werden
könnte. Haken Sie also freundlich, aber bestimmt nach:

> „Können Sie verstehen, dass ich mich nicht fair
> behandelt fühle, wenn ich die Einzige bin, die
> ihren Verpflichtungen nachkommt? Welche
> Möglichkeiten sehen Sie, das Versäumnis mei-
> nes Ex-Partners wieder auszugleichen?"

> „Wie bewerten Sie als Fachmann den Bruch der
> Vereinbarung, und welche Vorschläge leiten Sie
> daraus ab?"

> „Wie können wir für uns alle sicherstellen, dass
> sich dies nicht wiederholt?"

Gelingt es jedoch Ihrem Ex-Partner, die Bühne zu übernehmen, wird der Mediator zwangsläufig parteiisch. Er beginnt,
Ihre Bemühungen herabzusetzen oder/und unterstützt die
Ausflüchte des Psychopathen. Dann ist es endgültig an der
Zeit zu handeln. Sie haben nichts mehr zu verlieren, Sie können nur noch gewinnen. Die weitere Richtung ist klar: Nehmen Sie ab nun Ihren Mediator streng in die Pflicht. Höflich,
aber deutlich. Seine Aufgabe besteht schließlich darin, eine
wertschätzende Konfliktlösung anzustreben. Verliert der
Psychopath sich in haltlosen und gemeinen Anschuldigungen und Diffamierungen, erinnern Sie den Mediator an seine

Aufgabe, seinen Blick auf das Ergebnis zu richten und das Gespräch sachlich zu halten, um für Ihre gemeinsamen Kinder eine Verbesserung zu erzielen. Und das sollte er nicht aus den Augen verlieren. Konfrontieren Sie den Mediator mit solchen oder ähnlichen Fragen:

> „Was können diese abwertenden und verletzenden Äußerungen meines Ex-Partners für unsere Kinder Gutes bewirken?"

> „Können wir uns bitte nun unserer eigentlichen Aufgabe, für unsere Kinder etwas zu erreichen, zuwenden?"

> „Ich würde gerne unsere Zeit nutzen, um Konstruktives zu erreichen: Würden Sie mich dabei unterstützen?"

Haben Sie das Gefühl, dass die Sache zu eskalieren droht, bzw. sich unaufhaltsam gegen Sie wendet, sollten Sie deutlichere Worte verwenden:

> „Inwiefern trägt Ihre Zustimmung, mich zu denunzieren, dem Auftrag des Gerichts nach besserer Kommunikation Rechnung? Wie würden Sie dies, wäre der Richter hier anwesend und Sie darauf ansprechen, erklären?"

> „Sie sind hier der Fachmann. Ich als Laie kann jedoch nicht verstehen, inwieweit diese bösen Vorwürfe und Beleidigungen gegenüber meiner Person der Mediation und vor allem unseren

Kindern helfen sollen. Deshalb bitte ich Sie, mir auf wissenschaftlicher Basis zu erklären, worin nun der psychologische Nutzen im Zulassen dieser Angriffe besteht, bzw. weshalb Sie dies explizit so und nicht anders geschehen lassen."

Und dann lassen Sie ihn nicht mehr aus der Verantwortung. Ermahnen Sie ihn wieder und wieder, sein Verhalten wissenschaftlich zu erklären. Das wird er nicht können. Er wird versuchen, um den heißen Brei zu reden. Doch holen Sie ihn immer mit beharrlichen Fragen zurück:

> „Habe ich während der Mediation ein Recht auf Fairness? Wie kann ich das erreichen, wenn gegen meine Person geschossen wird? Auf welche konkrete Weise können Sie mir einen gewaltfreien Raum zusichern?"

> „Mir ist es noch nicht wirklich klar: Womit hilft Ihre Haltung jetzt konkret unseren Kindern? Wodurch kann ich im Moment eine Motivation und das nötige Vertrauen entwickeln, um in diesem Rahmen konstruktiv weiterzuarbeiten?"

> „Ich möchte mich mit dem Sinn und Zweck der heutigen Dynamik gerne noch intensiver auseinandersetzen. Können Sie mir bitte hierzu eine entsprechende Literatur empfehlen?"

Das wird er natürlich nicht machen, denn die gibt es nicht. Auf jeden Fall wird er aber begreifen, dass Sie sehr wohl eine denkende, resolute Persönlichkeit sind, die ihn in seinem

Handeln wahrnimmt und das Erlebte in Zusammenhang mit seiner Aufgabe zu setzen versteht. Machen Sie ihm klar, dass er Sie offensichtlich unterschätzt hat und Sie nicht alles hinzunehmen bereit sind. Um hochkonflikthafte Paare zu begleiten, bedarf es mehr als nur guten Willens oder des Glaubens, dass man alles kann.

> „Sie sind im Moment nicht willens oder nicht in der Lage, mir einen geschützten Rahmen zu erschaffen. Gestatten Sie mir deshalb bitte, dass wir für einen kurzen Moment unser Thema zur Seite legen und die jetzige Dynamik hinterfragen?"

Eine weitere bewährte Möglichkeit bietet die Absprache, dass nur Sachverhalte behandelt werden, die nachweisbar sind. So könnten Sie den Mediator bitten:

> „Ich möchte Sie darum bitten, dass, wenn schon angreifende Themen überhaupt hier zugelassen werden, nur über Tatsachen gesprochen wird, die sich belegen lassen. Und diese Belege sollten unaufgefordert zu jeder Sitzung mitgebracht werden. Ansonsten werden nur weitere Verletzungen entstehen, die das Verhältnis verschlimmern. Sie haben als Außenstehender ansonsten keine Möglichkeit zu kontrollieren, welche Aussagen der Fantasie entspringen und welche der Wahrheit entsprechen."

Mediationen nützen ohnehin nichts, wenn die Zeit damit verbracht wird, in alten Wunden zu wühlen. Das Augenmerk sollte immer auf konstruktive Lösungen gerichtet sein.

Fallbeispiel Mediation

Sie sehen, dass auch hier wieder Ihre ganz persönliche Mitwirkung notwendig sein kann.

Ich möchte Ihnen ein Beispiel einer Klientin schildern, das Sie nicht entmutigen sollte. Nur sollten Sie auf alle Eventualitäten vorbereitet sein. Schließlich geht es bei solchen Sitzungen um Ihre Kinder. Vielleicht können Sie sich auch im Bedarfsfall von Ihrem Rechtsanwalt über mögliche Konsequenzen des unprofessionellen Arbeitens dieser Therapeuten informieren lassen.

Meine Klientin Corinna hatte aus gesundheitlichen Gründen die anberaumte Mediation per E-Mail frühzeitig abgesagt. Darauf bekam sie einen vernichtenden, unsachlichen Anruf von der Mediatorin. Sie äußerte sich dahingehend, dass sie damit schon gerechnet habe. Auf Anfrage, woher sie denn wissen konnte, dass Corinna krank werde, teilte diese unverblümt mit, dass sie auf ihre Unzuverlässigkeit bereits aus Gesprächen mit ihrem Ex-Mann hingewiesen wurde. Auf weitere Nachfrage meiner Klientin, weshalb sie denn außerhalb der Mediation mit dem Ex-Mann telefoniere, teilte sie wiederum völlig freizügig mit, dass sie schon zwei Mal mit ihm telefoniert habe. Er habe nämlich, um Ausfälle zu vermeiden, vorsorglich telefonisch Terminvorschläge unterbreitet und sie sei mit ihm bei dieser Gelegenheit ins Gespräch gekommen.

Das erklärt einiges. Natürlich waren die vorgeschlagenen Termine auch von ihm. Er hatte wieder auf der ganzen Linie die Fäden in der Hand.

Würden Sie sich in einer ähnlichen Situation befinden, würde ich empfehlen, den Mediator wegen Befangenheit abzulehnen. Wenn eine Partei beispielsweise einseitig und ohne Ihr Wissen die Termine festsetzen kann, dann muss man von einer vorbelasteten Arbeitsbeziehung sprechen, in der die gebotene Neutralität nicht mehr erbracht wird. Würde man sich diesen Schritt nicht zutrauen, sollte man wenigstens im Gespräch Folgendes einfordern:

> „Ich möchte gerne aufgrund Ihres Verhaltens mir gegenüber künftig ein Wortprotokoll anfertigen. Selbstverständlich werde ich nach jeder einzelnen Niederschrift den Inhalt noch einmal laut vorlesen. Die Richtigkeit des Protokolls mögen Sie mir bitte am Ende unserer Sitzung unterzeichnen."

Das wird der Mediator nicht gerne machen. Wenn er es verweigert, dann tragen Sie auch das in Ihr Wortprotokoll ein; dass Sie jeden Satz noch einmal vorgelesen haben und dass der Mediator seine Unterschrift verweigert. Es ist schon ein Armutszeugnis für seine Kompetenz, wenn man so weit gehen muss. Aber wenn psychopathische Charaktere im Spiel sind, läuft manches auf groteske Weise aus dem Ruder.

Sollte Ihnen also eine Mediation bevorstehen, versuchen Sie sich grundsätzlich vorurteilsfrei einzubringen. Das hindert Sie jedoch nicht daran, die obigen oder eigene Einwendungen und Vorschläge aufzuschreiben und während der Sitzung, wenn es erforderlich ist, hervorzuholen. Dann sagen Sie dem Mediator:

> „Ich habe gemeinsam mit meinem Therapeuten einen persönlichen Leitfaden für die Mediation erstellt, der mir im Bedarfsfalle Orientierung geben kann."

Oder:

„Ich habe mir einen Leitfaden erstellt, der mir hilft zu handeln, wenn ich mich ohnmächtig fühle."

Auf diese Weise können Sie sich zu jedem Zeitpunkt eine kleine Auszeit nehmen und sich neu orientieren.

Freiwillige Mediationen

Es kommt auch immer wieder vor, dass Psychopathen Ihre Ex-Partner in Mediationen einbinden möchten, um Urteile zu umgehen oder weitere Erwartungen durchzusetzen. Können sie den Mediator in ihre Richtung lenken, so dürfen sie hoffen, dass dieser auf den Partner einwirkt. Gelingt es ihnen nicht, so haben sie nichts verloren.

Aber jedes Einfordern einer Mediation verunsichert die Betroffenen. Denn sie befürchten, dass sie bei einer Weigerung verklagt werden und ihnen vom Gericht eine mangelnde Kooperationsbereitschaft vorgeworfen wird. Ich kann diese Ängste verstehen. Doch möchte ich Ihnen zu bedenken geben, dass Sie mit der Zustimmung eines persönlichen Mediationswunsches aktiv dazu beitragen, dass Ihnen etwas genommen wird. Diesen Menschen geht es nicht um Austausch oder Verbesserung der Kommunikation oder um das Wohl der Kinder. Es geht ihnen um Macht und die Erfüllung ihrer Bedürfnisse. Und diese sind nie gestillt. Eine Begierde jagt die nächste. Bei einer freiwilligen Mediation werden Sie also nur verlieren.

Es gibt kein Gesetz, das besagt, dass Sie auf die persönlichen Bedürfnisse Ihres Ex-Partners eingehen müssen bzw. dass Sie für einen vermeintlich besseren Austausch haltlose Erwartungen erfüllen müssen.

Das Jugendamt

Wie gut Jugendämter in unserem Land im Allgemeinen arbeiten, kann ich nicht beurteilen. Meine Einschätzungsfähigkeit bezieht sich wiederum lediglich auf Auseinandersetzungen von Paaren in konfliktbelasteten Beziehungen, wo Psychopathen mit im Boot sind. So möchte ich auch hier noch einmal darauf hinweisen, dass meine Erfahrungen sich auf dieses besondere Feld beschränken. Und über diesen Rahmen möchte ich berichten. Ich habe leider nicht sehr oft erlebt, dass die Opfer durch das Jugendamt echte Unterstützung erfahren hätten.

Ich kann Jugendamtsmitarbeitern allerdings nur bedingt einen Vorwurf machen, dass sie im Umgang mit psychopathischen Charakteren mit ihren Kompetenzen schnell an ihre Grenzen stoßen. Damit sind sie nicht allein. Doch die Leidtragenden sind die Kinder und die besorgten Elternteile. Denn die Auswirkungen dieser Unkenntnis ziehen verheerende Folgen nach sich. Deshalb müssen gerade die Benachteiligten von Anfang an aktiv am Geschehen teilnehmen.

Für Psychopathen ist es auch hier kein Problem, Termine abzusagen, Regelverstöße kleinzureden, ihre Ex-Partner anzugreifen usw. und dafür noch ein hohes Maß an Verständnis und Sympathie zu ernten. Die Opfer können das nicht von sich behaupten. Sie haben ja auch nicht die charmante Fassade, sondern sind durch ihre Erfahrungen der Hilflosigkeit eher unsicher und defensiv und können bzw. wollen nicht mit den Lügen dissozialer Persönlichkeiten mithalten.

Ebenso sind nach meiner Erfahrung die Ämter immer gern bereit, feststehende Umgangsrechte aufzuweichen oder tatenlos zuzusehen, wie diese Rechte vom Psychopathen erweitert oder beschnitten werden. Sie treten vor Gericht auf und geben ihre persönlichen Einschätzungen zum Besten.

Neutralität und Kompetenz einfordern

Eine konsequente Haltung gegenüber dem Jugendamtsmitarbeiter kann Sie also schützen. Kommt es zu Problemen, konfrontieren Sie Ihren Sachbearbeiter in persönlichen Gesprächen mit folgenden oder ähnlichen Aussagen:

> „Ich möchte im Sinne meiner Tochter nicht erlauben, dass Sie aus einem Bauchgefühl heraus entscheiden. Sie haben eine pädagogische Ausbildung, und deshalb darf ich sicherlich erwarten, dass Sie Ihre Entscheidungen nachweislich pädagogisch rechtfertigen. Wo liegt für meine Tochter also der pädagogische Gewinn, wenn sie jedes Wochenende zu ihrer Mutter/ Vater soll, die/der entweder nicht zu Hause ist oder bei der/dem sie ihr Zimmer nicht verlassen darf?"

> „Ich möchte von unserer Unterhaltung ein Gesprächsprotokoll anfertigen, das ich Ihnen vorlesen werde. So können wir uns beide vor etwaigen Missverständnissen schützen und auch im Nachhinein die Qualität des Gesagten bewerten."

> „Ich möchte unsere Unterhaltung mit meinem Handy aufzeichnen und erbitte hierfür Ihre Zustimmung."

> „Ich erwarte von Ihnen keine Freundschaftsbekundungen, sondern dass Sie Ihrer Pflicht gemäß unseren geltenden Gesetzen nachkommen."

Das haben die Mitarbeiter überhaupt nicht gern. Und sie werden auch versuchen, sich zu rechtfertigen bzw. herauszureden. Probieren Sie es dennoch weiter, wenn Sie die Kraft dazu haben:

> „Fällt es Ihnen schwer, für Ihr Handeln die Verantwortung zu übernehmen?"

> „Die Entscheidungen der Erwachsenen werden auf den Rücken kleiner Kinder ausgetragen. Schulden Sie diesen Kindern nicht eine gewisse Überprüfbarkeit?"

Ich möchte Ihnen ganz generell sehr ans Herz legen, das Jugendamt immer in die Pflicht zu nehmen. Klären Sie vor Beginn der Zusammenarbeit verbindlich ab, welche Aufgaben, Pflichten und Befugnisse Sie innehaben. Damit stecken Sie schon den Rahmen ab und können sich vor Übergriffen schützen.

Das Wichtigste, das Sie dabei wissen müssen ist, dass Jugendämter lediglich eine beratende Funktion ausüben. Sie sind kein Gericht, das Entscheidungen oder Urteile fällen darf. Im alltäglichen Umgang gewinnt man oft einen ganz anderen Eindruck.

Fallbeispiel Jugendamt

Ich kenne genügend Fälle, wo Mitarbeiter der Ämter in unglaublichem Maß Ihre Kompetenzen überschritten haben und glaubten, Entscheidungen treffen zu dürfen, die ihnen nie und nimmer zugestanden haben. Folgender Fall soll als Beispiel dienen:

Ein Mitarbeiter des Amtes verfügte, dass ein Kind mit dem Vater in Urlaub fahren sollte – und zwar gegen den ausdrücklichen Wunsch des Kindes und der Mutter. Obwohl gewichtige Gründe dagegensprachen und entsprechende ärztliche Atteste vorlagen, die auf eine konkrete Gefahr für Leib und Seele des Kindes hinwiesen, wurden diese in die Entscheidung nicht einbezogen.

Meine Erfahrungen sind, dass sich die Mitarbeiter nur so lange mit haltlosen und parteiischen Entscheidungen aus dem Fenster lehnen, solange sie freie Bahn haben. Wenn es wirklich hart auf hart kommt, muss man die Sachbearbeiter in die Verantwortung nehmen.

So setzte ich im Namen der Mutter nachstehenden Brief an den Sachbearbeiter auf, in dem ihm unmissverständlich mitgeteilt wurde, dass er im Fall einer Fehlentscheidung, die zu Lasten des Kindes geht, vollumfänglich in die Verantwortung genommen wird. Der Brief lautete:

„Sehr geehrter Herr Müller,

wie ich zu meinem Bedauern feststellen muss, haben Sie bei Ihrer Entscheidung weder dem Gutachten des Psychologen meiner Tochter, noch dem Attest des Kinderarztes, als auch meiner Person irgendeine Beachtung geschenkt.

Bis zum heutigen Tage war ich der Auffassung, dass Sie als Jugendamtsmitarbeiter eine beratende und keine entscheidende Funktion einnehmen. Diesbezüglich werde ich mich aber juristisch beraten lassen, da ich weder Ihnen Unrecht zufügen, noch mich einem möglichen Rechtsverlust aussetzen möchte.

Vorab ist es jedoch meine Pflicht als Mutter, Ihnen mitzuteilen, dass ich Ihnen allein und in vollem Umfang die Verantwortung für Ihre Entscheidung überlassen muss. Sie teilen sicherlich meine Meinung, dass ein Kind keine Übungsplattform ist, auf der man ausprobieren kann, was bei welchen Entscheidungen passiert. Es ist Ihre und meine Pflicht, seine körperliche und seelische Unversehrtheit zu bewahren und zu schützen. Ganz besonders bei dieser Vorgeschichte.

Sollte es während des Urlaubs zu einem weiteren oder ähnlichen Übergriff kommen, werde ich gerichtliche Hilfe in Anspruch nehmen. Das sind wir beide einem Kind, das schlimme Erfahrungen machen musste und kein Selbstbestimmungsrecht hat, schuldig. Doch ich gehe davon aus, dass Sie um die Tragweite Ihrer Entscheidung wissen und selbstverständlich von sich aus bereit sind, die volle Verantwortung für Ihr Handeln zu übernehmen. Bestimmt haben Sie für sich selbst einen sehr hohen Qualitätsstandard festgelegt. Wie sollten Sie demnach als Fachmann einem Kind die Last Ihrer Entscheidung aufbürden, die Sie selbst zu tragen nicht bereit wären? Was wäre das für eine verdrehte Welt.

Um mich mit Ihrer Anordnung auseinandersetzen zu können und hoffentlich dadurch etwas Frieden zu finden, bitte ich Sie, mir Ihre Beweggründe pädagogisch fundiert zu erläutern (und warum die Atteste keine Anwendung

fanden). Ich werde sie danach mit einem erfahrenen und neutralen Kinderpsychologen analysieren und besprechen.

Mit freundlichen Grüßen ...“

Was, raten Sie, war die Antwort? Hier ein Auszug: „... So war
meine Empfehlung (!) nicht zu verstehen. Selbstverständlich
haben Sie ein Mitspracherecht ...“ Und die Sache war vom
Tisch.

Der Schriftwechsel zuvor, der mehrere Seiten füllte, musste demnach wohl im Koma stattgefunden haben. Sie sehen,
dass viele Menschen von ihrem hohen Ross heruntersteigen
und ganz schnell zurückrudern, wenn sie zu ihrer Bestürzung
erfahren, dass sie am Ende die Verantwortung für ihr Handeln übernehmen müssen.

Sie sehen, wo immer ein Psychopath mit von der Partie ist,
sind Sie gezwungen, entschieden zu handeln und manchmal unkonventionelle Wege zu gehen. Damit sage ich Ihnen
nichts Neues, aber ich möchte Sie dennoch immer wieder
dafür sensibilisieren. Viele Jugendamtsmitarbeiter ließen sich
nicht mehr so bereitwillig vor ihren Karren spannen, wenn
ihnen klar würde, dass sie die Suppe, die sie kochen, auch auslöffeln müssen.

Die Wahl des Rechtsanwalts

Falls Sie in den Auseinandersetzungen mit Ihrem Psychopathen gerichtliche Hilfe in Anspruch nehmen müssen oder selbst vor Gericht zitiert werden, möchte ich hierzu einige Richtlinien empfehlen. Denn die Kompetenz Ihres Rechtsanwalts wird für den Ausgang des Verfahrens von größter Wichtigkeit sein. Und gerichtliche Auseinandersetzungen, die von psychopathischen Machenschaften durchsetzt sind, erfordern mehr Weitblick, mehr Kenntnisse, mehr Anstrengungen und mehr Einsatz als bei „normal zerstrittenen" Parteien.

So möchte ich Ihnen also noch einmal sehr ans Herz legen, Ihren Rechtsanwalt immer konsequent in die Pflicht zu nehmen. In dieser Hinsicht können Sie viel von den Psychopathen lernen.

Ich weiß persönlich von Psychopathen, und das bestätigen meine Klientinnen, dass sie ihren Anwälten gegenüber kein Erbarmen kennen. Im Gegenteil: Sie gehen davon aus, dass sie für die Leistung, die sie erhalten, ohnehin viel zu viel bezahlen müssen, und dass sie deshalb auch mehr als gewöhnlich erwarten dürfen. Folglich bereitet es ihnen kein Kopfzerbrechen, z. B. deren Handynummern für „Notfälle" einzufordern. Ist diese erst einmal in ihrem Besitz, dann haben sie auch keine Scheu davor, sie regelmäßig zu benutzen. Und sollte ihnen zufällig auch noch zu späterer Stunde, die weit außerhalb der üblichen Geschäftszeiten liegt, ein „wichtiger" Gedanke kommen, werden sie nicht davor zurückschrecken, ihren Anwalt unmittelbar zu kontaktieren. Ob Sie es glauben oder nicht, aber das gelingt ihnen mühelos. Schließlich fehlen ihnen die üblichen Schuldgefühle, mit denen sich jeder andere bei solch einer Aktion herumschlagen müsste. Sehr viele ihrer Spezies sind zu allem Überfluss auch noch von dem Gedanken beflügelt, dass sie für ihren Anwalt ein interessanter und abwechslungsreicher Fall sind, der sich von seinen gewöhnlichen Streitigkeiten abhebt und ihn persönlich bereichert. Und nicht zuletzt, dass dieser von ihnen noch vieles lernen und deshalb froh sein kann, dass er für ihn arbeiten darf.

Den Anwalt in die Pflicht nehmen

Sicherlich geht meine Empfehlung nicht so weit, dass Sie Ihren Anwalt belagern sollen, aber ihn zumindest angemessen im Auge zu behalten und Erwartungen klar zu formulieren, das sollten Sie schon. Überließen Sie ihm unkontrolliert das Feld, dann könnte es passieren, dass Ihre Angelegenheit vor sich hindümpelt, er den Überblick verliert und sich Ihnen infolgedessen irgendwann verweigert. Möglicherweise dann, wenn er, entgegen vollmundiger Versprechen, vor Gericht kein gutes Bild abgegeben, Fristen nicht eingehalten, auf diffamierende Schriftsätze nur oberflächlich reagiert hat usw. Und dafür würde er sich nicht entschuldigen, sondern hinter Ausreden verschanzen.

Die Konsequenz „vornehmer Zurückhaltung" bzw. Ihrer Unsicherheit könnte also durchaus sein, dass Sie am Ende wieder der Verlierer sind. Viele Betroffene können ein Lied davon singen, dass sie ab einem bestimmten Punkt am Telefon nur noch vertröstet wurden, wenn sie ihren Anwalt kontaktieren wollten. Persönliche Termine wurden auf die lange Bank geschoben, Vereinbarungen nicht eingehalten und vieles mehr. Diese Dynamik ist wohl überhaupt nur möglich, weil in unserer Gesellschaft noch viele Unterordnungsmechanismen wirksam sind, die den Betroffenen verbieten, sich für ihre Bedürfnisse einzusetzen.

STRITTIGE AUSEINANDERSETZUNGEN

So fühlen sich die Mandanten schnell wie Bittsteller und scheuen sich, mehrmals nachzufragen, oder mehr noch: berechtigte Kritik anzubringen. Sie befürchten, dass sie es sich bei ihrem eigenen Anwalt mit mehr Nachdruck verspielen könnten und wieder vollkommen allein dastünden. Ein Anwaltswechsel übersteigt bei fast allen die finanziellen Möglichkeiten. Es ist das alte Muster, das hier greift. Sie glauben, wenn sie angepasst und zurückhaltend auftreten, wird dies am Ende belohnt. Aber diese Rechnung geht auch hier nicht auf. Am Ende müssen Sie womöglich befürchten, mit einem Rechtsanwalt vor Gericht zu stehen, in dessen Hände Sie zwar vertrauensvoll Ihr Schicksal gelegt haben und der sich gut bezahlen lässt, Sie aber nicht ernst genug nimmt, um sich für Sie aus dem Fenster zu lehnen und für Sie zu kämpfen. Teilen Sie ihm mit, dass Sie sich zwar gegenüber Ihrem Partner ohnmächtig fühlen, aber nicht gegenüber seiner Person.

An dieser Stelle möchte ich Ihnen einen Brief einer Klientin abdrucken, die ebenfalls sehr lange zugewartet hatte und am Ende so verunsichert war, dass sie einen anderen Anwalt aufgesucht hatte, um sich weiteren Rat einzuholen.

> „Liebe Frau Mechler,
>
> ich bin so verzweifelt und habe das ganze Vertrauen in meinen Anwalt verloren. Ich kann einfach nicht mehr. Gerade habe ich ein Schreiben vom Gericht erhalten, aus welchem sich für mich ergibt, dass er in seinem Antrag sowohl formelle als auch inhaltliche Fehler gemacht hat. Das ist nicht das erste Mal, aber es ist das Schlimmste bis jetzt.
>
> Wenn ich ihn jetzt anrufen würde, ginge er sowieso nicht ans Telefon und würde sich ver-

leugnen lassen. Ich habe so oft gesehen, dass er der Sache gar nicht gewachsen ist, und habe nicht gehandelt. Jetzt ist das Kind in den Brunnen gefallen. Bei den Vermögensauseinandersetzungen hat er wesentliche Beträge gar nicht vorgebracht. Sehe ich jetzt schon Gespenster, Frau Mechler, wenn ich glaube, dass er meinem Mann zuarbeitet? Nur dass Sie mich verstehen: Mein Mann hat bei der Offenlegung seiner finanziellen Verhältnisse vergessen aufzuführen, dass er neben den erwähnten Werten noch mehrere Immobilien besitzt. Zwei der Immobilien wurden übrigens von meinem Geld bezahlt. Die Unterlagen, die das zweifelsfrei belegen, habe ich meinem Anwalt übergeben, damit er sie dem Gericht vorlegt. Aber er hat es nicht getan. Kommt jetzt mein Mann wieder mit seinen Betrügereien durch? Bin ich jetzt wieder die Blöde, obwohl ich das Recht auf meiner Seite habe? Es nützt nichts, mit ihm weiterzuarbeiten. Und es schmerzt mich, dass ich seine Liederlichkeit auch noch bezahlen musste. Aber ich habe keine Kraft mehr, auch noch mit ihm vor Gericht zu ziehen ...“

Also denken Sie daran, Sie müssen Ihren Anwalt im Voraus bezahlen, und zwar ohne wirklich zu wissen, ob er der Richtige für Sie ist, ob er seine Versprechen einlösen wird, ob er der Auseinandersetzung mit einem psychopathischen Charakter wirklich gewachsen ist. Sollte er nicht kompetent genug sein, werden ausschließlich Sie die Konsequenzen tragen müssen. Deshalb ist es allemal Ihr gutes Recht, ihn zu fordern, seine Zeit selbstbewusst in Anspruch zu nehmen und für Ihre

Interessen einzustehen. Und zwar so oft, wie es erforderlich ist, um ihm die nötigen Kenntnisse zu vermitteln und mit ihm die geeigneten Maßnahmen zu besprechen bzw. Versäumnisse zu benennen, wenn das erforderlich sein sollte.

Drehen Sie ruhig den Spieß einmal um: Es fällt Betroffenen meistens nicht leicht, die Kosten zu bezahlen. In aller Regel ist das mit großen Belastungen verbunden. Aber bedankt sich Ihr Anwalt deshalb bei Ihnen? Ruft er Sie an oder schreibt er Ihnen oder kommt er auf irgendeine andere Art auf Sie zu, um seinen Dank auszudrücken? Mir ist jedenfalls dergleichen noch nicht zu Ohren gekommen. Dieser Teil der geschäftlichen Vereinbarung wird stillschweigend vorausgesetzt und ist keiner besonderen Erwähnung wert. Sie jedoch müssen über lange Zeiträume Wünsche und Sachverhalte vortragen, sodass für Sie schnell ein gefühltes Ungleichgewicht entstehen kann, während Sie in Wirklichkeit berechtigte Ansprüche auf seinen Einsatz haben können. Sie könnten, um diesem Ungleichgewicht abzuhelfen, Ihren Anwalt bei einer Kontaktaufnahme beispielsweise so ansprechen:

> „Es ist mir unangenehm, dass ich Ihre Zeit wieder in Anspruch nehmen muss, andererseits muss ich dieses Gefühl nicht haben, da ich Ihren Aufwand schon im Voraus beglichen habe."

Damit begegnen Sie sich wieder auf Augenhöhe.

Ich habe Ihnen nachfolgend eine Checkliste erstellt, deren Kriterien Sie bei einer Mandatserteilung mit Ihrem zukünftigen Rechtsanwalt zumindest größtenteils berücksichtigen sollten. Denken Sie daran: Sie müssen ihm nicht gefallen – aber er muss brillant sein. Darum geht's.

Checkliste für den Rechtsanwalt

Bevor Sie also für einen Rechtsanwalt entscheiden und seinen Anwaltsvertrag unterzeichnen, sollten Sie folgende Punkte überdenken bzw. abklären:

→ **Suchen Sie sich einen Rechtsanwalt, der sich im Familienrecht einen Namen gemacht hat.** Der Idealfall wäre, wenn Sie eine oder mehrere Empfehlungen hätten. Auf keinen Fall sollten Sie einen Anwalt konsultieren, der viele Rechtsgebiete bedient wie Familienrecht, Mietrecht, Erbrecht usw. Ihre Sache beansprucht höchste fachliche Kompetenz und Erfahrung und sollte deshalb nur von einem erfahrenen Spezialisten begleitet werden. Besonders günstig wäre natürlich (was allerdings fast nie der Fall ist), wenn er umfangreiche Kenntnisse im Umgang mit stark ausgeprägten antisozialen Persönlichkeiten hätte. Dies würde für das Verständnis für Ihre Situation und für das Einschätzen der Vorgehensweise viele Vorteile mit sich bringen.

→ **Rechtsanwalt oder Rechtsanwältin?** Haben Sie keine Empfehlung für einen Anwalt, beachten Sie bitte Folgendes: Die allermeisten Klientinnen, die ich beraten habe, hatten sich bewusst für eine Rechtsanwältin entschieden. Das ist nicht verwunderlich, fühlt sich eine Frau von einer anderen Frau emotional besser verstanden als von einem Mann. Zu Recht, wie ich meine.

Dennoch muss ich Ihnen aber auch sagen: Es geht hier nicht darum, ob Sie von Ihrer Anwältin verstanden oder sogar getröstet werden. Es geht darum, dass Ihr Verteidiger Sie vor Gericht sicher vertreten kann. Denken Sie daran, Ihr Psychopath wird sich einen knallharten Burschen aussuchen, den er gnadenlos in die Pflicht nimmt und vor seinen Karren spannt. Und meine Klientinnen haben leider fast durchgängig erlebt, dass Anwältinnen, auch wenn sie fachlich sehr gut aufgestellt waren, mit Sprachlosigkeit auf diese Bollwerke von Niederträchtigkeit und Verleumdung reagiert haben. Ich möchte mir hier auf keinen Fall anmaßen zu sagen, dass in solchen Verfahren Männer besser sind als Frauen. Ich möchte Ihnen nur leidenschaftslos die häufigsten Erfahrungen meiner Klientinnen mitteilen, die ich durchaus ernst nehme.

→ **Welche Kosten kommen auf Sie zu? Und welche Leistungen dürfen Sie dafür erwarten?** Fragen Sie detailliert nach und setzen Sie damit auch das Signal, dass Sie Ihre Interessen gründlich, umfangreich und bestmöglich vertreten wissen möchten. Scheuen Sie sich auch nicht davor zu fragen, ob Prozesskostenhilfe möglich ist.

→ **Lassen Sie sich zusichern, dass Ihr Anwalt während der Geschäftszeiten für Sie erreichbar ist bzw. Sie einen alsbaldigen Rückruf erhalten. Vereinbaren Sie eine angemessene Rückrufzeit.** Im Umgang mit psychopathischen Charakteren ist man vielen Blitzattacken, Gewaltandrohungen oder auch Eilanträgen bei Gericht ausgesetzt. Oder Sie benötigen juristische Unterstützung, wenn er wenige Stunden vor ihrem geplanten Urlaub die Herausgabe der Kinder verweigert. Selbstverständlich benötigt man in diesen Fällen schnelle Klärung durch den Rechtsanwalt und keinen Rückruf zwei Wochen später.

→ **Vereinbaren Sie, dass Ihnen jeder Schriftsatz vorab als Entwurf zukommt.** Das wird Ihr Anwalt Ihnen sicherlich auch ohne Einwände zugestehen. Ihm selbst ist klar, dass er keinen so umfangreichen Einblick in Ihr Erleben haben kann, wie Sie selbst es haben. Somit entlastet ihn ein Entwurf sogar noch. Denken Sie daran: Sie haben nur einen Anwalt, in dessen Händen Ihr Wohl und Wehe liegt. Aber Ihr Anwalt hat unzählige Mandanten. Deshalb kann er sich nicht mit jedem Fall so eingehend auseinandersetzen und sich an alle Details erinnern, die sich über Jahre angesammelt haben, oder in einem bestimmten Kontext wiedergeben, wie Sie es vermögen. Denn schließlich mussten Sie jede Lüge, jede Verleumdung und jede Ungerechtigkeit am eigenen Leib erfahren und aushalten. Da vergisst man nichts.

→ **Verlangen Sie durchgängig eine zügige Bearbeitung.** Ihnen muss daran gelegen sein, Ihre gerichtlichen Auseinandersetzungen so schnell wie möglich durchzuziehen, um unnötige Nervenkriege zu vermeiden. Und Ihr Anwalt muss Sie auch darin unterstützen. Sagt er Ihnen zu, eine bestimmte Sache anzugehen, vereinbaren Sie zeitnah einen festen Termin mit ihm, an welchen Sie ihn notfalls erinnern können.

Da Sie wissen, dass der Umgang mit Psychopathen eine sehr spezielle Herausforderung darstellt, sollten Sie auch folgende Punkte einfordern und vereinbaren:

→ **Setzen Sie Ihrem Anwalt vor der Mandatserteilung in Kenntnis, dass Sie ihm strikt und ausnahmslos einen persönlichen Kontakt mit dem Psychopathen untersagen, sowohl am Telefon, als auch durch ein persönliches Treffen. Und dies möchten Sie schriftlich in der Akte fixiert wissen.** Natürlich wird er nicht begeistert davon sein, dass Sie ihm diese Auseinandersetzung nicht zutrauen. Aber das muss Ihnen gleichgültig sein. Entweder er nimmt das Mandat unter allen Bedingungen an, oder er ist nicht der Richtige. Wer Erfahrungen mit psychopathischen Charakteren hat, der wird auch Ihre Vorsicht und Ihre Ängste verstehen. Vertrauen Sie auf Ihre diesbezüglichen Erkenntnisse und lassen Sie sich diese von niemandem verharmlosen.

Nicht selten hat es sich gezeigt, dass Rechtsanwälte nach einem persönlichen Gespräch mit dem Psychopathen plötzlich von seinem Charme so eingenommen waren, dass sie eine unerwartete Richtungsänderung vornahmen und zu sanfteren Vorgehensweisen rieten. Sie schlugen dann plötzlich ihren Mandanten Vergleiche vor, die dem Prozessgegner in die Hände spielten. Oder es kam vor, dass Anwälte nach einem persönlichen Kennenlernen des Psychopathen plötzlich für ihre Mandanten nicht mehr erreichbar waren, auf bösartige Schriftsätze nur noch lapidar eingingen usw., bis die Mandanten das Mandat von sich aus zurückgezogen haben.

Andere Anwälte wurden mit Bestechungsversuchen zu gewinnen versucht oder unter Druck gesetzt. Diese Behauptungen ziehe ich mir hier nicht aus den Fingern. Für einzelne Klientinnen habe ich, um sie zu entlasten und natürlich nur mit einer entsprechenden Vollmacht, die Vorgehensweise mit ihren Anwälten besprochen. Und auch von deren Seite habe ich schon manches an haarsträubenden Manipulationsversuchen erfahren.

Ich kann Ihnen aber auch von zwei Anwälten berichten, die gegenüber ihren Mandanten offiziell das Mandat mit der Erklärung niedergelegt haben, dass sie nicht in Gewaltauseinandersetzungen einbezogen werden wollten und die Schmerzgrenze für sie erreicht sei. Ob jeder so ehrlich ist und das zugibt, weiß ich nicht. Bitte berücksichtigen Sie deshalb: Nicht jeder, der Jura studiert hat, ist deshalb automatisch unerschrocken und durchsetzungsfähig und jeder heiklen Situation gewachsen. Genauso wenig wie nicht jeder, der ein Medizinstudium in der Tasche hat, auch unweigerlich ein einfühlsamer Arzt sein muss oder ein Student, der Pädagogik studiert, nicht zwingend ein empathischer und engagierter Lehrer werden wird. Eine Ausbildung, und das gilt für alle Berufszweige, sichert noch lange keine Kompetenz auf allen menschlichen Ebenen.

→ **Er sollte zu allem entschlossen sein und eine überzeugende Persönlichkeit besitzen.** Ihr Anwalt, ob nun Mann oder Frau, sollte in der Lage sein, sich bei Gericht Gehör zu verschaffen und den Raum für sich einzunehmen. Er sollte bereit sein, mit aller Entschlossenheit Ihre Ehre zu verteidigen, für die Wahrheit zu kämpfen und dem Psychopathen keinen Raum für haltlose Diffamierungen, Lügen, Einwürfe und große Auftritte zu lassen. Und dies, ohne aus dem Konzept zu kommen. Denn das ist nicht selbstverständlich. Schon viele Anwälte haben schnell ihr Selbstvertrauen verloren, als sie Schlag auf Schlag bombardiert wurden.

Der Idealfall wäre natürlich, wenn Ihr Anwalt selbst narzisstische Züge hätte, die ihn dazu bringen im Mittelpunkt zu stehen. Wer solch ein persönliches Interesse mitbringt, wird nicht zulassen, dass ihm die Butter vom Brot genommen wird.

→ **Er muss bereit sein, unkonventionelle Wege einzuschlagen.** Der Psychopath wird es jedenfalls tun. Informieren Sie ihn deshalb über die psychopathischen Merkmale Ihres Ex-Partners und was ihn erwartet. Sicherlich können Sie Ihrem Anwalt nicht zumuten, gleich ein Buch über diese Thematik zu lesen, aber vielleicht lässt er sich auf einen entsprechenden Artikel ein. Ein Versuch ist es jedenfalls wert.

→ **Teilen Sie ihm mit, dass Sie keine Vergleiche anstreben, die Sie nur Geld kosten und nicht den gewünschten Effekt bringen.**

Ein Paradebeispiel mit gutem Ende

Als Tiger gesprungen und als Bettvorleger gelandet.

Dieses schwierige Kapitel möchte ich gerne mit einer positiven Geschichte beenden. Denn glücklicherweise ist nicht immer alles so anstrengend. Es gibt auch viele Beispiele, bei denen die psychopathischen Charaktere über ihren eigenen Größenwahn stolpern. Sie beginnen in ihren Allmachtsfantasien nämlich nicht selten Spielchen, deren Tragweite und Konsequenz sie nicht richtig einschätzen können. Andere Menschen anzugreifen, zu denunzieren, Lügen aufzutischen, das fällt ihnen leicht, aber sobald sie selbst am Pranger stehen, und sich verteidigen müssen, brechen sie in sich zusammen.

Eines meiner Lieblingsbeispiele in dieser Richtung bezieht sich ausnahmsweise nicht direkt auf Beziehungsstreitigkeiten, bleibt aber im Familienrecht. Jedenfalls möchte ich Ihnen diese „Posse", wie man den Fall mit Fug und Recht nennen darf, nicht vorenthalten.

Die folgende Erfahrung musste eine Klientin machen, deren Vater ihr nach seinem Tod eine sehr ansehnliche Geldsumme hinterlassen hatte. Plötzlich tauchte wie aus dem Nichts ein Cousin auf, der für sich das alleinige Erbe beanspruchte. Und dazu legte er einen Brief bei, den sein Onkel ihm vor einigen Jahren geschrieben habe, und den er als Testament zu deklarieren versuchte.

Ungeachtet dessen, dass solch ein Schreiben nie und nimmer als ernst zu nehmender Testierwille gedeutet werden kann, war sofort klar, dass dieses „Testament" aus zwei unzusammenhängenden Briefen zusammengesetzt war. Das war an zwei verschiedenen Papiersorten zu erkennen. Auch die Texte waren in keinen Zusammenhang zueinander zu bringen. Ebenso wenig war das Erbversprechen, das der Cousin in diesen Briefen sah, in irgendeiner Form ableitbar. Wie immer sieht man auch hier wieder, dass diese Menschen dazu neigen, ihr gesamtes Umfeld für dumm zu verkaufen. Zusätzlich offenbarte der Brief, dass das Verhältnis von Onkel und Cousin nicht gerade eng und freundschaftlich war.

Die geplante Strategie dieses Cousins war, einen größtmöglichen Druck aufzubauen, die Erbin damit zu verunsichern und ihr danach durch seinen Anwalt außergerichtlich ein großzügiges Vergleichsangebot zu unterbreiten. Als sie darauf nicht einging, versuchte er, persönlich Kontakt mit ihr aufzunehmen, und sprach auf den Anrufbeantworter überraschend herzliche Worte von Familie und Freundschaft und wie glücklich er wäre, wenn er sie kennenlernen könnte – und natürlich, dass es ihm nicht um Geld ginge, sondern nur darum, dass er den letzten Willen seines Onkels erfüllen möchte. Wie selbstlos von ihm, ein Verfahren in dieser Größenordnung anzustreben, um die leibliche Tochter des Onkels zu enterben. Wie viel Selbstüberschätzung und Realitätsschwund benötigt man eigentlich, um daran zu glauben, dass er seine Cousine von einem freundschaftlichen Verhältnis überzeugen könnte?

Also kam es zu einer Gerichtsverhandlung. Da die Gerichtskosten und sein Rechtsanwalt schon einige Tausend Euro verschlungen hatten, wollte der Cousin nicht mehr zurück. Außerdem konnte er bestimmt seine Gier auf das schnelle Geld nicht mehr zügeln.

Doch obwohl ein neutraler Notar, als auch die vorsitzende Richterin gegenüber dem Rechtsanwalt meiner Klientin im Vorfeld bestätigten, dass es sich bei dem vorgelegten

Brief auf gar keinen Fall um ein Testament handle, wurde die Sache dennoch mehrere Stunden verhandelt.

Dabei entstand die Situation, dass der Psychopath sich zu seinem unglaubwürdigen Testament rechtfertigen musste. Damit hatte er offensichtlich nicht gerechnet und war vollkommen überfordert. Er erzählte eine rührende Geschichte, die bei Adam und Eva begann, und widersprach sich von einer Aussage zur anderen. Er wurde zusehends nervöser und unkonzentrierter, wurde laut und verlor jegliche Selbstbeherrschung. Sein Erbantrag wurde in vollem Umfang abgewiesen, die Kosten des Verfahrens wurden ihm auferlegt.

Dann geschah, womit man immer rechnen muss, er schüttelte einen Plan B aus dem Ärmel und strengte ein zweites Verfahren an, dieses Mal auf Zeugenaussagen basierend. Auf falschen Zeugenaussagen basierend, wie sich herausstellen sollte. Das Testament war vom Tisch, darauf musste er ja nicht mehr eingehen, so fühlte er sich wieder sicher.

Nun schleppte er drei Zeugen vor Gericht, die er zuvor zu erwähnen ganz vergessen hatte, und die vor fünfzehn Jahren während eines Urlaubs mit ihm und seinem Onkel beim Abendessen an seinem Tisch gesessen haben sollen und den ausdrücklichen Testierwillen des Onkels bestätigen könnten.

Das Ganze war im Grunde überflüssig und aussichtslos, da immer der letzte Testierwillen zählt, und der Vater meiner Klientin gegenüber in den vergangenen Jahren wiederholt das Erbe unter Zeugen angekündigt hatte, was sie durch mehrere eidesstattliche Versicherungen dem Gericht belegen konnte.

So konnte man sich auf diese Verhandlung schon beinahe freuen. Und wie es sich später herausstellte, nicht ohne Grund. Denn aus seinem gedanklichen Chaos heraus hatte der Cousin seine Zeugen alle dieselben Sprüche auswendig lernen lassen. So wurde spätestens jetzt der Verdacht zur Gewissheit, dass er mit einer billigen Inszenierung ein Erbe erschleichen und gleichermaßen das Gericht an der Nase herumführen wollte.

Doch bevor das ganze Theater sich in seinem vollen Umfang offenbarte, wurde zunächst er selbst vernommen. War er bis zu diesem Zeitpunkt noch sehr von sich eingenommen und trug eine siegessichere Haltung zur Schau, begann er nun, bei jeder Frage mehr und mehr einzubrechen. Er vermochte nicht mehr auf seinem Stuhl sitzen zu bleiben, rannte im Gerichtssaal umher, stöhnte laut, rang nach Luft, schrie herum, litt unter Schweißausbrüchen und riss nach Luft schnappend die Fenster auf. Immer wieder wollte er den Gerichtssaal in Anflügen von Panik verlassen, was ihm jedoch nur in Begleitung gewährt werden konnte, da vor der Tür seine von ihm benannten Zeugen saßen. Das Gericht musste ihn alle paar Minuten zur Ordnung rufen.

Nachdem also aus seinem eigenen Mund ein Widerspruch nach dem anderen zu vernehmen war, konnte selbst sein Anwalt dem ganzen Schauspiel nichts mehr entgegenhalten. Die Sache wurde zum Selbstläufer. Auch die Erbin, die minutiös vorbereitet war, musste nicht ein einziges Mal eingreifen. Er hatte sich selbst überführt. Als die Befragung zu Ende war, konnte er vor Schwäche kaum noch den Saal verlassen.

Und auch die Zeugen des Psychopathen konnten seine Situation nicht verbessern:

Einer der drei Zeugen, Frau L., war der deutschen Sprache nicht mächtig, kannte nur einzelne Worte, aber dafür ihren gelernten Text. In der Urteilsbegründung ist deshalb zu lesen:

„Hinsichtlich der Zeugin L. hat sich aus ihrer Zeugenverneh-mung ganz eindeutig ergeben, dass sie keinesfalls die sprach-lichen Kenntnisse hat, auch nur ansatzweise zu verstehen, wenn jemand einen anderen zum Erben einsetzt. Sie ist näm-lich der deutschen Sprache ganz und gar nicht mächtig und zwar sowohl im eigenen Verständnis, als auch in der eigenen Artikulation, wie ihre Vernehmung ganz deutlich gezeigt hat."

Zu ihrem Verhältnis zum Antragsteller steht später weiter im Urteil: „Der Antragsteller behauptete auch dezidiert, dass Frau L. weder eine Freundin noch Ex-Freundin, sondern eben nur eine Bekannte und auch nicht seine Lebensgefährtin sei. Frau L. gab von selbst (in Unverständnis der Fragestellung) eindeutig an, dass die beiden miteinander schlafen, und auch die beiden anderen Zeugen bezeichneten sie als Lebensge-fährtin."[8]

Allein eine solche Zeugin überhaupt vorladen zu lassen, ist ein Zeichen vollkommener Verblendung und absoluten Rea-litätsverlustes.

Aber auch die beiden deutschen Zeugen konnten sich be-züglich des gemeinsamen Abends an nahezu nichts mehr er-innern. Weder an den Namen des Erblassers, wie alt er unge-fähr gewesen war, was sie gegessen hatten, über was sie noch gesprochen hatten usw. Nur an das Erbversprechen konnten sie sich natürlich noch alle gleichermaßen erinnern – und an die Beschreibung ihres Sitzplatzes: dass sie an einem Eichenholztisch gesessen hätten, in dessen Mitte ein Holz-kohlengrill eingelassen gewesen sei. Wie dumm auch, dass beide exakt dieselbe Formulierung benutzten …

Und so ging es weiter. Als sie beispielsweise befragt wur-den, wie und wann der Antragsteller mit seinem Anliegen, sie als Zeugen zu benennen, an sie herangetreten war, wussten sie das nicht mehr. Auch nicht mehr, was sie während des erst kürzlich miteinander geführten Telefonats gesprochen hatten. An kein einziges Wort konnten sie sich erinnern.

Nach diesem Auftritt drohte die Richterin dem Psychopathen an, die Akte zur Staatsanwaltschaft weiterzuleiten, falls er noch ein einziges weiteres Wort sage, und verwarnte auch die Zeugen bezüglich eines Verfahrens wegen Falschaussage.

Die gesamten Kosten beider Anwälte und der Verhandlung wurden ihm selbstverständlich wiederum auferlegt.

Sie sehen an diesem Beispiel, dass sich diese Menschen oft genug selbst ein Bein stellen. Deshalb ist es auch klug, sie während der Verhandlungen in ihre eigenen Widersprüche zu verwickeln. In diesem Fall war es glücklicherweise nicht nötig, da der Psychopath dies selbst übernommen hatte.

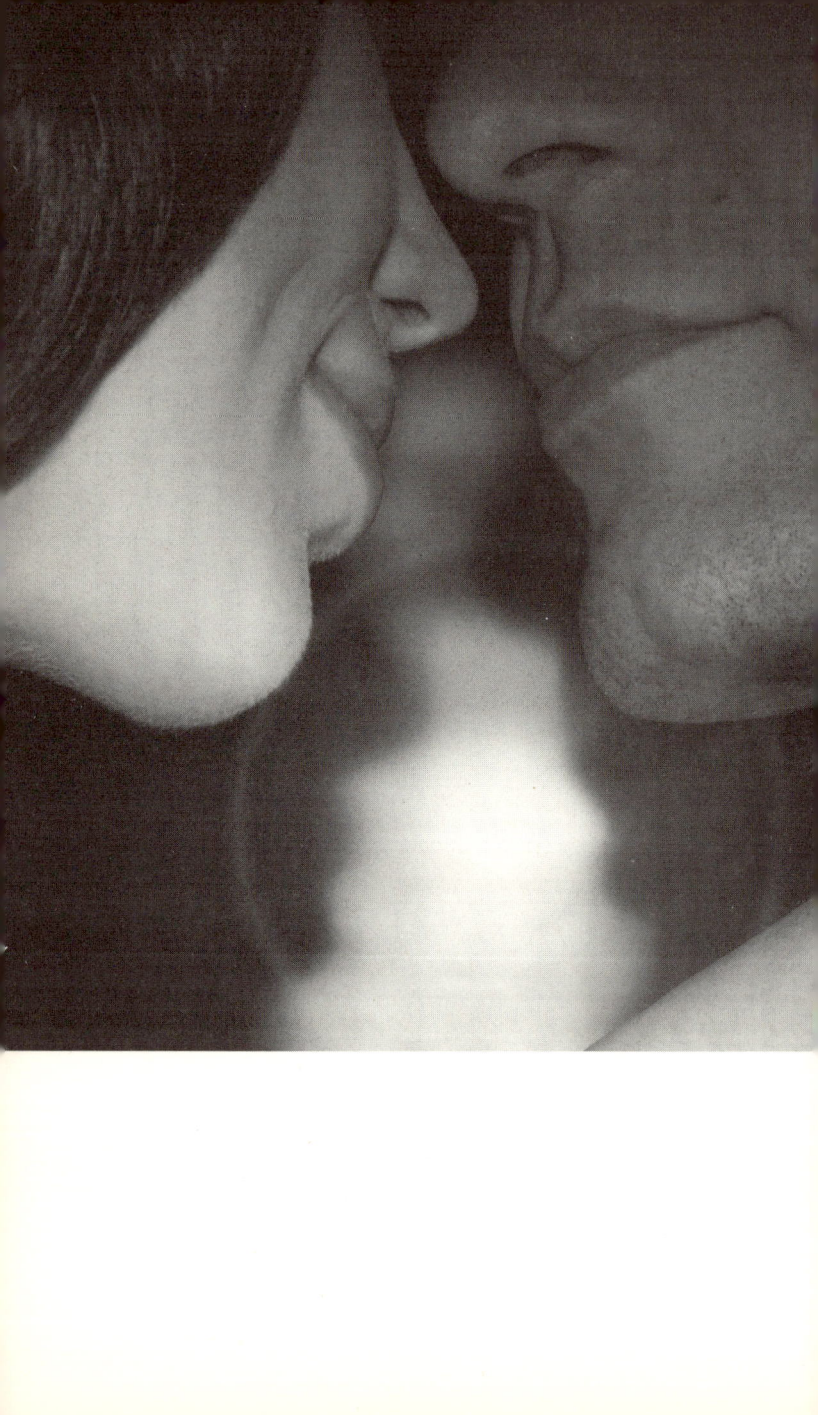

Wegweiser in eine neue, erfüllende Beziehung

Es muss von Herzen kommen, was auf Herzen wirken soll.   J. W. von Goethe

Nach alledem, was Sie durchlitten haben oder noch immer durchleiden, möchte ich Ihnen Hoffnung machen, dass auch die dunklen Tage vorübergehen und Sie wieder eine neue und wundervolle Beziehung eingehen können. Und dabei möchte ich Ihnen gern etwas beistehen. Deshalb lade ich Sie nun ein, mit mir gemeinsam einige sehr nützliche und heilende Gedanken durchzugehen, die Ihnen Orientierung geben, um Ihre kommende Beziehung auf sicheren Boden zu stellen. Es geht dabei weniger um „Beziehungsarbeit", sondern vielmehr um das tiefe Verständnis unserer Natur. Denn wenn Sie verinnerlicht haben, was uns Menschen zu bestimmten Handlungen veranlasst, was uns bedrängt und was uns beflügelt, ist ein entsprechendes Handeln keine Arbeit mehr, sondern ein auf Weisheit und Liebe gründendes Bedürfnis. Schenken Sie Ihrer Hoffnung wieder Raum in Ihrem Herzen und sehen Sie sich schon jetzt in der Rolle des wachen, klugen und liebevollen Menschen, der eine sehr große Bereicherung in eine Partnerschaft einbringt.

Lassen Sie uns nun ganz entspannt die vielen menschlichen Verstrickungen betrachten, die dem unbeschwerten Glück im Wege stehen, und auf vielversprechende Visionen blicken.

Die meisten Menschen glauben, dass vor allem die Liebe in einer Beziehung der große Garant für gemeinsames Glück und ewige Treue ist. Doch wie uns die Scheidungszahlen, Trennungen und die steigende Anzahl von Paartherapien belegen, verhält es sich offensichtlich nicht so. Sicherlich ist die Liebe das Fundament einer glücklichen und erfüllenden Beziehung. Doch ganz gleich, wie stark und berauschend sie anfangs auch sein mag, sie muss sich doch jeden Tag aufs Neue dem Lebensalltag stellen.

Viele Herausforderungen werden auftreten, die ihren Tribut fordern. Doch am allermeisten ist sie durch den unbewussten Umgang mit unseren alten emotionalen Verletzungen gefährdet. Diese „Altlasten" stellen für die Liebe die härteste Belastungsprobe dar. Deshalb ist es mehr als klug, sich mit der eigenen Geschichte wenigstens ein Stück weit zu befassen und die bestehenden Defizite anzuerkennen. Und vertrauen Sie mir, es ist eine befreiende und auf vielen Ebenen bereichernde Erfahrung. Wenn Sie mutig und entschlossen auf Ihre Geschichte und die daraus entstandenen Emotionen blicken, können sie diese neu bewerten und Ihre Beziehung dadurch vor unkontrollierten und unreflektierten Übergriffen schützen. Die Angst vor Konflikten dürfen Sie der Vergangenheit zuschreiben.

Nun fühlen sich allerdings gerade jene Menschen, die über längere Zeiten in Beziehungen mit Psychopathen gefangen waren, durch die anhaltenden Irritationen, unzähligen Verletzungen oder regelrechten Vernichtungsfeldzüge von ihrem Selbstwertgefühl vollkommen abgeschnitten. Und dieser Mangel, so befürchten sie, fließt früher oder später belastend in die nächste Partnerschaft mit ein. Das bedeutet, dass die Opfer ihr Vertrauen in sich selbst erst wieder langsam aufbauen müssen, um eine flüssige und vertrauensvolle Kommunikation aufbauen zu können. Doch sie haben schon mit dem ersten Schritt begonnen, wenn sie innerlich bereit sind, sich neuen Wegen zuzuwenden, und die Vergangenheit zurücklassen. Sie werden sehen, es lohnt sich sehr.

Die Liebe überwindet wahrlich den Tod. Doch die große Kunst besteht darin, die Liebe bis zu dem Tode zu beschützen, da sie auch sehr zerbrechlich ist. Deshalb benötigt sie viel Beistand und Weitblick, um sich entfalten und wachsen zu können. Die Liebe ist also die Basis einer Beziehung, aber das Gelingen ist Ihre eigene persönliche Herausforderung. Vertiefen Sie sich nun in die folgenden Gedanken und lassen Sie sich inspirieren, wie Sie Ihren Partner unbefangen begleiten können, ohne ihn mit Erwartungen einzuengen. Und genauso werden Sie davon profitieren können.

Aber Achtung: Falls Sie die folgenden Empfehlungen auf Ihren jetzigen psychopathischen Partner anwenden möchten, dann werden Sie Schiffbruch erleiden. Diese wundervollen Vorlagen, die Sie anböten, würden einerseits nur sein falsches Ego stärken und Sie obendrein noch angreifbarer machen. Oder um es mit den Worten von Wilhelm Busch auszudrücken: „Toleranz ist gut. Aber nicht gegenüber Intoleranten."

Die ersten Schritte zueinander

Die erste Phase des Kennenlernens ist immer eine heikle Situation und deshalb mit viel Unsicherheit verbunden. Wie weit gehe ich auf jemanden zu, wie viel gebe ich von mir preis? Solche und andere Fragen beschäftigen angehende Partner seit jeher und werden es wohl auch künftig tun. Zwar hat sich die Rolle der Frau durch die Emanzipation sehr gewandelt, doch was die Eroberungsphase in einer Beziehung betrifft, so hat sich auch in den letzten Jahrzehnten doch nicht wirklich viel geändert. Frauen lieben es in aller Regel durchaus, umworben und erobert zu werden, und die Männer identifizieren sich noch immer gern mit der Rolle des Jägers. Hier also zunächst ein paar Worte an die Frauen:

Was können wir unter Jagen verstehen? Ein Mann möchte keinesfalls mit einem Lasso eingefangen werden. Er möchte die Frau, die ihm gefällt, erobern. Er will spüren, dass er begehrenswert ist und aus eigener Kraft seine künftige Partnerin gewinnen kann. Das gibt ihm Selbstvertrauen. Deshalb sollten Sie diese Phase nicht überspringen, indem Sie ihm diese Erfahrung vorenthalten. Gleichzeitig lernen Sie Ihren Partner, wenn er um Sie wirbt, von seiner attraktivsten und romantischen Seite kennen, was Sie sicherlich nicht missen möchten. Die Liebe macht einen Menschen schön und einfallsreich. Und gerade die Anfangszeit sollte so viel Zauber besitzen, dass man sie nie mehr vergessen wird. Bewahren Sie ihm die Gelegenheit, über sich selbst hinauszuwachsen, sich selbst neu zu entdecken und sich sehnsüchtig an Sie zu verschenken.

Außerdem gilt: Je schwieriger etwas zu haben ist, desto begehrenswerter ist es. Und umso größer ist der Nervenkitzel. Wenn Sie also einen Mann kennengelernt haben, den Sie sich als Partner wünschen, ist zunächst weniger mehr.

Nehmen Sie sich ein paar einfache Grundsätze zu Herzen, die Ihnen viel helfen werden:

→ **Schicken Sie Ihrem neuen Bekannten nicht unmittelbar nach einem Treffen oder einem Gespräch Nachrichten.** Geben Sie ihm Zeit, sich selbst zu melden. Und bei Männern heißt das nicht unbedingt am nächsten Morgen um neun Uhr.

→ **Antworten Sie nicht sofort.** Erwecken Sie nicht den Eindruck, dass Sie nur auf seine Nachricht gewartet haben. Sie sind ein Mensch mit vielen Interessen und einem abwechslungsreichen Alltag. Er muss sich auserkoren fühlen, dass Sie auch ihm einen Teil Ihrer Zeit widmen.

→ **Schreiben Sie nicht zu lange Nachrichten.** Damit ist ein Mann schnell überfordert. Sie sehen ja, in welcher Länge er schreibt, und diese sollten Sie nicht erheblich überschreiten. Sehr oft neigen Frauen aufgrund ihrer schönen und weitläufigen Emotionalität dazu, kleine Romane zu verfassen. Und nicht selten kommen nach längerer Wartezeit relativ nichtssagende Antworten wie: „Danke", „super" oder „bis später". Daran kann man ablesen, dass sich der Gesprächspartner überfordert fühlt oder sich möglicherweise sogar erschrocken hat. Eine gute Regel ist deshalb: Nehmen Sie zunächst seine Kommunikationsmuster als Maßstab; damit bleiben Sie auf der Ebene, auf der er sich gern bewegt. Das ist ein respektvoller Umgang.

→ **Verabreden Sie sich nicht zum ersten vorgeschlagenen Termin.** Sie zeigen damit, dass Sie ein abwechslungsreiches Privatleben haben und nicht für ihn auf dem Sprung und jederzeit frei verfügbar sind.

→ **Fallen Sie mit Ihrer persönlichen Geschichte nicht mit der Tür ins Haus.** Auch das ist unbewusst eine Begabung vieler Frauen. Sie können über Emotionen sprechen, reflektiert und gereift von Erlebnissen berichten, was für sie ganz selbstverständliche Prozesse sind. Doch für einen Menschen, der damit noch keine Erfahrungen gesammelt hat oder einfach noch nicht so weit gehen möchte, fühlt sich das eher wie eine bedrohliche Überforderung als eine Einladung zum Kennenlernen an.

→ **Laden Sie den Partner nicht bei den ersten Treffen in Ihre Wohnung ein.** Wählen Sie den Treffpunkt, der einen angemessenen Rahmen bietet. Vielleicht auch nicht gleich das Lieblingsrestaurant, denn auch dieses gehört im weitläufigen Sinne zu Ihrer Privatsphäre. Viele Beziehungen werden heute über soziale Medien geknüpft, was mittlerweile absolut zeitgemäß ist. Von nicht wenigen Frauen habe ich jedoch erfahren, dass daraus teilweise eine unglaubliche Distanzlosigkeit abgeleitet wird. So wurde von mehreren Männern zur ersten Verabredung „ein Kuschelabend auf der Couch" in ihrer Wohnung vorgeschlagen. Ich empfinde Vorschläge dieser Art als übergriffig und geschmacklos. Sie sind kein Häppchen im Supermarkt, das auf einem Probierteller ausliegt, damit alle Vorbeigehenden kosten können. Das gilt auch dann, wenn Sie schon eine Weile miteinander interagiert haben. Wie sich bei den betreffenden Frauen übrigens gezeigt hatte, ist aus keiner dieser Bekanntschaften eine Beziehung entstanden. Weisen Sie das von sich und zeigen Sie Klasse.

Allein durch solche Signale können Sie Ihrem Gegenüber mitteilen, dass Sie eine aufrechte und stolze Persönlichkeit sind. Leider hat das Wort Stolz schon beinahe etwas Anrüchiges in unserer Gesellschaft. Doch hat ein gesundes, stolzes Verhalten nichts mit Hochmut zu tun, sondern mit einer angemessenen Wertschätzung der eigenen Person. Außerdem strahlen stolze Menschen automatisch eine gewisse Stärke aus. Auch das ist sehr hilfreich, denn in der Regel folgen wir den Stärkeren und nicht den Schwachen. Dieser Umstand ist noch unserem Urzeitgedächtnis geschuldet, das dem Starken die größeren Überlebenschancen einräumt.

Ein stolzes Auftreten stärkt Ihr eigenes Ehrgefühl und stachelt ganz nebenbei den Jagdinstinkt des Mannes um ein Vielfaches an. Beachten Sie weiterhin:

→ **Stellen Sie Ihr Licht nie unter den Scheffel.** Warum sollten Sie sich kleiner machen, als Sie sind? Schließlich wünschen Sie sich einen Partner, dem Sie auf Augenhöhe begegnen können.

→ **Signalisieren Sie, dass Sie nicht um jeden Preis einen Partner brauchen.**

→ **Geben Sie ihm das Gefühl, dass Sie anspruchsvoll in der Wahl Ihres Lebensgefährten sind.** Er soll sich bemühen, Ihnen zu gefallen. Und Sie genießen es, dabei ganz bei sich zu bleiben.

→ **Lassen Sie ihn wissen, dass Sie bereit sind, sehr viel für eine Partnerschaft zu tun, aber nicht durch Selbstaufgabe oder Unterordnung.**

→ **Gestehen Sie nicht allzu schnell Ihre Liebe.** Möglicherweise könnte es in ihm das Gefühl entwickeln, dass Sie „leichte Beute" sind. Es ist schon schade, dass man überhaupt einen solchen Rat aussprechen muss. Eine Liebeserklärung sollte doch in einer beginnenden Beziehung das wertvollste Geschenk schlechthin sein. Doch möglicherweise löst es in Ihrem Partner Gegenteiliges aus.

→ **Berichten Sie anfangs nicht so viel von Ihrem Schmerz aus der vorangegangenen psychopathischen Beziehung.** Damit berichten Sie automatisch viel von Ihrer Opferrolle,

Ihr Partner sollte Sie doch als schönen Menschen kennenlernen und nicht reduziert auf vergangene Verletzungen.
Außerdem soll er sich nicht aus Mitleid zu Ihnen hingezogen fühlen und die Rolle des Heilers übernehmen, sondern
er soll sich aus aufrichtiger Liebe heraus für Sie entscheiden.

Ich möchte an dieser Stelle gerne eine wundervolle Frau zu
Wort kommen lassen, die in ihrem Wunsch nach einem Partner lange Zeit nicht über die Kennenlern-Phase hinauskam.
Hier berichtet sie, was sie verändert hatte, damit es doch noch
zu einem Happy End kam:

> „Vielleicht sollte ich meine Geschichte damit
> beginnen, dass ich ein absolutes Händchen da-
> für habe, psychopathische Männer anzuziehen.
> Meine letzten beiden Beziehungen hatten mich
> an den Rand der Verzweiflung gebracht und mir
> den Verlust meiner Selbstachtung beschert.
>
> Ich hatte deshalb eine große Sehnsucht in
> mir, endlich einen Freund zu finden, der mich
> bedingungslos liebt und mir wieder das Gefühl
> schenkt, dass ich eine wertvolle und liebenswer-
> te Frau bin. Und dafür tat ich viel.
>
> Ich hatte mich in mehreren Chats ange-
> meldet und bekam auch regelmäßig Rückmel-
> dungen. Aber nie kam es zu einer Beziehung,
> obwohl ich doch alles dafür tat, was ich tun
> konnte. So glaubte ich das jedenfalls. Ich war
> immer sehr offenherzig und großzügig zu mei-
> nen Bekanntschaften. Ich bot an, sie zu unserer
> Verabredung abzuholen, sie durften unseren
> Treffpunkt wählen, ich zahlte gern beim Aus-

gehen die Rechnung, ich interessierte mich bei den Gesprächen immer sehr für ihre Hobbys oder ihre Berufe, ich machte gleich nach einem Treffen den nächsten Termin fest, und ich meldete mich nach jeder Begegnung noch einmal und versicherte, dass ich viel Freude bei unserer Verabredung gehabt hatte. Und das alles tat ich aus ganzem Herzen. Ich bin dabei richtig aufgeblüht. Ich bin nun einmal sehr kontaktfreudig, aufgeschlossen und unkompliziert und gehe ganz offen auf andere zu. Gerade deshalb habe ich nie verstanden, warum diese schönen Eigenschaften nicht gewürdigt wurden. Ich hatte bei all diesen neuen Bekanntschaften den Eindruck, dass ich den Männern gefalle. Aber am Ende war ich immer wieder die Abgewiesene, was meinen Schmerz nur noch verschlimmerte. Oder es waren Psychopathen, die in mir das geeignete Opfer gefunden hatten, das sie ausbeuten konnten.

Als mir geraten wurde, dass ich mein Verhalten ändern müsste, habe ich mich zunächst dagegen gesträubt. Ich wollte mich nicht verleugnen müssen, ich wollte ich selbst bleiben. Aber es half nichts, ich musste mich dieser Auseinandersetzung stellen: Was ist denn bei meinem Verhalten mein Ich, und welche Teile sind angelernte Verhaltensmuster, Anpassungen oder sogar Unterordnungsmechanismen? Welches Verhalten war meiner Angst und meiner Unsicherheit zuzuschreiben? Das anzuschauen war nicht leicht, aber dafür sehr hilfreich. Jedenfalls lernte ich, dass mein Muster weniger mit meiner Seele als mit meiner Kindheit zusammenhing und ich die Männer mit meiner Begeisterung bedrängte, bis sie sich zurückzogen. Als dieser Groschen gefallen war, ging es bergauf. Ich nahm mich total zurück, schrieb keine SMS mehr, wartete, bis ich kontaktiert wurde usw. Und schon nach wenigen Wochen der Zurückhaltung und Übung lernte ich meinen jetzigen Freund kennen und bin bis über beide Ohren verliebt. Er liebt meine offene Art und meine Ansichten über das Leben, er findet mich hübsch und geht mit großer Wertschätzung mit mir um. Mein Geheimrezept, das mir dieses Glück beschert hat, war, dass ich ihm Schritt für Schritt näher gekommen bin und ihn nicht mit Angeboten überschüttet habe. Jetzt kann er es kaum fassen, dass er so eine Frau wie mich überhaupt verdient hat."

Formulieren Sie Ihre Sehnsüchte und Bedürfnisse

Die Erfüllung der eigenen Sehnsüchte ist ein wichtiger Garant für eine intensive und dauerhafte Beziehung. In Ihrer Partnerschaft mit einem psychopathischen Menschen haben Sie schmerzhaft erlebt, was es bedeutet, emotional zu verhungern. Und Sie haben erfahren, dass ein Verleugnen der eigenen Bedürfnisse Ihre Seele verkümmern lässt. Beziehungen gehen wir für unsere Seelen ein, damit sie aufblühen und sich entfalten. Deshalb sollten diese Beziehungen uns auch Sicherheit und Unterstützung bieten. Also sehen wir uns jetzt gemeinsam an, was Sie persönlich dazu beitragen

können. Bedürfnisse auszusprechen hat nichts im Geringsten mit Fordern zu tun, sondern es ist vielmehr ein Ausdruck
des Vertrauens zu Ihrem Partner. Schon allein das Mitteilen
intimer Wünsche ist ein großer Vertrauensbeweis und ein
wirkliches Geschenk. Ihr Lebensgefährte wird dabei sofort
spüren, dass es Ihnen nicht um Umerziehung geht, sondern
dass die Auseinandersetzung mit den vorhandenen Emotionen vielmehr eine große Chance für Sie beide eröffnet. Und
er wird es sehr wertschätzen, wenn Sie ihm das, wonach Ihre
Seele sich sehnt, anvertrauen, denn nur so kann er Ihnen
Ihre Wünsche auch erfüllen. Wenn er gezwungen wäre zu
raten, auf Intuitionen oder hellseherische Begabungen zu
hoffen, die er nicht besitzt, würde er sich sehr schnell verunsichert fühlen und versuchen, das Thema weitläufig zu umgehen. Ebenso würde das Verschweigen oder Zurückhalten
Ihrer Bedürfnisse bedeuten, dass Sie bis zu Ihrem Lebens-
ende auf einem Gleis warten, an dem nie ein Zug anhalten
wird.

Lassen Sie sich viel Zeit, um nachzuspüren, wie Sie von
Ihrem Traumpartner behandelt werden möchten bzw. was
Sie von einer Beziehung erwarten. Im ersten Anlauf könnte
manches so lauten:

> „Ich bin keine Frau für eine Affäre, sondern ich
> möchte eine dauerhafte Beziehung."
> „Ich wünsche mir eine eigene Familie."
> „Ich möchte mit hoher Wertschätzung behan-
> delt werden."
> „Ich benötige viel körperliche Nähe, aber ich
> muss auch Zeit für mich allein haben."
> „Es würde mir schwerfallen, wenn du in meiner
> Gegenwart andere Frauen bewunderst."

Ihr neuer Partner darf daraufhin selbst entscheiden, ob er Ihnen Ihre Sehnsüchte erfüllen kann bzw. möchte. Auf diese Art vermeiden Sie, dass Sie sich unnötig auf eine Beziehung fixieren, die keine Zukunftsaussichten hat. Je intimer man sich kennt, desto inniger und zärtlicher werden natürlich die Bedürfnisse formuliert.

Was außerdem sehr wichtig ist: Werden Sie nicht anspruchslos. Ich habe oft erlebt, dass Frauen von einem Mann im Taumel der Begeisterung schon allein dadurch beglückt waren, weil er pünktlich war oder sie nicht attackiert hatte. Es ist vollkommen verständlich, dass man nach psychopathischen Übergriffen allein Höflichkeit schon als großes Kompliment empfindet, doch für eine Beziehung ist das noch lange keine Grundlage. Gewöhnliches wird nicht dadurch zu etwas Großartigem, weil man es lange entbehren musste. Sie sind durch die Hölle gegangen. Und nun haben Sie etwas Himmlisches verdient.

Die Beziehung mit Bedacht entwickeln

> *Die Liebe überwindet den Tod. Aber es kommt vor,*
> *dass eine kleine üble Gewohnheit die Liebe über-*
> *windet.* Marie Freifrau von Ebner-Eschenbach

Achtsame Kommunikation

Eine achtsame Kommunikation ist nicht nur eine wichtige Voraussetzung für eine gute, erfüllende Beziehung, sie ist auch etwas sehr Schönes und Wohltuendes. Achtsamkeit ist eine Herzensenergie, die den Partner mit einem ehrlichen Gefühl der Wertschätzung umhüllt und dadurch einen liebenden, respekt- und vertrauensvollen Umgang miteinander ermöglicht.

Vielleicht zweifeln Sie noch daran, dass Sie so etwas Wichtiges in eine Partnerschaft einbringen können. Vielleicht glauben Sie, dass all das Schöne und Wertvolle und die Fähigkeit, zu vertrauen, in Ihnen zerstört ist. Wenn das so ist, kann ich Sie zwar sehr gut verstehen, doch möchte ich Ihnen deutlich widersprechen. Wann immer ich mit Opfern psychopathischer Übergriffe spreche, darf ich zu meiner Freude erleben, dass sie in all ihrem unbeschreiblichen Leid zu wunderschönen und sehr feinen und reflektierten Menschen gereift sind und mehr als alle großartige Fähigkeiten besitzen. Es sind Menschen, die in vielen Bereichen zwischen den Zeilen zu lesen verstehen, wo andere nicht einmal das Gedruckte sehen. Natürlich sind sie sich dessen nicht auf den ersten Blick bewusst, aber nicht minder ist es die Wahrheit.

Außerdem müssen Sie nichts übers Knie brechen. Gestatten Sie in Ihrer nächsten Beziehung sich selbst und Ihrem Partner eine großzügige Übungsfläche. Es ist wirklich nicht ganz einfach, seine hindernden Überzeugungen mit einem

Schlag aufzulösen und neue neuronale Autobahnen im Gehirn zu installieren. Selbst mit dem größten Bemühen müssen wir nur allzu oft erkennen, dass unsere alten Reflexe schneller sind als unsere guten Vorsätze. Aber auch hier gilt: Der Weg ist das Ziel. Und es ist ein schöner Weg, der es wert ist, dass Sie ihn beschreiten. Und er ist um vieles leichter, als Sie es sich jetzt noch vorstellen.

Von Anfang an auf hohem Niveau

Jede neue Beziehung bietet einen neuen und offenen Raum, den Sie ganz nach Ihren Bedürfnissen gestalten können. Das klappt am besten, wenn Sie nicht Ihre alten Muster einbringen und sich von Problem zu Problem nach oben hangeln, sondern indem Sie sich gleich von Anfang an so weit oben bewegen, wie Sie es sich aus tiefstem Herzen wünschen. Ich möchte Ihnen auch hier ein schönes Beispiel nennen:

Eine Klientin berichtete mir, dass ihr neuer Freund sie gebeten hat, ihn auf eine Geburtstagsfeier bei Freunden zu begleiten. Er wollte sie seinen Freunden vorstellen. Selbstverständlich löste diese Situation etwas Unbehagen bei ihr aus. Sie wollte sich auf jeden Fall so verhalten, dass sie seine Erwartungen erfüllen und er stolz auf sie sein kann. Andererseits wusste sie aber nicht, was auf sie zukommt, ob seine Freunde gerne Gespräche führen, ob sie eingebildet sind, oder ob sie nur trinken und feiern möchten usw. In solchen Fällen ist es nicht nötig, Probleme zu thematisieren, sondern man sollte gleich die Ebene wählen, in der die Lösung liegt. Mein Vorschlag für sie war:

„Ich kenne deine Freunde nicht und weiß deshalb auch nicht, was mich heute Abend erwartet.

> Aber ich wünsche mir von dir, dass ich so sein
> darf, wie ich bin, und dass du mich liebst, wenn
> ich mich unterhalte, dass du mich liebst, wenn
> ich lache, und dass du mich genauso liebst, wenn
> ich lieber schweigen und zuhören möchte."

Auf diese Weise hat sie ihren Partner, ohne dass es ihm bewusst wurde, auf eine wundervolle Ebene eingeladen und hochgehoben. Sie hatte seinen Blick ein großes Stück weit von ihrem Verhalten abgezogen und auf das Wesentliche, nämlich die Liebe, fokussiert.

Und ich darf Ihnen sagen, dass er sich sehr über ihren Wunsch gefreut hat und sich noch mehr darüber klar wurde, dass nicht das zählt, was andere denken, sondern seine Liebe zu ihr. Es wurde ein ganz entspannter und wundervoller Abend für beide. Sie wusste nun, dass es keine Rolle mehr spielte, was sie tun und lassen würde, sondern es war lediglich eine weitere innige Begegnung für sie beide. Und das Band, das sie bis dahin miteinander verbunden hatte, wurde wieder ein wenig stärker und leuchtender.

Zur richtigen Zeit am richtigen Ort

Achtsamkeit hat viele Facetten. Eine davon ist, für wichtige Gespräche, bzw. für Auseinandersetzungen in Konfliktsituationen, auch den richtigen Rahmen und den richtigen Zeitpunkt zu wählen. Beginnen Sie beispielsweise in einem sehr aufgewühlten Zustand eine Diskussion, werden Sie nicht Ihr gewünschtes Ziel erreichen. Aufgewühlte Gefühle entladen sich schnell in Vorhaltungen und Beschuldigungen, und die zuvor angespannte Situation droht zu eskalieren, anstatt sich zu entschärfen.

Die elegante Variante, um dieser Gefahr zu entgehen, ist deshalb, sich für ein anstehendes Gespräch zu verabreden. Dadurch gewinnen Sie etwas Zeit, in der sich Ihre Emotionen beruhigen, bzw. klären können. Und Ihnen bleibt Gelegenheit, sich klar darüber zu werden, was Sie zu dem Geschehenen sagen möchten, was Sie gerade beunruhigt oder verletzt hat, und was Sie für sich im Augenblick dringend benötigen. Außerdem gibt Ihnen die gewonnene Zeit auch Gelegenheit, sich in Ihren Partner hineinzuversetzen und zu erspüren, was ihn veranlasst hat, ein bestimmtes Verhalten zu zeigen. Und nicht zuletzt haben Sie die Chance, hineinzuspüren, wo er gerade steht, wo Sie ihn abholen können und was er gerade von Ihnen dringend benötigt. Denn schließlich ist eine Beziehung ein Wir und nicht nur ein Du und Ich. Ebenso können Sie für Ihr Gespräch einen netten Rahmen bzw. Ort auswählen. In einem schönen Restaurant mit stilvoller Atmosphäre sind Sie sicherlich entspannter als zu Hhause, wo ständig das Telefon klingelt oder vielleicht das Fernsehgerät im Hintergrund läuft.

So könnten Sie sich also vornehmen, bei einer Gelegenheit, die ein klärendes Gespräch erfordert, oder in einer Situation, in der Sie sich zu Unrecht angegriffen fühlen, ganz anders damit umzugehen, und sich folgendermaßen stufenweise auf einen Erfolg versprechenden Austausch vorbereiten:

→ Entschließen Sie sich, sich nicht hinreißen zu lassen, unüberlegte Dinge zu sagen oder zu tun, die Sie später bereuen werden.

→ Teilen Sie Ihrem Partner ruhig Ihren Wunsch mit, dass Sie ein Gespräch führen möchten bzw. sich durch seine Aussage verletzt fühlen und dieses Gefühl gerne durch eine Aussprache wieder auflösen möchten.

„Bitte lass uns heute Abend miteinander sprechen. Unsere Auseinandersetzung hat in mir viel Traurigkeit ausgelöst, auch wenn ich weiß, dass du das nicht möchtest. Aber ich schaffe es nicht, dieses Gefühl allein aufzulösen. Ich brauche dich dabei."

→ Sie verabreden einen Zeitpunkt, zu dem Sie beide sich in Ruhe auf die Situation einlassen können.

→ Sie wählen einen geschützten Ort, der genügend Raum und Behaglichkeit für Ihr Vorhaben gewährleistet. Ihr Partner freut sich bestimmt, wenn er eine nette Einladung von Ihnen erhält.

Findet die Unterhaltung statt,

→ erschaffen Sie zunächst eine gedankliche und sprachliche Basis. Wir können nie ganz selbstverständlich davon ausgehen, dass das, was wir sagen, auch automatisch im selben Kontext und im selben Verständnis aufgenommen wird.

Möglicherweise sprechen Sie eine sehr emotionale Sprache, die einen rein verstandesmäßig orientierten Menschen nur bruchstückhaft erreicht. Oder Sie sind ein sehr reflektierter Mensch, der jeden kleinen Umstand bereits auf mehreren Ebenen analysiert hat, und diskutieren aber mit jemandem, der im Gegensatz zu Ihnen nur oberflächliche Betrachtungsweisen kennt. Oder Ihr Gegenüber neigt dazu, sich schnell angegriffen zu fühlen, obwohl es gar nicht in Ihrer Absicht liegt. Da kommt kein wirklicher Austausch zustande.

Ein guter erster Schritt wäre deshalb, sich die Kompetenz anzueignen, zunächst zielgerichtet die Möglichkeiten Ihres Gesprächspartners zu sondieren und das Gespräch anschließend auf seiner Ebene zu führen. Sehr hilfreich wäre es möglicherweise, wenn Sie sich durch regelmäßiges Nachfragen vergewissern, inwieweit Sie richtig verstanden werden:

„Konnte ich dir verständlich machen, was ich fühle und was ich meine? Kannst du meine Gefühle verstehen?"

→ Arbeiten Sie nicht mit Angriffen, das provoziert nur eine Verteidigungshaltung und führt zu weiteren Verletzungen. Formulieren Sie Ihren Schmerz oder Ihre Bedürfnisse neutral und bleiben Sie dabei ganz bei sich, damit Ihr Partner nicht das Gefühl entwickelt, der Schuldige zu sein und sich innerlich verschließt. Benutzen Sie keine Du-, sondern nur Ich-Botschaften.
Also nicht: „Du bist schuld, dass es mir schlecht geht."
Vielmehr: „Mir geht es gerade nicht gut und ich wünsche mir sehr, dass du mir beistehst."

→ Versichern Sie ihm, dass es Ihnen nicht nur um die Befriedigung Ihrer eigenen Bedürfnisse geht, sondern dass die seinen für Sie von gleicher Bedeutung sind. Und dass Sie sich wünschen, dass beide durch den Austausch wieder glücklich und ausgeglichen sind.
„Ich möchte aber nicht nur von mir sprechen, denn mir ist es genauso wichtig, dass es dir ebenfalls gut geht."

→ Werden Sie zum bewussten Zuhörer. Erstens ist es eine Frage der Höflichkeit und Wertschätzung Ihrem Partner gegenüber, ihm genügend Raum und Zeit einzuräumen, damit er nachdenken und seine Ansichten und Gefühle sortieren und formulieren kann. Und zweitens ist es wichtig, seinen Worten und Gedanken mit ganzer Aufmerksamkeit zu folgen, um seine Stimmung ganzheitlich zu erfassen und nicht auf seine Worte zu reduzieren. Unter Umständen fühlen Sie sogar deutlicher, was ihn beschäftigt oder schmerzt, als es ihm selbst möglich ist. Für solche Feinheiten benötigen Sie jedoch Ihre ganze Präsenz und den Wunsch, ihm im Gesagten zu folgen. Ihr Partner ist Ihnen diese Aufmerksamkeit bestimmt wert.

Hier wieder ein Beispielfall. Sofia hatte nach zwei psychopathischen Partnern auf wunderbare Weise die Kurve bekommen und möchte auch Ihnen Mut zu einem Neuanfang machen:

> „Nach zwei schrecklichen Beziehungen mit psychopathischen Partnern hatte ich die Nase von persönlichen Niederlagen gestrichen voll. Ich war fest entschlossen, mir bei der Wahl meines künftigen Partners viel Zeit zu lassen, um jeden noch so kleinen psychopathischen Ansatz ausschließen zu können. Und ich war bereit, aktiv an der Qualität meiner Beziehung zu arbeiten. Das war die beste Entscheidung, die ich je getroffen hatte. Denn mein Wohlbefinden möchte ich nie mehr ganz und gar aus der Hand geben. Auch nicht in die Hände des Menschen, den ich liebe. Nach acht Monaten Singledasein habe ich dann Kai kennengelernt. Er ist ein sehr liebenswerter Mensch, dem unsere Freundschaft alles bedeutet. Da Kai, als wir uns kennenlernten, gerade eine Trennung mit massiver psychischer Gewalt hinter sich hatte, fühlte er sich wegen Nichtigkeiten schnell verletzt oder nicht ernst genommen. Aber anstatt wie früher in die Verteidigungsrolle zu gehen und mich selbst verletzt zu fühlen, habe ich dieses Mal meine Hausarbeiten besser gemacht und kann mit seinen Gefühlsausbrüchen jetzt sehr gut umgehen. In solchen Momenten bitte ich ihn, mir zu vertrauen und sich ernsthaft die Frage zu stellen, ob er wirklich glaubt, dass ich ihn ver-

letzen möchte. Aber wir sprechen nie sofort darüber. Wir verabreden uns für ein Gespräch zu einem späteren Zeitpunkt. Am Anfang war Kai damit überfordert. Aber das war mir ehrlich gesagt egal. Mir geht es mittlerweile um mehr, als nur um schnelle Lösungen. Und die Gespräche, die wir dann führen, basieren nicht mehr auf Vorwürfen, sondern auf unserer beiderseitigen Zusicherung, dass wir uns die wichtigsten Menschen sind und lernen möchten, unsere Gefühle zu verstehen und zu beschützen. Und es klappt wirklich. Unser Vertrauen zueinander hat sich erheblich vertieft und wir haben uns emotional eine eigene kleine, geschützte Welt geschaffen."

Wenn Sie auch so vorgehen, haben Sie die besten Voraussetzungen, Ihre Beziehung anspruchsvoll zu gestalten, zu schützen und zu stabilisieren. Doch ganz gleich, wie großzügig und verlockend Ihr Angebot sein mag, Ihr Partner hat stets das Recht, für sich zu entscheiden, auf welche Art und Weise er sich seinen Herausforderungen stellt. So gilt selbstverständlich das nun Folgende.

Kommunikation ist immer freiwillig

Eine gelingende Kommunikation ist erst dann möglich, wenn beide Partner an einem Gespräch interessiert bzw. von der Notwendigkeit einer Lösung überzeugt sind. Ist das nicht der Fall und ein Austausch wird eingefordert, ist dies schon eine subtile Form von Gewalt und wird deshalb auch nicht mit Dankbarkeit und Offenheit quittiert. Das Ergebnis ist demnach weit von dem gewünschten Ziel entfernt. Ich kann niemandem aus einem intensiven Gefühl heraus ein Gespräch aufzwingen. Aber ich kann jemanden einladen bzw. bitten, mit mir zu sprechen, um meine innere Ausgeglichenheit wieder herzustellen bzw. mir Gelegenheit zu geben, meine Bedürfnisse zu äußern.

Jeder sollte also immer die Möglichkeit haben, selbst zu entscheiden, ob und wann er ein Gespräch führen möchte oder nicht. Auch darf er entscheiden, wie tief er sich darauf einlassen möchte und wann für ihn ein Stopp angebracht ist.

Aber auch in solchen Situationen, wo Ihr Gegenüber bei einem bestimmten Punkt abblockt, haben Sie immer noch die Möglichkeit, ihn zu fragen, ob es für ihn in Ordnung ist, wenn Sie noch das aussprechen, was Sie bewegt, auch wenn er selbst in diesem Moment nicht mehr darauf einzugehen vermag.

> „Ich akzeptiere deinen Wunsch, das Gespräch an dieser Stelle erst einmal zu beenden. Wäre es vielleicht aber möglich, dass ich meinen Gedankengang noch beenden kann? Du musst auch nicht mehr darauf eingehen."

Das wäre ein abgeklärtes und vorbildliches Verhalten.

Eine andere mögliche Situation könnte sein, dass Ihr Partner Sie angreift, weil er gerade auf nichts Konstruktiveres zugreifen kann und er noch keine Erfahrung mit Ihrer positiven Kommunikation hat. Dann bleibt Ihnen nichts anderes übrig, als ihm seinen Raum zu lassen, in dem er seine Wut oder Enttäuschung festhalten kann. Doch aufgepasst:

Lassen Sie alles bei ihm, was zu ihm gehört, und ziehen Sie sich so lange zurück, bis er sich wieder beruhigt hat. Machen Sie einen Spaziergang, besuchen Sie Freunde oder was auch immer. Schaffen Sie auf jeden Fall eine räumliche Distanz, dass jeder bei sich bleiben kann. Sie könnten beispielsweise sagen:

> „Ich akzeptiere, dass du deine Wut im Moment behalten möchtest. Aber da das deine Entscheidung ist, bitte ich dich, allein die Verantwortung dafür zu übernehmen. Ich mache inzwischen etwas, das mir guttut. Wenn du wieder ohne Wut mit mir reden kannst und möchtest, dann lass es mich wissen. Dann werde ich ganz für dich da sein."

Und dann ziehen Sie beispielsweise Ihren Jogginganzug an und gehen mit leichtem Herzen joggen. Jeder kann sich nämlich selbst entscheiden, ob er sich die aufgewühlten Emotionen anderer aufladen möchte oder nicht. Wut oder Aggression wird nicht weniger, wenn sie auf andere überspringt. Im Gegenteil. Es entsteht eine Kettenreaktion, die alles nur verschlimmert. Wenn Ihr Partner aber merkt, dass Sie gar nicht mehr bereit sind, in seine unselige Dynamik einzusteigen und seinen Stress da lassen, wo er herkommt, nämlich bei ihm, so lernt er sehr schnell, dass er sich auf diese Weise nicht befriedigen oder befreien kann und der Lustgewinn am Streiten nimmt mehr und mehr ab. Sie werden sehen: Wenn Sie dieses Verhalten ruhig und abgeklärt ein paar Mal angewendet haben, wird sich diese Dynamik mehr und mehr auflösen. Was zählt, ist Ihre konsequente Haltung. Außerdem ist es ein wundervolles Gefühl zu erkennen, dass Sie gar nichts Unangenehmes auf sich nehmen müssen. Sie können sich ebenso gut umdrehen und weggehen. Denn für den nächsten Schritt ist nun Ihr Partner am Zug. Und ganz nebenbei bemerkt, wird er von Ihnen in eine hochwertige Kommunikationskultur eingeführt.

Aber was tun Sie, wenn es Ihnen selbst nicht gelingt, den nötigen Abstand aufzubauen, und Sie selbst in der Verletzung oder in der Wut stecken bleiben? Auch das ist kein Problem, wenn Sie dafür den richtigen Ton treffen. Sie könnten sagen:

> „Ich bin im Moment viel zu aufgewühlt, um sinnvoll damit umzugehen. Und bevor ich etwas sage, das mir später leidtut, muss ich mich jetzt erst einmal zurückziehen und eine Weile für mich sein, bis ich mich wieder etwas abgeregt habe und einen vernünftigen Gedanken finden kann. Wir sprechen dann später darüber."

Das genügt vollkommen. Gehen Sie aus der Situation hinaus, halten Sie Zwiesprache mit sich selbst und verschonen Sie Ihren Partner mit unkontrollierten Angriffen.

Verschlüsselte Kommunikation

Wir alle haben Erfahrung mit verschlüsselter Kommunikation, doch in aller Regel ist sie vornehmlich eine weibliche Eigenheit. Sie ist das Ergebnis unseres Unvermögens, uns für unsere Interessen oder Bedürfnisse einsetzen zu können. Deshalb legen wir uns Ersatzstrategien zu. Für eine Beziehung ist das jedoch kontraproduktiv. Sie zwingt nämlich den Partner, die wahren Bedürfnisse des anderen auf den Punkt genau erraten zu müssen. Und das kann bei der Vielschichtigkeit menschlichen Verhaltens ganz schön kompliziert bis unmöglich werden. Ein einfaches Beispiel von verschlüsselter Kommunikation könnte so aussehen: Eine Frau steht mit ihrem Mann vor einem Schaufenster und sagt: „Oh, sind das wunderschöne Schuhe." Damit meint sie, dass sie diese gern haben möchte und ihr Mann den Wunsch erraten solle. Doch bei dem Mann läuft unter Umständen ein ganz anderes Programm ab. Er hört nur ihre Worte, die er auch wirklich ernst nimmt, und betrachtet aufmerksam die Schuhe, ob er sie ebenfalls schön findet, und teilt seine Meinung mit. Fertig. Nach kurzer Zeit wundert er sich, dass sich die Stimmung seiner Frau verdüstert hat und es ist ihm rätselhaft, woran das liegen könnte. Solche Situationen sind etwas lästig, aber noch auszuhalten. Komplizierter wird es, wenn es um Ängste geht, wie in dem folgenden konstruierten Fall:

Ein Paar erhält eine Einladung zu einem Fest mit Freunden. Der Mann freut sich sehr darüber, wieder seine alten Kumpels zu treffen, die Frau verhält sich jedoch zögerlich und unsicher. Sie weiß, dass an diesem Abend auch eine Frau eingeladen ist, die es liebt, mit ihren weiblichen Reizen zu spielen und alles tun wird, um die Aufmerksamkeit der anwesenden Männer auf sich zu ziehen. Das macht ihr Angst. Deshalb verschlüsselt sie ihre Botschaft: „Da kommt doch wieder diese Vanessa. Wenn ich die schon von Weitem sehe, wird es mir übel. Für ihren narzisstischen Geltungswahn und ihre selbstgefälligen Monologe müssen wir uns nicht den ganzen Abend zur Verfügung stellen."

Aber in Wirklichkeit schämt sie sich, über ihre Angst zu sprechen, dass diese Frau versuchen wird, mit ihrem Mann anzubändeln. Und weil sie in ihrer Kindheit nie gelernt hat, dass Ängste zu uns Menschen gehören und wir uns alle vor irgendetwas fürchten, fühlt sie sich hilflos. Hätte sie erfahren, dass man mit ihren Befürchtungen respektvoll und konstruktiv umgegangen wäre, dass man nach Lösungen gesucht und diese gefeiert hätte, dann hätte sie nicht diese Scham entwickelt, die noch schlimmer ist als die Angst selbst. Nämlich die Angst vor der Angst.

Mit solchen Verhaltensweisen steht man sich selbst im Weg. Ihr Partner kann Ihnen nicht helfen, Ihren Kummer aufzulösen, wenn er ihn nicht kennt. Er wird dann verständlicherweise Ihre Worte ernst nehmen und auf der Ebene agieren, die Sie ihm angeboten haben. Und das Gefühl, nicht verstanden zu werden, würde sich für Sie am Ende noch verstärken.

In solchen Momenten lohnt sich ein Sprung ins kalte Wasser. Ich bin überzeugt davon, dass Ihr Partner sich glücklich schätzt, wenn Sie ihn in heiklen Situationen ins Vertrauen ziehen und ihn um seinen Schutz bitten. Im beschriebenen Fall könnte die Frau sagen:

> „Ich fürchte mich ein wenig, dorthin zu gehen.
> Sicher wird Vanessa wieder versuchen, mit dir
> zu flirten, und ich komme mir dann so hilflos
> vor und habe Angst, dich zu verlieren."

Damit geben Sie Ihrem Partner Gelegenheit, Ihnen seine Liebe zu versichern, bei dem Fest jede Anspielung bewusst zu ignorieren und sich deutlich zu Ihnen zu bekennen. Solche gemeinsamen Konfliktlösungen sind ein großer Segen für beide Seiten. Und es ist befreiend, nicht mehr auf verschlüsselte Botschaften zurückgreifen zu müssen.

Eine innige Beziehung blüht gerade an solchen Herausforderungen auf und festigt sich, wo andere zu scheitern drohen.

Metakommunikation

Wenn Sie solch einen liebevollen und achtsamen Umgang anstreben, wird Ihre nächste Beziehung unter einem guten Stern beginnen. Denn Sie selbst sind dieser gute Stern. Und Sie können sogar noch einen ganz wesentlichen Schritt weitergehen. Wenn Sie und Ihr Partner schon etwas routinierter in diesen Umgangsformen geworden sind, können Sie mit dieser hohen Kommunikationsebene gemeinsam den eigentlichen Königsweg einschlagen. Im Grunde ist er unerlässlich für eine liebevolle Beziehung, doch verstehen die allerwenigsten Menschen, ihn zu gehen. Ein wesentlicher Bestandteil dieses Weges ist, dass Sie gerade für Momente, in denen Sie Ihren inneren Abstand zu verlieren drohen und mehr Schaden als Nutzen erzeugen, ein gutes Modell entwickeln, das Sie vor dem freien Fall schützt und sicher auffängt.

Für mich persönlich bedeutet dieser Weg zum einen, dass man den unangenehmen Gefühlen, die möglicherweise relativ schnell und unkontrolliert aufsteigen, nicht mehr die Bedeutung beimisst, die man ihnen bislang zugestanden hat, und stattdessen tiefer blickt und nachforscht, woher der aktuelle Schmerz denn wirklich kommt bzw. welche alten Emotionen gerade getriggert wurden. Was in uns aufsteigt, das gehört zu uns und nicht zu unserem Gegenüber. Dies gilt es in jedem Fall anzuerkennen.

Betrachten Sie einmal, wie unterschiedlich verschiedene Menschen auf ein und dieselbe Sache reagieren. Während ein großer Teil unserer Gesellschaft zur Entspannung gern Krimis im Abendprogramm ansieht, können andere nach solchen Filmen nicht mehr schlafen oder haben schlechte Träume. Oder es gibt Menschen, die gern alleine sind, und andere, die Einsamkeit fürchten. Diese Aufzählung könnte man endlos fortsetzen. In jedem Menschen lösen Situationen also ganz individuelle Dinge aus, je nachdem, wie unsere Geschichte uns geprägt hat. Kritisch wird es nur, wenn wir glauben, dass unsere Gefühle etwas mit der Realität zu tun haben und andere sich danach richten sollen. Wie abstoßend das im Extrem sein kann, kennen Sie zur Genüge von Ihrem Psychopathen.

Wenn Sie also bei emotionalen Erregungszuständen den nötigen Abstand aufbauen können, dann lernen Sie schnell, das Erlebte in dem Kontext zu betrachten, in den es auch einzuordnen ist. Und was Sie zuvor vielleicht als einen vermeintlichen Angriff eingestuft haben, sehen Sie dann viel deutlicher als das, was es wirklich ist: Der Angreifer wird gerade von einer inneren emotionalen Welle überspült und ist dadurch selbst zum Opfer seines emotionalen Schmerzkörpers geworden. Und als Folge davon wird auch in Ihnen etwas Unangenehmes ausgelöst.

Mehr ist es nicht. Wie Sie sehen, geht es im Grunde immer nur um lang zurückliegende Altlasten, die aus der Vergangenheit aufsteigen und sich einen Ausdruck suchen. Und dieser Hypothek muss man sich gewahr werden, damit sie ihre Wirkung verlieren und Ihrer Beziehung keinen Schaden mehr zufügen kann. Der emotionale Schmerzkörper nährt sich von Schmerz und deshalb sucht er ihn und lässt sich keine Möglichkeit entgehen, sich davon zu speisen. Es sei denn, Sie wissen um seine Existenz und seine Leidenschaft für Dramen. Dann sagen Sie beispielsweise auch nicht mehr:

> „Du nimmst mich nicht ernst",
> sondern eher:
> „In mir steigt das Gefühl auf, dass ich nicht ernst genommen werde, und das möchte ich gerne mit dir zusammen auflösen."

Es ist ein großartiges Erlebnis, wenn man bewusst diese alte Ebene verlassen kann und nicht mehr deren Spielball ist. Bedenken Sie auch, dass Ihr Partner, der Sie liebt, gar nicht den Wunsch hat, Sie zu verletzen oder zu demütigen. Genauso wenig wie Sie ihm schaden möchten.

Deshalb beinhaltet meine Vorstellung von einem Königsweg, dass man im Voraus und gemeinsam eine praktikable Vorgehensweise für schwierige Momente festlegt, bevor unkontrollierte Emotionen aufeinanderprallen und Vertrauen zerstören. Wir alle müssen davon ausgehen, dass eine Beziehung nicht nur aus romantischen Begegnungen besteht, sondern auch eine gewisse Alltagstauglichkeit benötigt wird, um mit unseren tief liegenden Verletzungen fertig zu werden.

Geübten Paaren kann schon ein kleines, feststehendes Ritual helfen, diese problematische Situation zu bewältigen. Auch Sie können sich jetzt vornehmen, künftig mit Ihren schmerzhaften Gefühlen anders umzugehen und sich selbst zu hinterfragen. Wenn man versteht, worauf es ankommt, dann fällt es auch nicht mehr schwer, die Verantwortung für die eigene Gefühlswelt zu übernehmen. Schließlich wissen Sie, dass ein aufkommendes Gefühl zu Ihrer Geschichte gehört und nicht zu Ihrem Partner. Vergessen Sie nie, dass unser emotionaler Schmerzkörper die Summe aller Verletzungen ist, die Ihr Partner nicht kennen kann und auch nicht erzeugt hat. Er wird sie allenfalls auslösen oder verstärken.

Deshalb ist es ideal, beispielsweise folgende mögliche Absprachen zu treffen, falls einer von Ihnen sich verletzt fühlt, Sorgen hat oder aufgebracht ist. Genauso wertvoll sind diese Absprachen oder festen Vorgehensweisen aber auch, wenn man erschöpft oder niedergeschlagen ist. Auch in solchen Momenten gibt es nichts, was Ihnen besser helfen könnte, als einen Partner, der Freude daran hat, dieses Gefühl mit Ihnen wieder aufzulösen.

→ Lassen Sie Ihren Partner nie allein, wenn er Sie um emotionalen Beistand bittet.

→ Denken Sie gemeinsam darüber nach, was Ihnen in schwierigen Situationen guttun könnte. Sie kochen etwa eine Kanne Tee, machen es sich an einem bestimmten Ort bequem und nehmen sich immer so viel Zeit, miteinander zu sprechen, bis die unangenehmen Gefühle aufgelöst sind.

→ Ist einer von beiden aufgrund seiner aufgewühlten Situation nicht in der Lage, den erforderlichen inneren Abstand aufzubauen, um solch ein Gespräch zu führen oder darum zu bitten, dann ist es die Aufgabe des anderen, den sicheren Rahmen zu ermöglichen und die Initiative zu ergreifen.

→ Gehen Sie nie zur Tagesordnung über, zu Bett oder gar auseinander, bevor Sie Ihre Unstimmigkeiten aufgelöst haben. Falls es Ihnen einmal nicht gelingt: Bleiben Sie gegenseitig erreichbar und schalten Sie Ihr Handy nicht aus. Jeder sollte immer die Möglichkeit haben, eine Auseinandersetzung wieder zu bereinigen und seinen Schmerz aufzulösen.

→ Erforschen Sie gemeinsam in Ruhe, wodurch dieses Gefühl ausgelöst wurde und wo seine eigentlichen Wurzeln verhaftet sind. Zum Beispiel

- „Seit wann kennst du dieses Gefühl?"
- „Erinnerst du dich an Situationen, die dieses Unbehagen verursacht haben können?"
- „Bei welchen Gelegenheiten tritt es an die Oberfläche? Was hat es mit dir bislang gemacht?"
- „Wie hat dein Umfeld reagiert, wenn du es ungefiltert nach außen kommuniziert hast?"
- „Wie kannst du es beruhigen und nützlich in dein Leben integrieren?"

Zwar ist nicht alles, das uns hemmt bzw. unsere Gefühle blockiert, auch eine Tragödie. Aber jede noch so kleine Unstimmigkeit ist es wert, angesprochen und aufgelöst zu werden. Ich möchte Ihnen auch hierzu ein Beispiel geben:

Nehmen wir einmal an, Ihr Partner überschüttet Sie gern mit Komplimenten, die Sie jedoch nach den traumatischen Erfahrungen, die Sie mit Ihrem Psychopathen durchgemacht haben, oder aufgrund einer ablehnenden Kindheit nicht wirklich annehmen können; womöglich fühlen Sie sich dadurch sogar ein wenig auf den Arm genommen. Auch dies können Sie direkt und aufrichtig kommunizieren:

> „Ich kann im Moment nicht gut Komplimente annehmen. Ich habe dafür zu viel von meinem Selbstwertgefühl verloren. Aber lass uns doch gemeinsam überlegen, mit was ich mich gut fühlen und was ich mir von dir wünschen kann. Damit würdest du mich sehr glücklich machen."

Damit geben Sie Ihrem Partner Gelegenheit, Ihnen seine Liebe auf die Art und Weise zu versichern, wie Sie sie wirklich benötigen und auch annehmen können. Und Ihrem emotionalen Schmerzkörper wird die Möglichkeit entzogen, aufrichtige Liebe für weitere Dramen zu missbrauchen.

Jeder von uns weiß, was uns unangenehm berührt, uns Ängste bereitet oder gar in Panik versetzt. Wenn Sie lernen, Ihre Verletzungen als Teil Ihres Lebens anzuerkennen und bereit sind, konstruktiv und offen mit ihnen umzugehen, wird Ihr Partner jedenfalls nicht die Suppe auslöffeln müssen, die andere eingebrockt haben. Sprechen Sie unabhängig von Konflikten gemeinsam über Ihre unangenehmen Erfahrungen und suchen Sie nach Möglichkeiten, Ihre Verletzungen zu integrieren, ohne ihnen einen Weg in Ihren Lebensalltag zu öffnen. Im Idealfall können Ihre negativen Erfahrungen dann sogar dazu dienen, eine noch intensivere Vertrauensbasis und noch feinere Umgangsweisen miteinander zu gestalten.

So ist das mit der Liebe. Sie bringt automatisch sehr viel Hingabe mit sich. Wer liebt, der möchte seinen Partner glücklich sehen. Er wünscht sich von Herzen, dass er durch ihn glücklich werden darf. Das ist etwas Wunderschönes und Sie werden sehen, dass dies gar nicht so schwer ist, wie es Ihnen vielleicht erscheint. Auf ganz einfache Weise könnte ich es vielleicht so ausdrücken: Wenn Sie Ihrem Partner nichts nehmen, aber viel Neues schenken, ja, dann haben Sie sehr große Chancen, für ihn der zauberhafteste und liebenswerteste Mensch zu sein und es auch für immer zu bleiben.

Wenn Ihr neuer Partner spürt, dass Sie ihn bedingungslos lieben und wertschätzen, dass er so sein darf, wie er ist, ohne sich in irgendeiner Weise verändern zu müssen, dann wird er sich in Ihrer Gegenwart angenommen und sicher fühlen. Wenn er spürt, dass Sie ihn nicht verbiegen möchten, wird er das Gefühl entwickeln, dass er schön, begehrenswert und vor allem liebenswert ist. Da wir in unserer Erziehung viel kritisiert oder dazu angehalten wurden, uns anzupassen, und im Grunde nie wirklich gut genug waren, wird Ihr großzügiges Angebot ihn regelrecht beflügeln. Ich spreche hier nicht von einer Taktik, die Sie Ihrem gewünschten Ziel näher bringen soll, sondern ich spreche von aufrichtiger Hingabe und Wertschätzung. Ihr Partner wird es Ihnen in vielerlei Hinsicht danken. Denn wenn er mit sich stimmig ist, dann wird es ihm ein Bedürfnis sein, Ihre Wünsche aufzuspüren und Sie ebenso glücklich zu machen, wie er es sein darf.

Wie kann das konkret im Lebensalltag aussehen? Dazu möchte ich Ihnen ein Beispiel aus meiner eigenen Geschichte erzählen. Als unser Sohn zur Welt kam, habe ich meine berufliche Tätigkeit für ein paar Jahre unterbrochen, um viel Zeit mit ihm verbringen zu können. Diese Zeit war für mich sehr kostbar und nie selbstverständlich. An jedem einzelnen Tag war ich mir bewusst, dass es ein wundervolles Geschenk meines Mannes war, das uns beiden dieses unbeschwerte Leben ermöglichte. Also habe ich mich von ganzem Herzen immer wieder bei ihm bedankt und bin nie müde geworden, ihm zu sagen, dass all das Schöne, das wir erfahren, nur durch seine Arbeit möglich war. Mein Mann erwiderte dann immer, dass es für ihn ganz selbstverständlich sei, gut für seine Familie zu sorgen. Doch eines Tages gestand er, je öfter ich mich bei ihm bedankt und seine Arbeit wertgeschätzt habe, desto mehr habe sich seine Sichtweise verändert. Und der Gedanke, dass er es war, der mir und unserem Sohn so viel Schönes ermöglichte, hatte ihn sehr glücklich gemacht und vermittelte ihm einen viel tieferen Sinn für seine Rolle als Familienvater und für seine Arbeit.

Was ich damit sagen möchte, ist, dass man nie etwas als selbstverständlich hinnehmen darf. Alles, was wir tun, muss täglich neu vollbracht werden. Und somit hat es auch das Recht, jeden Tag aufs Neue wertgeschätzt und geachtet zu werden. Nur weil sich etwas wiederholt, ist es deshalb nicht weniger wert. Doch die Rollen sind in Beziehungen schnell verteilt und man macht sich nur noch wenige Gedanken darüber, was der Partner tagtäglich für Opfer bringt, um seine Funktion auszufüllen. Gerade für Väter ist es oft nicht einfach, die Rolle des Versorgers zu übernehmen und dadurch viel weniger Berührung und Kontakt zu den Kindern zu haben als die Mütter. Das lässt leicht ein unangenehmes Gefühl der Ausgrenzung entstehen oder der Befürchtung, nur da zu sein, um das notwendige Geld zu beschaffen, um Rechnungen zu bezahlen und den Unterhalt der Familie zu gewährleisten, aber persönlich nicht wirklich dazuzugehören. Natürlich gilt das auch im umgekehrten Fall, wenn die Frauen allein berufstätig sind und die Männer zu Hause die Kinder versorgen.

Dass bei mangelnder Wertschätzung folglich die erste Begeisterung in Gewohnheit oder gar in Unzufriedenheit umschlägt, ist eigentlich kein Wunder. Gönnen Sie sich also die Zeit, echte Dankbarkeit zu empfinden, und schenken Sie Ihrem Partner auch diesen Dank. Er hat ihn verdient.

Wertschätzung kann also viele Gesichter haben und sie findet sich in den kleinen Dingen des Lebens genauso wieder wie in den großen. Deshalb möchte ich Ihren Blick für relativ belanglose Situation schärfen. Nehmen wir z. B. an, Sie leben mit Ihrem neuen Partner nicht gleich zusammen und sind darauf angewiesen, dass Sie öfter miteinander telefonieren. In solchen Fällen rate ich, sich für Gespräche bewusst auf eine bestimmte Zeit zu verabreden. Das ist nicht nur ein schönes Ritual, es gewährleistet auch ein entspanntes Zusammensein, auf das Sie sich freuen und Ihrem Partner Ihre ganze Aufmerksamkeit schenken können. Ihre gemeinsame Zeit hat so einen geschützten Rahmen, den Sie nicht immer gewährleisten können, wenn Sie beispielsweise arbeiten oder unterwegs sind. Da kann es nämlich schnell passieren, dass er sich zurückgesetzt fühlt, wenn Sie sich wiederholt kurz fassen müssen oder seinen Anruf nicht entgegennehmen können. Oder Sie vermögen ihm nicht so bewusst zuhören, wie er es ansonsten gewöhnt ist. Umgekehrt fühlen Sie sich nach zwei missglückten Anrufen vielleicht auch vernachlässigt. Vergessen Sie nicht, dass gerade in den Anfangszeiten einer Beziehung auf beiden Seiten noch viel Unsicherheit besteht und Stabilität wichtig ist.

Erkennen und würdigen Sie Ihre Qualitäten

Um seinem Partner mit echter Wertschätzung begegnen zu können, ist es notwendig, auch wertschätzend mit sich selbst umzugehen. Auch das können Sie schrittweise lernen. Gerade durch den vielen Schmerz, den Sie erfahren haben, sind Sie sich selbst nahe gekommen. Ihr Problem ist lediglich, dass Sie Ihre Stärken bis jetzt nicht erkannt, sondern zum Teil sogar als Schwächen verinnerlicht und den Worten Ihres Psychopathen zu viel Glauben geschenkt haben. Aber das soll sich ändern.

Abgesehen davon, dass es ein wundervolles Gefühl ist, mit sich selbst einigermaßen im Reinen zu sein, ist dieser Umstand auch für Ihre neue Partnerschaft von großem Nutzen. Je mehr inneres Gleichgewicht beide verspüren, desto leichter gestaltet sich das Zusammenleben.

Allerdings ist unser Unterbewusstsein kein Freund von schnellem Wandel. So sorgt es präzise dafür, dass seine Überzeugungen, besonders die einschränkenden, erhalten und gut gepflegt werden. Schließlich geht es davon aus, dass seine Informationen der Wahrheit entsprechen und somit zum Überleben eine maßgebliche Rolle spielen. Für diese Instanz in uns wird gern der Ausdruck „der innere Richter" verwendet. Was immer Sie tun, wie sehr Sie sich auch anstrengen, Sie können diesem Richter nicht gerecht werden. Es liegt nicht in seiner Natur zu loben oder sich über Fortschritte zu freuen. Der innere Richter ist sozusagen eine der vielen Teilpersönlichkeiten in uns, die glaubt, uns durch unaufhörliche Kritik schützen und vor weiterem Unheil bewahren zu müssen. Doch wird diese Instanz ab einem gewissen Punkt zum Unheil für uns, wenn man es so nennen möchte. Aber gerade weil unser innerer Richter sehr mächtig und beherrschend ist, lohnt sich eine Auseinandersetzung mit seinen Einflüsterungen unbedingt. Schauen Sie sich seine einschränkenden Urteile über Ihre Person in Bezug auf Beziehungen an:

→ Sind Sie in seinen Augen begehrenswert für eine Beziehung?

→ Hält er Sie für attraktiv genug, um einem Mann oder einer Frau ganz und gar zu gefallen?

→ Hält er Sie für interessant genug, um eine Beziehung spannend und leidenschaftlich zu gestalten?

Diese Fragen können Sie weiterführen. In aller Regel wird er Sie mit seinen Kommentaren so ziemlich am Boden halten.

Aber dieser innere Richter ist viel klüger, als Sie auf den ersten Blick vielleicht angenommen haben. Er hat Sie nämlich nicht nur mit plumpen Zurechtweisungen und Schuldzuweisungen im Griff, sondern er agiert auf vielen Ebenen. So kann er Sie auch mit dem Vorgaukeln von unerreichbaren Zielen, dem Vergleich mit aussichtslosen Idealen und vielem mehr klein und erfolglos halten. Im Grunde ist es ihm unwichtig, wie er es angeht, Hauptsache, das Ergebnis stimmt.

Doch ganz gleich, was er Ihnen auch weismachen möchte, er bezieht seine ganze Kraft und Kenntnisse ausschließlich aus der Vergangenheit. Die Erfahrungen, auf die er sich beruft, liegen sehr lange zurück und haben ihre Relevanz verloren. Außerdem sind die meisten Prägungen in der Kindheit entstanden. Und ein Kind ist nicht in der Lage, das Gesagte oder Erlebte auch nur ansatzweise zu reflektieren und seinen Wahrheitsgehalt zu überprüfen.

Kommen wir jetzt aber zur Gegenwart und somit auch zur Wirklichkeit. Haben Sie sich schon einmal vor Augen geführt, wie viel Kraft Sie tagtäglich aufbringen mussten, um Ihren psychopathischen Partner auszuhalten, mit all seinen Lügen, seiner maßlos übersteigerten Selbstverliebtheit, seinen ausgeprägten Wahnvorstellungen und Intrigen und der nicht enden wollenden psychischen Gewalt?

Sind Sie nicht ein Mensch, der viele Opfer erbracht hat, der wieder und wieder seinem Tyrannen Vertrauen schenkte, obwohl dieser es nicht im Geringsten verdient hatte? Ein Mensch, der bereit war, auf so viele Bedürfnisse zu verzichten, um seinem Psychopathen das Gefühl zu geben, dass Sie ihn nicht einschränken? Waren Sie nicht vielen Ängsten ausgesetzt und mussten allein zusehen, wie Sie damit fertigwurden?

Auch diese Liste könnte ich noch lange fortführen. Ich bin mir sicher, dass Sie in Ihrer schmerzhaften Beziehung mehr an Lebensreife erfahren haben als andere in mehreren Leben zusammen. Und deshalb haben Sie so viel Grund, auf sich stolz zu sein. Es sind die schönen Seelen, die mitten in der Dunkelheit immer noch hoffen, immer wieder vergeben und mit allen Kräften versuchen, das Negative, das von diesen Menschen ausgeht, anders zu deuten und verstehen zu wollen. Und gerade diese schmerzhaften Erfahrungen werden Sie motivieren, der Liebe und dem Licht zu folgen. Fragen Sie sich, was Sie alles Ihrem künftigen Partner schenken können und möchten. Vielleicht finden Sie sich in einigen oder sogar in allen der folgenden Gedanken wieder:

> Mein künftiger Partner kann sich geliebt und angenommen fühlen, sich fallen lassen, sich in der Beziehung sicher fühlen und erleben, dass er so sein darf, wie er ist. Ich möchte ihn lieben, ihn wertschätzen, ihn verwöhnen, ihn unterstützen in allem, was ihm wichtig ist, ihm treu sein und ihm viel Freude und Leichtigkeit schenken.

Solche oder ähnliche wundervolle Schätze werden Sie in Ihre neue Partnerschaft einbringen. Wer einmal die Hölle durchwandert hat, der weiß Frieden, Liebe und Schönheit in besonderem Maße zu schätzen und zu würdigen. Allein schon das macht Sie zu einem besonders wertvollen und liebenswerten Menschen. Nehmen Sie sich regelmäßig die Zeit, um zu verinnerlichen, welches wertvolle Potenzial Sie in sich tragen. Und dann freuen Sie sich darüber, seien Sie stolz auf sich, loben Sie sich, lieben Sie sich dafür, erkennen Sie sich darin und lassen Sie Ihren Körper und Ihre Seele von diesem Gefühl der Schönheit und Besonderheit durchströmen. Dann vereinigen Sie sich mit dieser Energie und Ihre schönen Erkenntnisse werden sich langsam in Ihrem Unterbewusstsein verankern. Dabei gilt immer: Je mehr Raum und je mehr Intensität Sie diesen Empfindungen einräumen, desto grandioser wird das Ergebnis sein.

Und Ihrem inneren Richter mit seinen verstaubten Phrasen sollten Sie diesbezüglich mehr und mehr zum Schweigen verdonnern. Lassen Sie sich von niemandem mehr verbieten – weder von Ihrem inneren Richter, Ihrem Psychopathen, Ihren Mitmenschen, Ihren Glaubenssätzen oder wem/was auch immer –, an das Schöne zu glauben, das Sie ausmacht. Es geht bei uns Menschen nicht um Vollkommenheit. Diese erreichen wir ohnehin nie. Sehen Sie sich doch Ihre Mitmenschen an, die in einer Beziehung leben. Haben Sie schon einen einzigen davon gesehen, der vollkommen ist? Ich jedenfalls nicht.

Es geht einzig und allein um die ehrliche Anerkennung und Wertschätzung dessen, was uns ausmacht. Wir sind alle auf dem gleichen Weg, und niemand kann sich dabei den menschlichen Unzulänglichkeiten entziehen. Aber wir können lernen, uns immer mehr unseren positiven Kräften zuzuwenden, statt unser Licht unter den Scheffel zu stellen oder, wie viele es so gerne halten, vorsichtshalber gleich die Birne aus der Lampe drehen.

Stellen Sie sich lieber vor, dass Sie in erster Linie selbst der Mensch sind, den Sie heiraten möchten, und schenken Sie sich den Zauber und die Hingabe, die Sie verdienen. Damit legen Sie den Schalter um und vertrauen Ihrem inneren Richter nicht mehr blindlings Ihr Leben an.

Blicken Sie den Fährnissen ins Auge

Aber nicht nur emotionale und kommunikative Defizite können für eine Beziehung zur Belastungsprobe werden, sondern
das Leben selbst konfrontiert uns mit sehr vielen Herausforderungen: Der Verlust des Arbeitsplatzes, Geldsorgen, Krankheiten oder der nachhaltige negative Einfluss des Ex-Partners,
den er durch die gemeinsamen Kinder weiterhin ausüben
kann und manches mehr kann eine Beziehung bis zum An-
schlag belasten.

Gerade in solchen Momenten ist es besonders hilfreich,
eine gemeinsame Vorstellung zu besitzen, wie man mit Problemen generell umgehen will, und zwar bevor sie auftreten.
Was ich Ihnen ans Herz legen möchte, ist natürlich leichter
gesagt, als getan. Aber es ist ein Weg, der Ihr Leben und Ihre
Beziehung zu einem guten Teil schützen kann. Denken Sie
um Ihretwillen wenigstens einmal ernsthaft darüber nach,
ob Sie die ersten Schritte in diese Richtung mit Ihrem neuen
Partner beginnen möchten.

Ein Problem kann ohne Zweifel sehr niederschmetternd sein.
Doch bedenken Sie, dass es genau betrachtet nicht alle Bereiche Ihres Lebens tangiert und deshalb nicht alles grundsätzlich überschatten sollte. Auch hier gilt es, zu differenzieren
und sich Freiräume zu erhalten.

Ich selbst trainiere mir mehr und mehr die Disziplin an,
eine Herausforderung als solche anzuerkennen, ihr jedoch
nur den Teil des Lebens einzuräumen, der ihr gebührt. Es
nützt nichts, den ganzen Tag in einem gedanklichen Hamsterrad zu verbringen. Sinnvoller erscheint es, sich eine bestimmte Zeit zu wählen, wo man bewusst über Lösungs-
möglichkeiten allein oder mit dem Partner nachdenken

kann. Aber zu jeder anderen Stunde gibt es auch noch ein Leben, das sehr wertvoll ist. Unser Leben beginnt nicht erst dann, wenn ein Problem verschwunden ist, ein Haus abbezahlt, die Kinder gute Noten haben, wenn mein Nachbar ausgezogen ist oder was auch immer. Das Leben ist immer da. Und unsere Herausforderungen stehen nicht dem Leben im Weg, sie sind das Leben.

Oft fragen mich Klientinnen, was ich glaube, was ihre Lebensaufgabe sein könnte. Ja, was sollte sie denn sein? Eine Lebensaufgabe kann doch nie außerhalb des derzeitigen Lebens in der Zukunft liegen. In jedem Augenblick des Lebens präsent zu sein und das Leben als solches in voller Wertschätzung wahrzunehmen und anzuerkennen, und zwar so, wie es sich vor uns entfaltet, das ist unsere originäre Aufgabe. Es geht doch nie um äußere Tätigkeiten, sondern um Inhalte.

Verlieren Sie deshalb nie all das Wertvolle aus den Augen, das Sie trotz aller möglichen Probleme immer noch besitzen. Wenn Sie sich einmal die Zeit gönnen, in einer ruhigen Minute ein Blatt zur Hand zu nehmen und eine Gegenüberstellung Ihrer Herausforderungen mit allem Positiven, was Sie lieben, besitzen und erleben, niederzuschreiben, dann sehen Sie schnell, dass Sie trotz Ihrer Probleme oder Schwierigkeiten immer noch sehr beschenkt sind.

Weisen Sie Ihren Problemen, wenn sie denn auftauchen sollten, einen adäquaten Platz in Ihrem Leben zu, aber lassen Sie nicht Ihre ganze Lebensqualität darunter leiden. Es ist viel zu kostbar. Und Ihre Beziehung wird Ihnen Ihre neu gefundene Großzügigkeit danken und daran wachsen. Eine konstruktive Haltung mit Zuversicht zwischen zwei Menschen wird Großes hervorbringen.

Die Beziehung regelmäßig aktualisieren

Nicht nur Computer verlangen nach regelmäßigen Updates, sondern auch Beziehungen tut es sehr gut, wenn sie regelmäßig eine kleine Frischkur erhalten. Das mag sich vielleicht etwas nüchtern anhören, ist es aber nicht. Wie ich schon erwähnt habe, ist eine Partnerschaft kein Selbstläufer. Dafür geschieht zu viel im Leben, als dass sie wie ein Uhrwerk ruhig und ungestört rund läuft.

Allein in wenigen Jahren des Zusammenseins entwickeln sich beide Partner weiter, gewinnen neue Ansichten und neue Interessen. Freunde kommen und gehen, Wohnorte werden möglicherweise gewechselt, man stellt sich neuen beruflichen Herausforderungen und vieles mehr. Da macht es Sinn, gemeinsam in regelmäßigen Abständen auf Veränderungen zu blicken und zu betrachten, wie man sie in einem neuen Verständnis bewusst in das Leben und in die Beziehung integrieren kann. Es sind wertvolle Momente der Rückschau sowie der Möglichkeit, die Gegenwart mit Dankbarkeit und Wertschätzung zu betrachten und gemeinsame Visionen neu zu beleben.

Gehen Sie also nicht nur regelmäßig zur Gesundheitsvorsorge, bringen Sie nicht nur Ihren Wagen in den gewohnten Intervallen zur Inspektion in die Werkstatt, und renovieren Sie nicht nur Ihr Zuhause. Auch Ihre Beziehung möchte in ähnlicher Weise immer wieder gereinigt, aufgefrischt und belebt werden. Diese leidenschaftliche Behandlung wird Ihnen viel Lebensreichtum schenken. Das kann ich Ihnen versprechen.

Unterschiede beleben die Beziehung

Eine Beziehung kann auch sehr erfüllend sein, wenn man vollkommen unterschiedlich ist. Für mich ist die Qualität einer Beziehung nicht von der Menge der Übereinstimmungen abhängig, sondern von der Liebe, der Toleranz und natürlich einem gebührenden respektvollen Umgang sich selbst und dem Partner gegenüber. Es gibt unzählige Paare, die viele Gemeinsamkeiten aufzeigen, auf die sie anfangs sehr stolz sind, aber andererseits keine sozialen Kompetenzen für den täglichen Umgang besitzen. In diesem Fall nützen ihnen auch ihre gleichen Interessen nur wenig. Es kommt in erster Linie nicht auf das Was, sondern wie immer auf das Wie an.

Wenden wir unseren Blick von unseren emotionalen Wunden weg auf ganz normale Defizite, schlechte Gewohnheiten, Probleme mit der Disziplin usw. Auch das sind Herausforderungen, die gemeistert werden wollen. Denken Sie nur daran, wie es sich auswirken kann, wenn eine Person sehr ordnungsliebend ist und die andere eher lässig. Da benötigen beide eine hohe Frustrationstoleranz und sehr viel Geduld und Hingabe, um Konfliktfelder zu vermeiden. Doch wie kann in Situationen sehr unterschiedlicher Gepflogenheiten eine praktikable Umgangsweise aussehen?

Also, leicht ist es sicherlich auch hier nicht, da es unter Umständen die elementaren Grundbedürfnisse des Einzelnen angreift. Eine Herangehensweise, die sich für die Beziehung nicht schädlich auswirken wird, liegt meines Erachtens auch hier nur im positiven Dialog. Dann heißt es nämlich nicht:

> „Du hast schon wieder deine Klamotten nicht weggeräumt, wie du mir schon tausend Mal versprochen hast",

sondern:

„Du würdest mir eine große Freude bereiten und dazu beitragen, dass ich mich hier wohl-fühlen kann, wenn du mich mit dem Aufräu-men deiner Sachen unterstützen könntest. Ich wäre dir sehr dankbar dafür."

Machen Sie es sich zur Gewohnheit, Ihre Bedürfnisse posi-tiv zu formulieren, und geben Sie Ihrem Partner damit sogar Gelegenheit, Ihnen mit dem Erfüllen seiner Aufgaben eine Freude bereiten zu können. Er wird es Ihnen lohnen. Und Sie selbst werden durch so feine Ansprachen von Tag zu Tag Ihr Licht heller leuchten lassen.

Oder wählen wir ein anderes Beispiel aus dem Alltag: Bei ei-nem Paar ist einer der beiden überzeugter Veganer und der andere leidenschaftlicher Fleischkonsument. Da könnte es passieren, dass der Veganer dazu neigt, seinen Standpunkt als den allein richtigen zu vertreten und mit Überzeugungsarbeit oder Vorwürfen agiert. Oder der Fleischesser wäre intolerant und würde ausschließlich seine Ernährung als gesund und vital betrachten und vegane Kost als gesundheitsschädlich und mangelhaft abwerten. Hier könnte es zu jeder Menge Konflikten kommen, was aber nicht sein muss. Es geht dabei nicht um die Sache, sondern darum, wie wir mit Unterschied-lichkeiten umzugehen vermögen. Ich weiß natürlich, dass das Loslassen alter Überzeugungen nicht einfach ist. Unser Den-ken ist keine auf Rationalität reduzierte Funktion. Es ist ein sehr komplexer Prozess, der unweigerlich mit unseren Emo-tionen gekoppelt ist, die wiederum mit unseren körperlichen Funktionen korrespondieren. Deshalb fühlen wir unter Um-ständen schnell unangenehme körperliche Reaktionen, wenn wir oder andere unser Weltbild infrage stellen. Es gehört also schon ein wenig Mut dazu, sich dem Leben zu stellen und neuen Ansichten Raum zu gewähren.

Ein paar einfache Gedanken könnten hier dazu beitragen, Licht ins Dunkel zu bringen:

→ Habe ich das Recht, für einen anderen Menschen zu bestimmen, was für ihn richtig oder falsch sein soll?

→ Habe ich das Recht zu entscheiden, was ihm Freude bereitet und mit was er sich wohlfühlen darf?

→ Glaube ich, seine Lebensgeschichte und die daraus resultierenden Neigungen und Handlungen besser beurteilen zu können, als er selbst es kann?

→ Darf ich annehmen, dass ich allein weiß, was für einen anderen Menschen besser ist?

→ Glaube ich wirklich, dass eine Sache für alle Menschen richtig oder falsch sein kann?

→ Was macht es mit mir, wenn ich über andere urteile? Macht es mich glücklich oder schön?

→ Glaube ich, dass meine eigene Meinung wichtiger ist als die anderer?

→ Glaube ich, dass andere Menschen wirklich meine Überzeugungen teilen müssen?

→ Will ich wirklich, dass mein Partner seine eigene Sehnsucht lebt, oder möchte ich lieber, dass er meine lebt?

Diese und ähnliche Fragen können Sie sich in vielen Situationen stellen. Denken Sie immer daran, dass das Leben ein Weg ist. Und dieser ist vielgestaltig und unvorhersehbar. Unser Bewusstsein über Menschen, Dinge und Zusammenhänge ändert sich kontinuierlich mit unserer Lebenserfahrung. Wir sind also in stetem Fluss mit allem. Und daran zu glauben, dass eine momentane Überzeugung „das alleinig Richtige" für einen selbst und andere sein kann, ist allenfalls peinlich. Konfuzius sagte einmal: Nur die Weisesten und die Dümmsten ändern sich nie. Da wir wahrscheinlich nicht in die erste Kategorie und hoffentlich nicht in die zweite gehören, dürfen wir darauf vertrauen, dass wir in zehn Jahren sicherlich klüger sind als heute. Lassen wir also unsere Partner die Erfahrungen machen, die sie aus ihrer derzeitigen Lebenssituation heraus machen müssen oder möchten. Das ist ein respekt- und liebevoller Umgang.

Falls der Weg sich für Sie langfristig als nicht stimmig erweisen sollte, wird es Ihnen irgendwann selbst klar werden, und damit ist die Zeit für einen Wandel gekommen.

Das Recht, einen anderen Standpunkt einzufordern, haben wir nicht. Jeder hat eigene Erfahrungen, mit denen er verbunden ist und aufgrund derer sich seine Bedürfnisse entwickelt haben.

In der Zeit, in der wir also über angebliche Mängel unserer Mitmenschen nachsinnen, könnten wir sie viel besser mit Liebe und Verständnis beschenken. Denn zu echten Verhaltensänderungen können wir ohnehin niemanden zwingen. Wir können aber andere dazu einladen, neue Bereiche zu betreten, indem es uns gelingt, sie dafür zu begeistern oder zu inspirieren. Wer also neugierig bleibt und Freude an neuen Gedanken und Ansichten hat, der kann an der Unterschiedlichkeit des Partners seinen Radius erweitern und erfahren, dass die Liebe grenzenlos ist. Und sie wird es auch bleiben, wenn man sie nicht beschneidet.

Kommen wir noch einmal zu unserem Beispiel zurück. Was könnte dieses Paar durch seine Unterschiedlichkeit sogar gewinnen? Gerade das Thema Ernährung öffnet ein weites

Feld interessanter Ansichten, denn unsere Ernährung ist weit mehr als die bloße Versorgung unseres Körpers. Steht für den einen der Genuss an erster Stelle, ist es bei einem anderen vielleicht die Gesundheit, und beim nächsten, der sich von Fast-Food-Gerichten ernährt, erzählen seine Essgewohnheiten möglicherweise von beruflicher Überlastung und dem daraus resultierenden Zeitmangel. Sie sehen, es geht bei Unterschiedlichkeiten nicht um das Bewerten, sondern um ein unvoreingenommenes Kennenlernen und um Freude an der eigenen Toleranz. Unser Paar könnte also nicht nur viel über den jeweiligen Lebenshintergrund erfahren, sondern jeder könnte dem Partner durch das Zubereiten seiner „anderen" Lieblingsgerichte einen besonderen Liebesdienst und besonderen Respekt erweisen. Und das würde ihrer Beziehung einen großen Zauber verleihen.

Es geht also nie darum, eigene Ziele mit Nachdruck durchzusetzen und den Partner auf die eigene Sichtweise zu trimmen, sondern seine Unterschiedlichkeit als besondere Bereicherung schätzen zu lernen.

Für mich ist also in einer Paarbeziehung ein hohes Maß an Gemeinsamkeiten keine Notwendigkeit und kein Indikator für Glück, sondern es ist ein schönes Herz, welches Freude daran hat, dem Partner seine Bedürfnisse mit Liebe zu erfüllen. Mein Fazit ist eindeutig: Unterschiede beleben die Beziehung.

Sie selbst können also sehr viel zur Qualität Ihrer neuen Beziehung beitragen. Und dabei ist es nicht von Bedeutung, ob Sie und Ihr Partner sich ähnlich oder unterschiedlich sind. Es kommt auch nicht darauf an, ob Sie beide in gleichem Maße aufeinander zugehen und Probleme thematisieren und abgeklärt auflösen können. Umso größere Bedeutung möchte ich aber dem Verlangen nach aufrichtiger Entwicklung beimessen. Ihr neuer Lebensgefährte sollte den starken Wunsch in sich tragen, Ihnen dabei beizustehen, Ihre wahren Bedürfnisse zu leben, und Ihnen helfen, den Raum zu öffnen, der Ihre tiefsten Sehnsüchte beherbergt. Er sollte Freude und Begeisterung zeigen und Ihnen und sich selbst in nie gekannter Intensität begegnen.

Sollte dieser Wunsch bei ihm jedoch nicht existieren, würde Ihr Leben weiterhin unbefriedigend, ohne wirkliche Erfüllung an Ihnen vorbeiziehen. Es wäre, um eine Metapher zu benutzen, das Gutsel im Papier gelutscht.

Vielleicht kann nicht gleich der erste „Bewerber" Ihre hohen Erwartungen erfüllen. Das kann wohl sein. Doch bin ich überzeugt davon, dass die meisten Menschen sich nach einer Beziehung sehnen, die von Liebe, Hingabe und Intensität geprägt ist. Und sie sind gerne bereit, viel dafür zu wagen. So wird Ihr richtiger Partner ganz sicher den Weg zu Ihnen finden. Haben Sie noch ein klein wenig Geduld.

Zu guter Letzt: Vergebung

Die psychopathischen Machtspiele in Ihrer Beziehung haben Ihnen starke Verletzungen zugefügt und Sie weit über ihre Grenzen hinaus belastet. Deshalb möchte ich Ihnen sehr ans Herz legen, von nun an sehr bedacht und umsichtig mit Ihren Kräften und Gefühlen umzugehen, um bald Ihr erhofftes Ziel zu erreichen. Manchmal bedeutet das, mutig zu sein und für sich einzustehen oder zu kämpfen, ein anderes Mal wiederum loszulassen und eine bessere Gelegenheit abzuwarten, wenn die Aussicht auf Erfolg gering ist.

Auf jeden Fall heißt es aber, dass Sie Ihre traumatischen Erfahrungen nicht auf Dauer festhalten sollten. Denn jede Wut, jeder Zorn und Groll, der in Ihnen weiterlebt, verunreinigt Sie selbst und hält Blockaden aufrecht, die verhindern, dass Sie wieder Leichtigkeit und ein unbeschwertes Leben genießen können. Vergebung ist also eine tief greifende Reinigung des Seelenfeldes. Sie haben das Recht, glücklich zu sein. Tragen Sie deshalb aktiv zu den besten Voraussetzungen bei.

Doch warten Sie mit diesem Prozess ruhig auf den richtigen Zeitpunkt. Dieser scheint mir erst gegeben, wenn Sie keinen Angriffen mehr ausgesetzt sind. Und was Ihren Psychopathen betrifft, so vergessen Sie dabei nicht, dass er in seinem Muster gefangen ist und es nicht verlassen kann, selbst wenn er es wollte. Eine kleine Genugtuung werden Sie erfahren. Denn wie ein Sprichwort so schön sagt, ist die schönste Rache ein süßes Leben. Dies wird Ihren Partner mehr als alles andere ärgern.

Doch vergeben Sie nicht nur Ihrem Psychopathen. Vergeben Sie ebenso sich selbst für all das, wofür Sie sich verurteilen: für die Ängste, die Sie nicht abschütteln konnten, für die

Demütigungen, die Sie ertragen, für all das, wofür Sie sich geschämt und was Sie vernachlässigt haben und dafür, dass Sie sich oft so erlebt haben, wie Sie nie sein wollten. Sie trifft keine Schuld. Schuld ist allein Ihr Peiniger.

Seien Sie großzügig zu sich, ehren Sie Ihre dunklen Zeiten, die Sie überstanden haben, und gönnen Sie sich viel Zeit, Ihre Wunden zu heilen.

Für all die unbegreiflichen Erfahrungen des Lebens gibt es ein wundervolles Gleichnis von einem Stückchen Faden in einem großen Teppich. Vielleicht hilft es Ihnen dabei, Ihre Erfahrungen neu einzuordnen und gleichzeitig leichter Vergebung zu gewähren:

In diesem Sinnbild ist jeder Mensch ein kleines Stückchen Faden, der Teil eines großen Teppichs ist. Der Faden selbst kennt weder das Muster noch den Teppich. Und doch ist er ein unentbehrlicher Teil des Ganzen.

Dieses Bild spendet, so finde ich, viel Trost für all das Unverständliche, das Ihnen die Auseinandersetzung mit Ihrem Partner abverlangt hat. Könnten Sie aus der Vogelperspektive auf Ihr Leben schauen, würden Sie das ganze Muster überblicken und den großen Zusammenhang erkennen. Das würde manches erklären und vieles erleichtern und vor allem etwas Frieden mit dieser großen Aufgabe schenken. Rainer Maria Rilke versteht das mit sehr poetischeren Worten zu beschreiben:

> „Wäre es uns möglich, weiter zu sehen, als unser Wissen reicht, und noch ein wenig über die Vorwerke unseres Ahnens hinaus, vielleicht würden wir dann unsere Traurigkeiten mit größerem Vertrauen ertragen als unsere Freuden."[9]

Ich jedenfalls kann mich nur wiederholen: Ich habe in all den vielen großartigen Begegnungen mit Leidtragenden wieder und wieder miterlebt, dass ihr Schicksal sie zu reflektierten, bewussten, achtsamen, wertschätzenden und wundervollen Menschen geformt hat.

Ihr Partner war ein gnadenloser Trainingspartner; aber eines Tages ist er aus Ihrem Leben verschwunden. Möglicherweise benötigen Sie dann noch eine längere Phase der Genesung. Doch spätestens danach werden Sie deutlich fühlen, dass die Begegnung mit ihm unter der Oberfläche wertvolle Prozesse für Ihr seelisches Wachstum in Bewegung gesetzt hat. Ihm selbst bleibt das Geschenk der Reife vorenthalten und er ist verurteilt, bis ans Ende seines Lebens geistig und menschlich auf der Stelle treten.

Eines Tages werden viele Menschen Ihre Gegenwart suchen, um sich in schweren Zeiten an Ihrer Herzlichkeit und Weisheit zu erwärmen. Dann hat sich der Kreis wieder geschlossen. Dessen bin ich mir ganz sicher.

Anhang

Zur Autorin

Bärbel Mechler, geboren 1958, ist ausgebildete Heiltherapeutin und Kommunikationstrainerin. Seit über zehn Jahren arbeitet sie mit Opfern psychopathischen Missbrauchs. Ein Schwerpunkt ihrer Arbeit liegt dabei in der Krisenintervention sowie im Coaching, in dem Einzelne oder Gruppen den souveränen Umgang mit dissozialen Persönlichkeiten erlernen. Bärbel Mechler ist verheiratet, hat einen Sohn und lebt in der Nähe von Heidelberg.

Ihr 2013 erschienener Erfolgsratgeber „Von Psychopathen umgeben" ist mittlerweile in der vierten Auflage erhältlich.

Internetseite von Bärbel Mechler

www.psychopathen.info

Haben Sie Fragen an Bärbel Mechler?
Anregungen zum Buch?
Erfahrungen, die Sie mit anderen teilen möchten?

Nutzen Sie unser Internetforum:
www.mankau-verlag.de/forum

Quellenangaben

1) vgl. May, Karl: *Der Schatz der Inkas*. El Sendador, Theil II, 39. Fortsetzung, in: *Deutscher Hausschatz*, Jahrgang XVII, Nr. 40, S. 629 f., vgl.: http://www.karl-may-gesellschaft.de/ kmg/primlit/reise/sendador/send-f87.htm

2) Ratschlag für Ehefrauen; zit. nach: Northrup, Dr. med. Christiane: *Frauenkörper – Frauen-weisheit*, Verlag Zabert Sandmann, 9. Aufl. 2005. S. 132

3) vgl. Piaget, Jean: *Das Erwachen der Intelligenz beim Kinde*, Klett Verlag 1969
Als weiteres Grundlagenwerk der Entwicklungspsychologie zu empfehlen: Ayres, Anna Jean: *Bausteine der kindlichen Entwicklung*, Springer Verlag

4) Bergmann, Elmar, in: ARD, Sendung „*Panorama*" Nr. 773 vom 31.10.2013

5) Leitner, Prof. Dr. Werner, ebenda

6) vgl. Reschke, Anja (Moderation), ebenda

7) Urteil des BGH vom 14.05.1975, Aktenzeichen StR 113/75

8) Urteil des Bezirksgerichts St. Pölten vom 25.07.2014, Aktenzeichen 2 A 449/13 i – 50

9) Rilke, Rainer Maria: *Briefe an einen jungen Dichter*, Insel Verlag 1929. S. 41

Stichwortregister

Bärbel Mechler

VON PSYCHOPATHEN UMGEBEN

Wie Sie sich erfolgreich gegen schwierige Menschen zur
Wehr setzen

9,95 € (D) / 10,30 € (A)
ISBN 978-3-86374-123-5

„Hat man es im Privaten oder im Berufsleben mit Menschen zu tun, die einen ständig während antisozialen
und ausbeuterischen Umgang zu ihren Mitmenschen
pflegen, benötigt man Strategien, um sich angemessen
distanzieren zu können, um nicht dauerhaft eine Beziehung aufrechtzuerhalten, die schädlich für einen selbst ist.
Bärbel Mechler erklärt in ihrem Buch ‚Von Psychopathen
umgeben – Wie Sie sich erfolgreich gegen schwierige Menschen zur Wehr setzen', wie beide Parteien ihren Beitrag
zu dieser Form der Beziehungsgestaltung leisten. Sie geht
auf die Sorgen der Betroffenen ein und nimmt ihnen die
Ängste, den ‚Quälgeistern' Paroli zu bieten. Während sie
im ersten Teil des Buches u.a. facettenreiche Fallvignetten
beschreibt, besteht der zweite Teil des Buches aus diversen
alltagstauglichen Handlungsbeispielen, die der Leser in
kritischen Situationen selbst anwenden kann. Der Ratgeber
ist besonders für diejenigen Leserinnen und Leser geeignet, die im Alltag ohnmächtig solchen Personen ausgeliefert sind und endlich was dagegen tun wollen. Sie erhalten
durch diesen Ratgeber ganz praktische Tipps und Tricks.
Bärbel Mechler gelingt mit ihrem Buch ‚Von Psychopathen umgeben', dass Betroffene bereits beim Lesen und
ohne schon den einen oder anderen Ratschlag in die Tat
umgesetzt zu haben, Optimismus empfinden. Die Autorin
setzt spürbar auf die Stärkung des Selbstbewusstseins von
Menschen im Umgang mit schwierigen Kollegen, Chefs
oder Familienmitgliedern. So kann neurolinguistische
Programmierung auch ohne therapeutische Hilfe in Gang
kommen."   Stiftung Gesundheit

„(...) Die Autorin liefert eine glasklare Analyse von Peinigern
und ihren Opfern. Und sie gibt praktikable Tipps in Kapiteln
wie ‚Wer nicht handelt, der wird behandelt', ‚Keine Macht
verleihen', ‚Die Wahrheit sagen' oder ‚Als Lob getarnte
Kritik'. Dieses Buch macht nicht nur Mut, es befähigt am
Ende dazu, Fieslinge auszubremsen."
                                    Thüringer Allgemeine Zeitung

„(...) Dieses Buch beleuchtet die Vorgangsweisen eines
psychopathischen Charakters, damit man erst gar nicht in
seine Fänge gerät. Ebenso gibt es in der Praxis bewährte
Strategien, um sich erfolgreich zur Wehr zu setzen und sich
aus der Opferrolle wieder zu befreien."   Bewusst Sein

Andreas Winter
ARTGERECHTE PARTNERHALTUNG
Lieben ohne Stress
Mit Audio-CD
16,95 € (D) / 17,50 € (A)
ISBN 978-3-86374-136-5

„Andreas Winter, Diplom-Pädagoge, Gesundheitsberater und Psychologiecoach, erläutert unterhaltsam und anschaulich, woran es liegen könnte, wenn Sie in Liebesangelegenheiten noch Optimierungsbedarf haben. Kluge Lebenshilfe, locker vermittelt." HÖRZU

Dr. med. Daniel Dufour
LIEBESKRISEN
Verletzte Gefühle heilen – Beziehungsprobleme lösen
14,95 € (D) / 15,40 € (A)
ISBN 978-3-86374-221-8

Das neueste Buch des Schweizer Arztes und Autors zeigt einmal mehr, wie wichtig es ist, die seit der Kindheit unterdrückten, übermächtigen Emotionen zum Ausdruck zu bringen, wenn man sich und andere wirklich lieben will. Mit anschaulichen Fallbeispielen aus seiner langjährigen Forschungs- und Praxisarbeit behandelt es alle Facetten des Gefühlsaufruhrs, die Liebe und Partnerschaft beeinträchtigen.
Denn nur wer sich selbst und seine Emotionen annimmt, ist bereit für die Liebe des Partners.

Dr. med. Daniel Dufour
DAS VERLASSENE KIND
Gefühlsverletzungen aus der Kindheit erkennen und heilen
14,95 € (D) / 15,40 € (A)
ISBN 978-3-86374-047-4

„Es ist ein wichtiges Buch für Betroffene und Therapeuten, weil es wie kein zweites den betroffenen Menschen zum allein Verantwortlichen erklärt und nicht den allwissenden Therapeuten und die Diagnose in den Mittelpunkt stellt." Connection Special

„Viele Leser werden sich in den zahlreichen anschaulichen Fallbeispielen Dufours wiederfinden und ihre eigene Lebensgeschichte mit anderen Augen betrachten." Newsage